V&R

Ulrich W. Sahm

Alltag im Gelobten Land

Mit einem Geleitwort von Henryk M. Broder

und 90 Abbildungen

Vandenhoeck & Ruprecht

Bibliografische Information der Deutschen Nationalbibliothek

Die Deutsche Nationalbibliothek verzeichnet diese Publikation in der Deutschen Nationalbibliografie; detaillierte bibliografische Daten sind im Internet über http://dnb.d-nb.de abrufbar.

ISBN 978-3-525-58014-1

Umschlagabbildung: Johannes Gerloff, Jerusalem
Foto: S. 53: Johannes Gerloff; S. 73 Sacha Stawski; S. 159: Israel Antiquities Authority; alle übrigen: Varda Polak-Sahm

Satz und Litho: Schwab Scantechnik, Göttingen
Druck und Bindung: Hubert & Co, Göttingen

Inhalt

Dieses Buch widme ich meinen Lesern in den Zeitungen, den Zuschauern im Fernsehen und den Hörern im Radio: jenen, die mich durch ihre Kritik ermuntert haben, immer wieder neu hinzuschauen und jenen, die mich mit ihrem Lob angespornt haben, das Gelobte Land weiter zu erkunden.

Dank sage ich Johannes Gerloff, Pastorin Petra Heldt und Beate Tegelhütter, die beim Zustandekommen dieses Buches mit ihren Ratschlägen und Korrekturen beigetragen haben. Dank gebührt der Lektorin Ulrike Gießmann-Bindewald, die mit ihrem unkomplizierten Vorgehen und mit mutigem Streichen von überflüssigem Ballast dem Buch die endgültige Form gegeben hat. Und selbstverständlich Dank meiner Tochter Elinor, die während der Arbeit am Buch auf meine Aufmerksamkeit verzichten musste. Meine Frau Varda Polak-Sahm hat mit ihren Bildern und Ratschlägen dem Buch das anschauliche Gesicht gegeben.

Sahm, der Saurier

Ich lernte Ulrich »Uri« Sahm 1981 kennen, kurz nach meiner Ankunft in Jerusalem. Damals war die Heilige Stadt sowohl räumlich wie sozial noch sehr überschaubar. Das Zentrum war etwa so groß wie ein Parkplatz vor einer kleinen Shopping-Mall in Florida, ein Dreieck zwischen der Ben Jehuda, der King George und der Yaffo Street. Hier traf man sich, hier lief man sich über den Weg. Entweder im »Atara« oder bei »Fink's«, im Café »Ta'ami« oder an einem der Falafel- und Hummous-Stände, wo man sich für umgerechnet zwei bis drei Mark im Stehen satt essen konnte.

Auch die Schar der deutschen Korrespondenten war damals ziemlich übersichtlich. Sie teilten sich in zwei Gruppen auf. Die Einheimischen, wie Sahm, und die Entsandten, wie z.B. Wibke Bruhns, die für den Stern arbeitete. Die Einheimischen wussten alles, die Entsandten wussten alles besser. Wibke Bruhns, um bei dem Beispiel zu bleiben, schrieb schon nach kurzer Zeit ein Buch mit dem Titel »Mein Jerusalem«. Als sie dann ihr Jerusalem Richtung Washington verließ, tat sie es nicht, weil ihr der Verlag ein Angebot gemacht hatte, zu dem sie nicht Nein sagen konnte, sondern weil die Verhältnisse im Nahen Osten so festgefahren waren. »Es ändert sich nichts, ich kann nichts ändern, also gehe ich.«

Sahm dagegen verkörperte das genaue Gegenteil solch stilisierter Betroffenheit. Er regte sich immerzu auf, und zwar wirklich. Schon äußerlich eine Mischung aus Käpt'n Blaubär und Räuber Hotzenplotz ließ er seinem Ärger und seiner Wut freien Lauf. Entweder über die Dummheit der israelischen Regierung, wozu es immer genug Anlässe gab, oder über die Dummheiten der Korrespondenten, die genau wussten, wie der israelisch-palästinensische Konflikt gelöst werden müsste, den sie an der Bar des Hotels »American Colony« hautnah miterlebten.

An Sahm fiel mir damals zweierlei auf: Dass er nicht nur Hebräisch sprechen und lesen konnte, sondern darüber hinaus wirklich eine Ahnung von dem Land hatte; und dass er sogar im Jerusalemer Winter, der extrem streng sein kann, Sandalen trug. Ich wusste nicht, was ich mehr bewundern sollte.

Davon abgesehen war (und ist) Sahm ungewöhnlich hilfsbereit. Während die meisten Korrespondenten ihre Claims und Scoops wie eine Lizenz zum Gelddrucken verteidigten, teilte Sahm sein Wissen gerne mit anderen. Was ihm nicht schwer fiel, denn er wusste immer einen Tick mehr. Und auch technisch war er den Kollegen immer um einige Bits voraus.

Während ich meine Berichte noch per Telefon, Telex oder Telefax übermittelte, hatte er schon einen Computer, den er so programmiert hatte, dass er mit einem einzigen Knopfdruck einen Text an eine Handvoll Redaktionen verschicken konnte. Wenn mich die Erinnerung nicht täuscht, war er auch der Erste, der eine Webcam benutzte, die er auf seinen Schreibtisch montiert hatte. So kam er »ins Fernsehen«, ohne einen Fuß vor die Haustür setzen zu müssen. Bei der Aufnahme trug er obenrum ein ordentliches Hemd, untenrum Shorts und Sandalen, aber das bekamen die Zuschauer von n-tv nicht mit.

Sahm ist ein Saurier unter den Nahostreportern, allerdings einer mit einem High-Tech-Bewusstsein. Er weiß, dass die Verhältnisse noch komplizierter sind, als sie scheinen, und dass es keine einfachen Lösungen geben kann, mit denen alle Seiten zufrieden wären. Es hat ihn eher zufällig in das historische Palästina verschlagen – und er hat das Beste daraus gemacht: ein Leben voller Arbeit. Was er alles erlebt und gemacht hat, das steht in diesem Buch. Ich hoffe, dass er noch lange arbeiten und sich oft aufregen wird. Denn ein Ende des Nahost-Konflikts ist nicht in Sicht, die Korrespondenten kommen und gehen.

Sahm, der Saurier, bleibt im Auge des Orkans.

Berlin, 29.01.2010 Henryk M. Broder

Autobiografisches Vorwort

> Und vorstellen würde ich mir absurde, komische,
> erstaunliche, bedrückende,
> schöne, traurige Episoden, die den ganz normalen
> Irrsinn einfangen,
> das Leben in Israel »fassbar« machen und
> Deutschen eine Chance geben,
> sich ein Bild zu machen.

Der Mensch besteht aus zwei Teilen. Dem, was er ist, und dem, was er daraus macht. Niemand kann sich seine Eltern auswählen, den Ort, wo er geboren ist, seine Muttersprache, die Kultur und Umgebung, in der er aufwächst. Was er daraus macht, welche Lehren er aus den Vorgaben zieht, und sogar, wie er auf Schicksalsschläge reagiert und wie er sich sein Leben einrichtet, steht voll in seiner eigenen Verantwortung.

Mein Leben hat seit 40 Jahren in Jerusalem seinen Mittelpunkt. Auch nach so vielen Jahren habe ich mich nicht an die Wucht der Geschichte dieser Stadt gewöhnt. Die Vielfalt der Menschen, Kulturen, Sitten und Religionen faszinieren täglich aufs Neue. Viele Menschen sehen in Jerusalem den Mittelpunkt der Erde. Ich verspüre die Anziehungskraft dieser Stadt, genieße es, von einem Jahrhundert ins andere zu wandern, indem ich nur die Straßenseite wechsle. Und gleichzeitig bleibt man ein Fremder in dieser Stadt. Denn jeder Bürger Jerusalems, Jude, Armenier, Grieche, Moslem oder Christ, lebt in einer anderen und mir letztlich fremden Welt.

Zu dieser »fremden« Welt gehört auch der Nahostkonflikt mit Jerusalem in seinem Epizentrum und seismischen Wellen in aller Welt. Als Deutscher und journalistischer Beobachter genieße ich es, nicht Partei ergreifen zu müssen und jederzeit die Fronten überschreiten zu können. Mit diesem

Blick über Jerusalem

Buch will ich versuchen, den Leser an die Hand zu nehmen und durch diese fremden – nicht immer, aber auch – exotischen Welten zu führen, denen man in Jerusalem und im ganzen Land begegnen kann, auf der israelischen wie auf der palästinensischen Seite.

Ich kann nichts dafür, dass ich ausgerechnet im Bundeshauptdorf Bonn geboren wurde, weil mein Vater im Auswärtigen Amt als Diplomat Karriere machte. Das Schicksal wollte es, dass meine Mutter aus einer uralten Adelsfamilie stammt und ich den berühmten Lügenbaron von Münchhausen zu meinen direkten Vorfahren zählen darf. Von mir nicht beeinflusst wurde ich »Ulrich Wilhelm« getauft – nach meinem Onkel Ulrich Wilhelm Graf Schwerin von Schwanenfeld, der am Putsch gegen Hitler am 20. Juli 1944 beteiligt war und von Freisler zum Tode verurteilt wurde.

Es war mein Schicksal, dass ich mit meiner Familie im Alter von vier Jahren nach London zog und dort das Rechnen lernte. Die verbreitete Annahme, dass man die »Muttersprache« eines Menschen ermitteln könne, indem man prüft, in welcher Sprache er rechnet, kann ich am eigenen Beispiel bestens widerlegen. Bis heute zähle ich in Englisch.

Unser Pastor in London war übrigens Eberhard Bethge, ein Weggefährte Dietrich Bonhoeffers, der auch nach unserem Weggang aus London mit meinen Eltern befreundet blieb und mir in lebendiger Erinnerung ist.

Mein Vater wurde 1962 zur Nato-Botschaft in Paris versetzt, als ich 12 war. Meine Eltern beschlossen, mich in die »internationale Sektion« des französischen Lycée de Sèvre zu stecken, während meine Geschwister die deutsche Schule besuchten.

Hier begann nun meine Geschichte mit dem Land, das mein Leben prägte: Die israelische Schule in Paris war auf die Grundschule beschränkt. So kam es, dass ein Viertel meiner Mitschüler Israelis waren, Diplomatenkinder und Kinder von Israelis, deren Tätigkeiten in Frankreich etwas »undurchsichtig« waren. Darüber hinaus waren erstaunlich viele meiner Lehrer und Mitschüler, auch aus anderen Ländern, Juden – wie ich allerdings erst später, in höheren Klassen, erfuhr. Als ich mich während des Unterrichts gerade mal im Tiefschlaf befand, weckte mich die (jüdische) Französischlehrerin plötzlich aus meinen Träumen. »Das Thema, über das wir gerade reden, sollte dich ganz besonders interessieren«, sagte sie. Etwas verwirrt fragte ich, worum es ginge. »Die Tagebücher der Anne Frank.« Völlig ahnungslos fragte ich sie, wieso mich das mehr interessieren sollte als alle anderen. Es hatte auch vorher schon Vorfälle gegeben, die mich erst im Nachhinein prägten, weil ich sie zunächst nicht verstand.

Dann war ich mit einem Amerikaner befreundet, der mich zu sich nach Hause eingeladen hatte. Seine Eltern empfingen mich mit den Worten, ich sei der erste Deutsche, der ihr Haus betrete. »So what? Na und?«, war meine Reaktion mit 14. Erst später erfuhr ich, dass sie Juden waren und verstand die historische Dimension.

Ganz intuitiv, aber wohl nicht zufällig entstand eine intensive Freundschaft der sechs Israelis in meiner Klasse mit mir, dem einzigen Deutschen. Ausschlaggebend dürften zwei Elemente gewesen sein: Zum einen besuchte ich gerade den Konfirmationsunterricht an der deutsch-evangelischen Kirche in Paris und interessierte mich sehr für religiöse Fragen. Zum anderen gab es einige nicht sonderlich sympathische Franzosen in meiner Klasse, die mich unter dem Einfluss der anti-deutschen Filme im Fernsehen mit »Heil Hitler« grüßten. Ich verstand das alles nicht so recht, meine israelischen Klassenkameraden aber waren in den historischen Zusammenhängen besser bewandert und kapierten, dass ich da in unfairer Weise diskriminiert wurde. Bruchstückhaft schnappte ich in den Schulpausen Hebräisch bei meinen Freunden auf und begann es zu lernen. Um die Schrift einzuüben, kaufte ich mir die jiddische Zeitung *Letzte Naijes*. Die war zwar hebräisch gedruckt, aber jiddisch geschrieben. So verstand ich wenigstens ungefähr, worum es ging, und gewöhnte ich mich autodidaktisch an die fremde Schrift.

Der Kontakt mit Oded, Schlomo, Zeev, Talma und Hava Hadar blieb bestehen, als ich mit 16 nach Deutschland ins Internat kam, um ein deutsches Abitur zu machen. Nach vier Jahren Frankreich, wo Französisch die Lehrsprache, Englisch die selbstverständliche Nebensprache und Spanisch die erste Fremdsprache war, konnte ich eigentlich nicht mehr richtig Deutsch. Racine und Molière waren mir geläufiger als Goethe und Schiller. So geschah es, dass ich Nachhilfeunterricht im Deutschen nehmen musste.

Der jüdische Aspekt, der für mich schon in Paris zu einer Selbstverständlichkeit geworden war, wurde an der Odenwaldschule durch den damaligen Mentor dieser Schule, Ernest Jouhy, noch intensiviert. Während des Unterrichts rauchte er Gauloises und erzählte uns von seinen persönlichen Freunden Sartre und Camus. Die rot und blau eingebundenen Werke von Marx, Engels und Lenin standen bei ihm nicht nur im Bücherschrank. Er hatte sie sogar gelesen. In Sonderkursen lehrte er die atheistische Weltanschauung von Kohelet, dem »Prediger Salomos« der Bibel. Jouhys Weisheiten waren ein intellektuelles Vergnügen, das zweifellos nicht nur mich prägte. Es gab da noch einen anderen Schüler: Sein Abitur hatte er just gemacht, als ich eingeschult wurde. Aber er kam immer wieder, um Vorträge zu halten – oder sogar um unterzutauchen: Dany, der Rote – Daniel Cohn-Bendit, der in Frankreich die europäische Revolution von 1968 mit ausgelöst hatte.

Mit einem Stipendium des Internats Salem reiste ich nach dem Abitur zum ersten Mal nach Israel. Ich hatte eine lächerlich geringe Summe Geld zur Verfügung. Die reichte kaum für das Ticket der griechischen Fähre von Ancona in Süditalien nach Haifa. Ich reiste also per Schiff in der »dritten Klasse« ohne Verpflegung und lernte neben allen möglichen jungen Frauen auch Avri kennen, einen Jemeniten aus Petach Tikwa bei Tel Aviv.

Duftende Gewürze aus einem fernen arabischen Land

Wir begegneten uns in der Jugendherberge in Ancona, schon vor der Einschiffung. Er betrat den Gemeinschaftssaal mit einem großartigen »Schalom«. Da ich ja auf dem Weg nach Israel war, sprach ich ihn an. Wir verabredeten uns zu einer idiotischen Rundfahrt mit einem Tretboot und er fragte mich, wie ich heiße. »Ulrich« oder »Ulli« könne kein Israeli aussprechen, bestimmte Avri und beschloss daraufhin noch vor meiner Ankunft in Israel, dass ich mich gefälligst »Uri« nennen sollte.

Avri bestellte seine halbe Familie nach Haifa, um ihn abzuholen. Die Autokolonne bestiegen auch andere, Deutsche und Holländer, die Avri auf dem Schiff »eingesammelt« hatte. So fuhren wir nach »Machane Jehuda«, dem jemenitischen Viertel von Petach Tikwa.

Auch dieses Erlebnis prägte mein Leben. Ich verbrachte meine erste Nacht in Israel im Schlafsack auf der Terrasse von Juden aus einem fernen arabischen Land. Sie hatten ihre eigene Kultur, duftende Gewürze und unbekannte Speisen mitgebracht. Die lernte ich schon an meinem ersten Tag in Israel kennen, denn Avris Bruder hatte einen Gewürzladen, wo Sonnenblumenkerne und Kaffee frisch geröstet wurden. Mit Avri bin ich bis heute befreundet.

In Köln studierte ich ab 1968 bei Professor Johann Maier und bei dem später ermordeten Dozenten Hermann Greive Judaistik. Zeitweilig war ich auch an der kirchlichen Hochschule in Wuppertal, um Griechisch zu lernen, weil mein Vater der Meinung war, dass ich erst mal den »Brotberuf« des Pastors erlernen solle, ehe ich mich einem schöngeistigen, aber wenig einträglichen Berufsweg wie der Judaistik zuwende. 1970 kehrte ich mit einem Stipendium des Martin Buber-Instituts in Köln nach Israel zurück.

Dort wurde ich trotz meiner langen Haare als gewissenhafter und vor allem interessierter Student »entdeckt«. Kurz vor meiner Rückkehr nach Deutschland wurde mir deshalb empfohlen, meine Studien doch in Jerusalem fortzusetzen. Der Gedanke war mir bis dahin gar nicht gekommen und es blieben nur zehn Tage bis zum Semester-Beginn. Ich entschied mich augenblicklich und brach kurzfristig meine Zelte in Deutschland ab. Eine Freundin, Tamar Goldschmidt, eine Enkelin Martin Bubers, übernahm meine Studentenwohnung in Bonn, während ich bei ihren Eltern, Bärbel und Zeev, in Jerusalem eine zeitweilige Unterkunft fand.

Das größere Problem war die Auswahl des Studienganges. »Judaistik« gab es an der Hebräischen Universität genauso wenig, wie eine Fakultät für »Deutschtum« in Deutschland. Ich musste zwischen Bibelwissenschaften, Hebräischer Sprache, Jüdischer Geschichte und sonstigen Hauptfächern auswählen. Ich entschied mich für »Hebräische Literatur«, weil ich mir dachte, dass ich bei diesem Fach ein wenig von allem erfahren würde: Sprache, Kultur, Geschichte, Religion, Theologie.

Von Vorteil war, dass die Universität fälschlich voraussetzte, dass ein ausländischer Student, der sich für »Hebräische Literatur« einschreibt, tatsächlich die hebräische Sprache beherrsche. Zwar hatte ich in den Schulpausen in Paris gesprochenes Hebräisch aufgeschnappt und in Deutschland gleich zweimal das »Hebraicum« absolviert, einmal für Theologen und einmal für Judaisten. Doch zu behaupten, dass ich Hebräisch könne, wäre maßlose Übertreibung gewesen. Gleichwohl wurde ich also von dem Zwang freigesprochen, erst einmal ein Jahr lang die Landesprache zu erlernen und begab mich unverzüglich in die Vorlesungen und Seminare. Bis heute besitze ich das Taschenbuch »Mein Michael« von Amos Oz. Es war das erste hebräische Buch, das ich je gelesen habe. Auf den ersten Seiten notierte ich mit einem Bleistift über jedem zweiten Wort die deutsche Übersetzung. Je weiter ich vorstieß, desto seltener wurden die Bleistifteintragungen.

Ich belegte ein Seminar zu Schmuel Josef Agnon, dem wohl schwierigsten modernen Autor und ersten Nobelpreisträger Israels. Um überhaupt etwas zu verstehen, las ich deutsche Übersetzungen und studierte vor allem die auf Deutsch veröffentlichte Sekundärliteratur. So stieß ich auf einen Aufsatz Gerschom Scholems. Der erwähnte in einem Suhrkamp-Bändchen, dass Agnon 1918 eine Anthologie in deutscher Sprache zum jüdischen Hanukka-Fest herausgegeben habe. Kurz zuvor hatte das Agnon-Archiv der Hebräischen Universität eine Bibliographie aller seiner Werke veröffentlicht. Das von Scholem erwähnte und von mir nun gesuchte Buch war weder im Katalog der Nationalbibliothek noch in der Bibliographie angeführt. In der Nationalbibliothek fand ich es schließlich unter seinem Titel *Moaus Zur*. Auf der allerletzten Seite war in kaum lesbarer gotischer Schrift erwähnt, dass Agnon der Herausgeber sei. Ich lieh es aus und begab mich zu Rafi Weiser, dem Leiter des Agnon-Archivs. Bei dem wollte ich mich darüber beschweren, dass er offensichtlich die deutsche Vergangenheit des israelischen Nationaldichters zensiert habe. Aber Weiser versicherte mir, keine Ahnung gehabt zu haben und schlug mir vor, einen Artikel über meine sensationelle »Entdeckung« eines unbekannten Werkes des größten israelischen Nationaldichters zu schreiben.

Sehr erstaunt war ich, dass mein von Weiser in vorzügliches Hebräisch redigierter Text wenig später die Feiertagsausgabe des Feuilleton des *Haaretz* halbseitig schmückte und dass es sogar einen Hinweis auf meine »Entdeckung« auf der Hauptseite gab. *Haaretz* ist die angesehenste Zeitung Israels, vergleichbar mit *New York Times* in Amerika oder der FAZ in Deutschland. Eine ungeahnte Wirkung, die mein Zufallstreffer da entfaltete; etwa so, als wäre ein Nigerianer nach Deutschland gekommen, um Germanistik zu studieren, und hätte mangels Sprachkenntnissen ein verschollenes Werk von Goethe entdeckt.

Der Herausgeber des *Haaretz*, Gustav Schocken, war ein Sohn des legendären Berliner Verlegers Salman Schocken. Anfang des vorigen Jahrhunderts hatte dieser Agnon »entdeckt« und zu seinem Haus-Autor gemacht hatte. Der Schocken-Verlag musste unter den Nazis in Berlin seine Tore schließen und wurde nach New York und Jerusalem verlegt. Gustav Schocken lud mich in sein luxuriöses Penthouse am »Kikar Hamedina« in Tel Aviv ein und machte mir den Vorschlag, dass ich doch öfter etwas für den *Haaretz* schreiben solle. Ich war gerade mal 22 Jahre alt, Student, konnte nicht richtig Hebräisch und war sehr geehrt, verstand aber nicht recht, wie er sich das denn vorstellte: »Ich kann doch nicht jede Woche ein verschollenes Buch von Agnon entdecken …« Doch Schocken hatte sich etwas anderes ausgedacht: »Wie wäre es, wenn du für uns Rezensionen neuer deutscher Bücher verfasst?«

Warum nicht? Ich erfuhr, dass Verlage kostenlose Rezensionsexemplare zuschicken. Da ich immer schon viele Bücher um mich hatte, war das eine tolle Chance, meinen Bücherschrank zu füllen. Auch die Vorstellung, für das Lesen von Büchern bezahlt zu werden, war verlockend, zumal die Zuwendungen meiner Eltern nur für das Notwendigste reichten. Als Erstes bestellte ich mir die Lutherbibel von 1545, die gerade in einer wissenschaftlichen Ausgabe in zwei dicken, schweren Bänden erschienen war. Nach dem Coup mit der Agnon-Anthologie war die Besprechung der Lutherbibel mein zweiter Artikel im *Haaretz*. Dann folgten Werke von Heinrich Böll, Siegfried Lenz, Günter Grass und eine frisch erschienene Gesamtausgabe meines Lieblingsautors Joseph Roth, der gerade ein Comeback in Deutschland erlebte.

Zu dem Zeitpunkt ahnte ich nicht, dass Schocken mich einsetzte, um ein seit den dreißiger Jahren bestehendes Tabu zu brechen. In der israelischen Presse wurde keine neue deutsche Literatur besprochen. Die Zeit war offenbar reif: Etwa ein Jahr nach meinen ersten Rezensionen gab es in Israel einen »Boom«. Mehrere von mir besprochene Werke wurden ins Hebräische übersetzt. Auch andere israelische Zeitungen bemerkten die Marktlücke. Mosche Schamir, selber ein großer Schriftsteller, leitete damals das Feuilleton der Abendzeitung *Maariv* und wandte sich an mich mit der Bitte, doch auch für ihn zu schreiben. Mein erster Artikel bei *Maariv* erschien als Doppelseite im Wochenendmagazin mit vielen Bildern. So führte ich die Israelis in das vergessene Werk des jüdischen Schriftstellers Joseph Roth ein.

Im Zusammenhang mit meiner damaligen Arbeit für *Haaretz* während des Studiums möchte ich noch ein kleines Erlebnis erwähnen. Mein Vater war vom damaligen Bundeskanzler Willy Brandt als Ministerialdirektor ins Kanzleramt geholt worden. Zuvor schon war er der erste bundesdeutsche Beamte, der jemals Gespräche in der DDR geführt hatte. Er bereitete die sogenannten »Bahr-Gespräche« vor. Weil mein Vater hinter den Kulissen einer der Architekten der Ostpolitik Brandts war, wurde er schließlich als erster Repräsentant dieser neuen westdeutschen Politik als Botschafter nach Moskau entsandt. Ausgestattet mit einem deutschen Diplomatenpass reiste ich Mitte der siebziger Jahre wiederholt dorthin »nach Hause«. Damals gab es keinerlei diplomatische oder sonstige Beziehungen zwischen der Sowjetunion und Israel. Nur tröpfchenweise ließen die Sowjets einige Juden über Wien ausreisen, unter dem Mantel der Verschwiegenheit.

Einer meiner Besuche in Moskau fiel auf Yom Kippur, den jüdischen Versöhnungstag. Sascha Brenner, der Wissenschaftsattaché meines Vaters, nahm mich mit in die große Synagoge in der Archipowa-Straße. Als einige der Juden erfuhren, dass ich direkt aus Israel nach Moskau gekommen sei, zog mich einer in eine finstere Ecke, schaute sich um, ob wir von KGB-Spähern beobachtet wurden, zog einen Briefumschlag aus seinem Mantel und übergab ihn mir mit der Bitte, ihn in Israel seinen Verwandten zu schicken. Ein anderes Mal nahm mich Sascha zur Datscha eines Professors außerhalb Moskaus mit. Beim Essen erzählte ich etwas sorglos über Israel. Der Professor zeigte aufgeregt an die Decke und legte seinen Finger auf den Mund. So brachte er mich zum Schweigen, aus Angst, abgehört zu werden. Ehe er einen Spaziergang durch die Birkenwälder vorschlug, außerhalb seiner mutmaßlich mit Abhörgeräten bestückten Datscha, entschuldigte er sich noch, dass es in seiner Toilette kein Klopapier gebe. Das sei gerade knapp in der sowjetischen Weltmacht. Während des Spaziergangs wollte er dann ganz genau wissen, wie die Chancen für einen Akademiker seien, in Israel Arbeit zu finden, und ob tatsächlich alle Israelis in bitterer Armut lebten, wie es die sowjetische Propaganda darstelle. Erst jetzt kapierte ich, warum Sascha mich mitgenommen hatte.

Solche und andere Erlebnisse schrieb ich auf Hebräisch auf und bat meinen Vater, den Umschlag mit deutscher Diplomatenpost umgehend nach Israel zu schicken. Die Zeitung *Haaretz* veröffentlichte alle meine Artikel, ohne meinen Namen zu nennen. So war ich für die Zeit meines »Heimaturlaubs« in Moskau zum anonymen Korrespondenten des *Haaretz* in der Sowjetunion avanciert. Sascha Brenner wurde übrigens später zum Vorsitzenden der jüdischen Gemeinde in Berlin gewählt.

Es sei noch ein Besuch meines Vaters in Israel erwähnt. Ehe er kam, bat er mich, Besuche bei seinen alten Freunden, z.B. bei Ascher Ben Natan, dem ersten israelischen Botschafter in der Bundesrepublik, zu organisieren. Gleichzeitig wollte aber auch ich mit meinen Kontakten protzen und informierte Gustav Schocken über den bevorstehenden Besuch des deutschen Botschafters in Moskau. Beim Abendessen, zu dem er uns einlud, kam dann »ganz zufällig« ein Überraschungsgast vorbei, der viele Fragen zur Sowjetunion und ihren politischen Absichten hatte: Es war der Herr Verteidigungsminister persönlich, ein gewisser Schimon Peres …

Die folgenden Seiten sind prall gefüllt mit weiteren Erlebnissen und Ereignissen aus meinen 40 Jahren Israel: Dabei stehen Kriegsschrecken neben archäologischen Sensationen, kulinarische Entdeckungen neben politischen Absurditäten, Anekdoten aus dem 20. Jahrhundert neben Interviews aus dem 21. Die Kernbotschaft aber lautet: Nur gemeinsam werden die Bewohner dieser Jahrtausende alten Kulturlandschaft eine Lösung ihrer Probleme finden; Respekt füreinander, Kenntnis voneinander und nicht zuletzt Humor im Umgang miteinander sind wichtige Eckpfeiler in diesem Prozess.

Jerusalem, September 2009 Ulrich W. Sahm

Korrespondent in Nahost

Das Leben in Jerusalem ist vielfältig. Der Job auch. Glücklicherweise sind für den Augenblick die Zeiten vorbei, als beides auch noch lebensgefährlich war. Aber ich erinnere mich noch gut daran. Die folgenden Zeilen habe ich in der Nacht nach dem schweren Anschlag in der Jerusalemer Pizzeria Sbarro im August 2001 geschrieben. Dabei kamen fünfzehn Menschen ums Leben. Es ist ein Versuch, die Umstände zu beschreiben, unter denen ein Journalist einen kühlen Kopf behalten muss, während um ihn herum die Welt zusammenbricht. Manches klingt übertrieben oder wurde zeitlich zusammengezogen, aber dieses Stimmungsbild ist nicht weit entfernt von der Arbeitswirklichkeit bei bestimmten Ereignissen.

Ein halber Tag im Leben eines Kriegsreporters

14:02 Uhr. Anruf meiner Frau aus dem Stadtzentrum. »Bombe. Alle sind aufgeregt. Hat laut geknallt.« Ich rufe n-tv an, ohne Genaues zu wissen: Terror. Neben mir, in einem ganz anderen Viertel von Jerusalem, heulen Sekunden später die Sirenen der Polizeiwagen und rasen in Richtung Stadtzentrum. Zigaretten-Einkauf am Kiosk, um nicht auf dem Trockenen zu liegen. Wieder Anruf beim CVD (Chef vom Dienst). Inzwischen berichtet Radio: »Sehr viele« Tote, Verletzte. Hab kaum Infos. CVD ruft an: »Herr Sahm. Ich stell sie sofort zur Regie.« Der Moderator stellt seine erste

Frage. Ich steuere verzweifelt das Auto in Richtung Bushaltestelle. Mache Schalte (= Live-Bericht) per Handy, rede weiter, fahre in Richtung Heim, Schalte dauert an. Parke Auto zu Hause. Schalte dauert an. Meine Frau kommt aus Stadtmitte. Sie will ihr Überleben schildern. Ich immer noch bei der Schalte. Frau öffnet polternd Autotür. Ich fuchtel, Frau soll Mund halten. Immer noch Schalte. Schließe Auto ab und renne mit Handy-Schalte ins Haus. Begrüßung der Hunde, zum Glück ohne großes Gebell. Schalte beendet. Hemd anziehen, ohne Schlips, um ein wenig den »Frontreporter« zu markieren. ISDN-Anlage (für Übertragung mit bewegtem Bild) aufbauen. Meine Frau plappert mit Freundin am Telefon. Neue Schalte per Bildtelefon. Zwischendurch tanke ich Infos aus Radio und TV. Blick auf E-Mail. Alles gleichzeitig. Meine Frau hat PC-Probleme. Es interessiert sie nicht weiter, dass ich gerade live auf Sendung bin. Soll Hunde ausführen. Katze nähert sich gefährlich meinem Schreibtisch mit erhobenem und nervös zuckendem Schwanz, wie er manchen n-tv-Zuschauern schon bekannt ist. Mein Handy spielt Wagners Walküre während der Schalte. Finde Knopf nicht, um Wagner zum Schweigen zu bringen. Wagner piepst weiter. Schalte beendet. Berlin ruft an. Redakteur lacht. Mein Wagner habe gut gepasst. Erinnerung an Barenboims Konzert und meine welt-exklusive Filmerei. Dringend Radiobeitrag. PC stürzt ab. Start. Restart. Vor neuer n-tv-Schalte zu wenig Zeit, um für Radio Bericht als mp3-Datei zu schicken. Baue Bildtelefon-Leitung zu n-tv auf. Gleichzeitig per Telefon Durchgabe von Radiobericht. Wieder Telefon. Zeitungsredakteur: »Herr Sahm, schreiben Sie heute ein größeres Feature?« Antwort: Ja, aber erst mal n-tv live. »Entschuldigen Sie bitte, Herr Sahm, ich wollte ja nicht stören. Habe nur noch eine kleine Frage.« Zeitungsmenschen haben kein Verhältnis zur Zeit. Moderator Bleskin sagt schon »unseren Nahostkorrespondenten« an. Ja ja, in fünf Minuten könnten sie mich noch mal anrufen. Zeitungsmensch beleidigt, ich ohne Schlips, weil doch Frontkämpfer, schwitze im blauen Hemd. Scheinwerfer an, trotz 35 Grad Hitze. Puder auf die Nase. Blöder Witz mit Regie. Die haben keinen Humor. Kapieren nichts. Fragen nach meiner Katze. Grinsen aufgesetzt. »Herr Sahm, welche Chancen gibt es für den Frieden«, fragt der Moderator. Ich rede von Toten, Blut und abgerissenen Gliedmaßen. »Welche Chance geben Sie dem Friedensprozess noch?« Ich versuche zu erklären, dass hier Krieg herrscht. Schalte beendet. Die n-tv-Thema-Redaktion ruft an. »Herr Sahm, für die nächsten fünf Jahren haben wir kein Geld mehr, Finanzsperre, aber wir brauchen dringend eine schöne Reportage.« Die Redakteurin möge meine Morgenpost-Reportage lesen. »Darauf sind wir nicht abonniert«, sagt sie. Anruf von Zeitung. »Herr Sahm wie wär's mit einem schönen Kommentar, nur 100 Zeilen.« Selbstverständlich. Später. Suche nach Manuskript von Morgenpost-Artikel. Geschrieben im Januar. Toller Artikel. Per E-Mail auf Knopfdruck unterwegs an die Kollegin der Themen-Redaktion. Andere Zeitung ruft an: »Wir brauchen dringend ein Feature.« »Das schreibe ich gerade.« »Mindestens 500 Zeilen.« Kein Problem. Radio ruft an: »Wo bleibt der Nachrichtenbeitrag?« Ich greife willkürlich ein paar Zeilen aus dem Feature, lese es durch das Telefon vor. Radio zufrieden. n-tv-CVD: »Wir wollen jetzt auch um halb schalten.« Verdammt. Hatte gerade das blaue Hemd ausgezogen und Ventilator eingeschaltet. Also wieder Scheinwerfer an. Temperatur steigt auf 40 Grad. Tochter will Taschengeld. Schnell die eigene Frau interviewen. Was gesehen, was gehört? Stimmung in Stadtzentrum? Bitte kein blabla. Zur Sache. Feature in die Tastatur gehackt. E-Mail abgeschickt. Hunde jaulen. Wollen pinkeln. Frau verabschiedet sich in Richtung Schwimmbad. Sie hat keine Zeit fürs Gassi der Hunde. Am blauen Hemd lasse ich die unteren Knöpfe zwecks Lüftung offen. Ärmel hochgekrempelt. Sieht man nicht in Berlin.

Kulisse steht noch. Radio meldet Neues. Chaos bei Totenzahlen. Die wollen immer alles wissen, wenn man noch nichts weiß. Der Moderator bringt alles durcheinander. Ich korrigiere die Zahlen. Vorgefertigtes Filmchen aus Agenturmaterial. Die Redakteurin hat Minensucher ins explodierte Pizzarestaurant geschickt. Ich fühle mich wie in Angola. Anruf bei CVD. Minensucher sei unmöglich. Okay. Die Redakteurin hat schnell kapiert. Aus Altstadt wird Neustadt. Weitere Schnitzer aus Filmchen schnell getilgt. Redakteurin ist glücklich. Ich fühle mich bestätigt, die Welt korrigiert zu haben. Provinzzeitung: »Sie haben doch versprochen …« Die können nicht richtig mit E-Mail umgehen. Kurzer fernmündlicher Computerkurs. Endlich entdecken sie meinen längst abgeschickten Bericht. Schon steht nächste Schalte an. Empörte Zuschauerin von n-tv, eine gewisse Miriam aus Berlin, schreit ins Telefon: »Möge Gott Ihnen ihre antisemitsche Zunge abschneiden.« Kurzer Blick aufs Forum von n-tv. Die Palästinenser jubeln. Sahm wird als pro-israelisch diskreditiert. ISDN-Schalte steht wieder. Regie bittet dringend, die Zigarette auszudrücken. Neue Totenzahlen und neue Friedenschancen. Die Hunde bellen.

Inzwischen Zeitungsartikel weggeschickt. Radio verzichtet auf lange Analyse. Korrespondentengespräch auch gut. Sieben Minuten intelligentes Gerede. Katholischer Minisender aus Köln will Absprache. Morgen früh um sieben. Bitte schön. Macht schnell. Weckt mich vor den Nachrichten. Das Außenministerium ruft an. Fünfmal vorher abgewimmelt. »Säm«, als wäre ich der amerikanische Uncle Sam, redet mich die Frau an. Ich korrigiere sie mit meinem in Hebräisch unaussprechlichen Namen »Ulrich«. Sie ist verwirrt. Will nur ein Abendessen mit irgendeinem Schwachkopf aus dem israelischen AA absagen, »wegen der aktuellen Lage«. Der will ohnehin nur Reklame machen, Propaganda. Blick auf E-Mails. Palästinensische Propaganda. Rechtfertigungen für Freiheitskampf, Scharon am Attentat selber schuld. Alle Israelis seien ohnehin Soldaten, also gibt es keine Zivilisten. Dann lauwarme Beileidsbekundungen. »Wir waren doch immer schon gegen jede Gewalt.«

Anruf einer dänischen Kollegin. Sie soll Porträt über Carmi Gilon schreiben, Ex-Geheimdienstchef-Chef, der sich für Folter aussprach, aber zwischendurch ganz für Frieden war. Sie will Telefonnummer von Uri Avnery. Telefon. Miriam aus Berlin meldet sich schon wieder mit Gebrüll: »Hören Sie endlich mit Ihrer Hetze gegen das jüdische Volk auf. Wir haben alle

Rechte.« Hörer aufgeknallt. Langsam schaue ich mich nach Schlips um. Wegen Hauptschalte um 18 Uhr bei n-tv. Schnell aus dem Handgelenk fürs Radio noch neueste Totenzahlen. Kurze Diskussion mit Moderator, damit die Fragen nicht zu unpassend ausfallen. Redakteurin hat erneut Probleme mit ihrem Filmchen, der die Ereignisse mit »Bildteppich« vorstellt. Eine Araberin ruft an: »Sorry, wrong number.« Die versteht weder Englisch noch Hebräisch, obgleich im Hintergrund bei ihr israelisches Fernsehen läuft. Aufbau der ISDN-Leitung. Regie will Ton hören, während die Hunde schon wieder pinkeln wollen. Die Katze nähert sich ihrem Fresspott, strategisch auf meinem Schreibtisch postiert. Regie fragt nach Ergehen der Katze, ob die nicht mal wieder bei der Live-Schalte durchs Bild laufen wolle. Die Scheinwerfer heizen sich auf. Der Schweiß trieft. Ein wenig Puder auf die Stirn. Ventilator ausschalten, damit Mikro nicht dröhnt. 18:05 Uhr: Schalte bei n-tv beendet … So ging es weiter bis 4 Uhr morgens. Gegen Mitternacht parken zur Abwechslung Kampfhubschrauber über meiner Wohnung. Radio meldet Vergeltungsschläge. Nach einer weiteren Schachtel Zigaretten und der zweiten Flasche Wein dann schließlich drei Stunden Nachtruhe, bis CVD sich erkundigt, was ich denn zu den israelischen Vergeltungsschläge meine und dass das doch »unsere Zuschauer« sehr interessiere. Neues blaues Hemd, Schlips, Scheinwerfer, Puder auf die Nase, Kulisse runterlassen. Zähneputzen später, Kaffee erst am Mittag …

Drei fordern Einlass ins Studio

Apocalypse now

Schon vor Ausbruch der Intifada, dem bewaffneten Aufstand der Palästinenser ab Ende September 2000, kam es zu schweren Terroranschlägen in Jerusalem und Tel Aviv. Anfang 1991 war *Krieg und Frieden* für einen Nahost-Korrespondenten nicht nur der Titel eines Tolstoi-Romans.

Israels Zeitungen veröffentlichten Sonderbeilagen mit Anleitungen für das Verhalten in einem Gaskrieg. Im Fernsehen liefen täglich erklärende Filmchen. Es wurde empfohlen, Nahrungsmittel für mindestens zwei Wochen zu hamstern, möglichst in Konservenbüchsen oder in Glas verpackt, damit Saddam Husseins Giftgas sie nicht ungenießbar machen könne. Im Falle eines echten Sirenenalarms solle man nicht in den Luftschutzkeller steigen, verkündet der Militärsprecher per Radio. Man solle sich vielmehr in ein mit Klebeband isoliertes Zimmer in den höheren Stockwerken begeben. Dort sei man im Fall eines Gasangriffs sicherer.

In der Fußgängerzone Jerusalems ist rein äußerlich von der Kriegsangst nichts zu spüren. Es geht dort am Freitag Mittag fröhlich und unbefangen zu wie an jedem anderen Vorabend des Sabbat. Aber beim Mithören von Gesprächen an den Nebentischen im Café, beim Einkaufen, bei den Jugendlichen auf der Straße wird schnell klar, dass alle über das gleiche Thema reden:

Die zwölfjährige Schülerin Schlomit will am 15. Januar nicht zur Schule gehen. Bei ihr zu Hause sei schon alles vorbereitet. Eine Mutter überlegt, ob sie beim Luftalarm erst in den Kindergarten rennen muss, um ihre Tochter abzuholen. Die Verkäuferin einer Boutique klagt über schlechte Geschäfte. »Bei uns hat der Winterverkauf mangels Regen noch gar nicht begonnen und jetzt machen wir bei Sonnenschein schon den Winterausverkauf. Und dann noch diese Stimmung. Niemand hat Lust, Kleider zu kaufen.« Im Elektrogeschäft prüft eine Gruppe Männer Notbeleuchtungen mit Batterie. Für die teuren Stereoanlagen interessiert sich keiner.

Warteschlange am Geldautomaten in der Ben Jehuda-Straße. Eine 17 Jahre alte blonde Israeli fragt ihren Freund, einen 18-jährigen Rekruten in Uniform: »Kommst du heute zur Weltuntergangsparty? Auf der Einladung steht, dass man Gasmasken mitbringen sollte.« Der Soldat drückt ihr einen Kuss auf den Mund und erwidert: »Bist du verrückt? Wir haben doch Bereitschaftsdienst.«

Bei den Jugendlichen sind die Partys zum »Ende der Welt« das Hauptthema, bei den Männern der Einberufungsbefehl. Bei den Frauen ist es eher die Sorge um ihre Kinder, der Einkauf von Mineralwasser und das Anstehen in Läden, wo sie hoffen, noch Klebeband zu finden. »Wir versiegeln unser Schlafzimmer. Da gibt es einen Schrank und ein großes Bett, in dem wir alle ausharren können. Eine Kiste mit Wasser und Nahrungs-

Elinor, 4 Jahre

mitteln steht schon unter dem Bett.« Im Kaufhaus Krawitz gibt es schon kein Klebeband mehr, mit dem die Fenster und Türen verklebt werden sollen. Die Papierwarenhandlung Grafus macht aus der Not eine Tugend. Zu Wucherpreisen werden da an einem Sonderstand Klebeband und große Zellophantüten verkauft. Sie sollten vor die Fenster geklebt werden, als Schutz gegen Glassplitter.

Die Raketenangriffe nach Ausbruch des Irakkriegs von 1991 führten bei vielen Israelis zu emotionalen Störungen. Besonders schlimm war es in Anstalten für Geisteskranke und Altersheimen. In ihnen geraten die Menschen leicht aus dem Gleichgewicht, wegen ihres seelischen Zustands und wegen Traumata aus anderen schon durchlebten Kriegen in Europa und Israel. Grausam klingen auch Beschreibungen aus ganz unverfänglichen Bereichen des täglichen Leben: Man stelle sich einen Kreißsaal vor, wo die Gebärende eine Gasmaske über dem Gesicht trägt und das Neugeborene als ersten Anblick die Hebamme, seine Eltern und andere Anwesende mit aufgesetzter Gasmaske sieht – und sofort in den Anti-Gas-Kasten gelegt wird.

Anzeichen für psychische Störungen bemerken wir auch im engsten Familienkreis. Unsere Tochter Elinor kehrte wieder zu ihrem schon halbwegs abgelegten Schnuller zurück. Gegen acht Uhr abends geht sie wie üblich brav ins Bett. Sie bleibt aber wach und wartet auf die Alarmsirenen. Auf die ist bekanntlich kein Verlass. Die Angriffe bleiben entweder aus oder sie kommen zu unterschiedlichen Zeiten. Nach dem Alarm am Montag, als eine irakische Rakete ausgerechnet über palästinensischen Dörfern im besetzten Westjordanland offensichtlich verfrüht explodierte, sagt sie ganz ernsthaft: »Jetzt hat es den Alarm gegeben. Dann kann ich ja in Ruhe einschlafen.« Zufrieden über den »bösen Saddam, der allen möglichen Dreck auf uns werfen will«, begibt sie sich zurück in ihr Bettchen und schläft sofort ein.

Ganz so diszipliniert verhalten sich aber keineswegs alle Israelis. Drei Jugendliche wurden in Tel Aviv verhaftet, nachdem sie während des Raketenalarms aus zehn Fahrzeugen die Autoradios gestohlen hatten. Ein Einbrecher wurde auf frischer Tat ertappt, der ebenfalls während des Alarms in eine Wohnung eindrang, wohl wissend, dass die dort lebende Familie sich in das abgedichtete Zimmer mit verklebter Tür zurückgezogen hatte. Einbrechern stehen Tür und Tor offen, denn die Zivilschutzbehörden haben der Bevölkerung den dringenden Rat gegeben, ihre Haustüren während eines Alarmes nicht zu verschließen, um im Notfall den Rettungsdiensten einen ungehinderten Zugang zu Verletzten zu ermöglichen. Die Polizei warnte auch die Autofahrer, sich unbedingt an die Verkehrsregeln zu halten und rote Ampeln zu beachten, selbst wenn es so wirkt, als begebe sich keine Menschenseele mehr hinaus auf die Straße. In Israel lernt man, mit dem Krieg zu leben …

Schnuller unter der Gasmaske

Die Extreme sind Alltag. Das geht so weit, dass man Krieg sogar richtig verschlafen kann. Es war die Nacht des 15. Januar 1991. Alle Zeichen standen auf Golfkrieg. Aber bis zwei Uhr nachts passierte nichts. Obwohl ich eine Nachteule bin, muss Schlaf dennoch sein. Irgendwann, mitten in der Nacht, rief ein deutscher Rundfunksender an. »Herr Sahm, bei Ihnen hat es Raketenalarm gegeben«, behauptete der Redakteur am anderen Ende der Leitung. »Quatsch«, sagte ich. Die Sirenen hatten nicht geheult, also

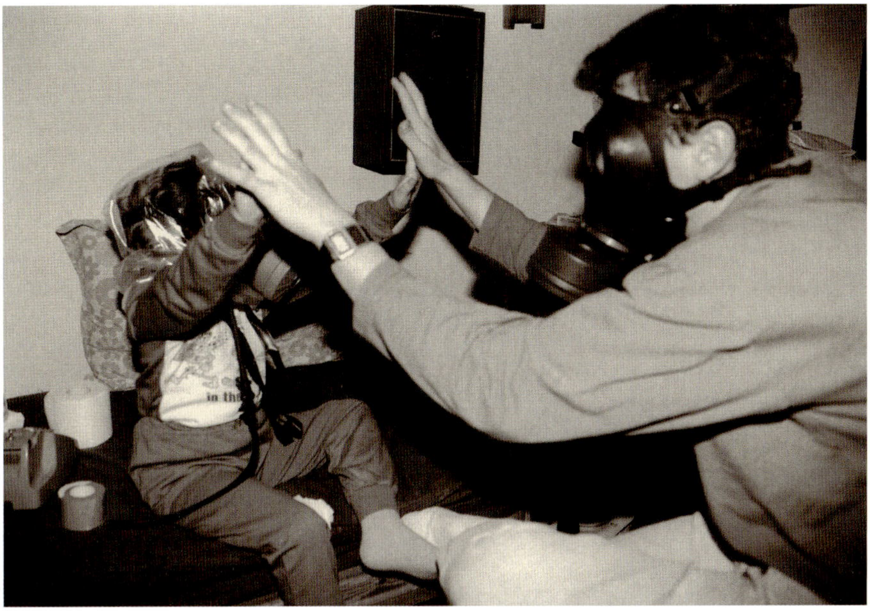

Spielend geht es ins Safety-Zimmer

gab es auch keine Raketen. Ich legte mich auf das andere Ohr. Ein Korrespondent ist auf das Klingeln des Telefons getrimmt und dann sofort hellwach – nicht aber auf das Heulen von Wölfen oder fernen Sirenen. Zwei Minuten später ein weiterer Anruf aus Deutschland. Wieder »Quatsch!« und der verzweifelte Versuch einzuschlafen. Beim dritten Anruf war die Schwiegermutter am Apparat: »Habt ihr die Sirenen nicht gehört? Der Krieg ist ausgebrochen.« Diese »offizielle« Bestätigung mit gebührender Hysterie in der Stimme ließ nun keinen Zweifel mehr aufkommen. Radio und Fernsehen anschalten, wie das der Zivilschutz gefordert hatte. Mit dem Krieg wurde es Ernst.

Sofort klingelten beide Telefone gleichzeitig. Ein Stimmungsbericht wurde verlangt. Man sitzt also im abgedichteten Zimmer, den nassen Waschlappen vor der Tür, das Fenster giftgasgesichert, und soll über die »Stimmung« im Heiligen Land während eines Raketenalarms erzählen. Die Familie nimmt keinerlei Rücksicht. Von Studioqualität kann keine Rede sein, wenn man ernsthaft berichten will und gleichzeitig eine fürchterliche Diskussion zwischen Mutter und vierjähriger Tochter abläuft.

»Zieh dir gefälligst die Gasmaske an«, schreit die Mutter hysterisch. »Ich will aber auch den Schnuller«, brüllt die Tochter.

Elinor, vier Jahre alt, hat Angst. Sie will die Maske nicht überziehen. Es muss gespielt und gelacht werden, damit sie sich beruhigt. »Schau mal, jetzt spielen wir Buhmann.« Die Tochter besteht auf ihrem Schnuller. Den hat der Zivilschutz nicht erwähnt. Beratung der Eltern: »Ist das erlaubt? Könnte sie vielleicht ersticken?« Wir haben keine Wahl. Ohne Schnuller geht es nicht. Und nun abwarten. Elinor fuchtelt mit den Armen. Sie scheint zu ersticken. Meine Frau bemerkt erschreckt, dass sie vergessen hatte, den Plastikdeckel des Atemfilters von Elinors Maske zu entfernen. Kein Wunder, dass das Kind erstickt, wenn es keine Luft kriegt.

Dem Korrespondenten bleibt angesichts des Krachs nichts anderes übrig, als Simultanübersetzer zu spielen: die Diskussion zwischen Mutter und Tochter vom Hebräischen in die deutschen Wohnzimmer zu übertragen. Am nächsten Tag erschien der Wortlaut auch in der NRZ und prompt kamen empörte Leserbriefe: »Wie können Sie nur die Not Ihrer Tochter instrumentalisieren.«

Eine halbe Stunde später, hinter den Gummimasken schwitzend, kommt eine halbe Entwarnung. Wer in Jerusalem lebt, darf die Maske abnehmen. In der Gegend von Tel Aviv und Haifa bleibt der Raketenalarm weiter bestehen. Fernsehen und Radio beginnen sich zu widersprechen. Es herrscht bange Unklarheit. Raketen sind gefallen. Aber welche Raketen? Giftgas? Hat es Opfer gegeben? Wo sind sie niedergegangen?

Fast jede Familie dürfte ihr Telefon in das isolierte Zimmer mitgenommen haben. Die israelischen Medien veröffentlichen einen ernsten Aufruf, es sparsam zu verwenden. Das Netz sei überlastet. Die Sicherungen in den Telefonzentralen brennen durch.

Stunden später kommt eine gewisse Entwarnung. Das Militär habe eindeutig festgestellt, dass die irakischen Raketen nur kleine konventionelle Sprengköpfe gehabt hätten, also kein Giftgas. Man darf die Masken abnehmen. Wenige Minuten später sollen sie noch einmal aufgesetzt werden. Nach einer Stunde kommt endlich die völlige Entwarnung. Man dürfe das isolierte Zimmer verlassen, wo die Hitze kaum noch zu ertragen und der Sauerstoff knapp geworden ist. Es gilt aber weiter die Regel, sich im Hause aufzuhalten und die Gasmasken einsatzbereit zu behalten.

Langsam kommen erste Bilder im Fernsehen. CNN wird eingespielt.

Warten auf Entwarnung ...

Der amerikanische Sender ist schneller als das israelische Fernsehen. Bilder von zerstörten Häusern, jungen Männern mit Blut auf der Stirn. »Der Schaden ist nur ganz gering«, behauptet Militärsprecher Nachman Schai und empfiehlt: »Trinken Sie ein Glas Wasser zur Beruhigung.« Tel Avivs Bürgermeister Schlomo Lahat hat sich mit aufgesetzter Gasmaske hinters Steuer gesetzt und fährt durch gespenstisch leere Straßen Tel Avivs zum Ort des Einschlags der Raketen. »Ich habe an jeder roten Ampel angehalten, obgleich mir kein einziges Auto begegnet ist.« Er widerspricht dem Militärsprecher. Es habe ziemlich großen Schaden gegeben. Alles scheint relativ zu sein.

Näheres erfahren die in ihre Häuser eingesperrten Israelis durch einen Bericht des Washington-Korrespondenten des israelischen Fernsehens. Doch sowie der den Namen des Stadtviertels erwähnt, wo die Raketen durch den Luftdruck mehreren Häusern die Fassaden weggeschlagen haben, setzt die Zensur ein. Seine Worte werden ausgeblendet.

Im Laufe des Morgens wird den Israelis erlaubt, für zwei Stunden ihre Häuser zu verlassen, um sich mit Brot und Milch einzudecken. »Bitte nehmen Sie ihre Gasmasken mit und kehren Sie so schnell wie Sie können in ihr Heim zurück.«

Nur ganz langsam klärt sich auf, was in der Nacht passiert ist. Eine Textilfabrik ist in Flammen aufgegangen, ein Straßenzug wurde zerstört. Über weitere Schäden weiß ich nichts. Im Beilinson-Krankenhaus werden 12 Verletzte interviewt. »Das war ein ganz schön starker Schlag. Zehn Meter wurde ich hoch gewirbelt. Dabei wiege ich 70 Kilo«, erzählt ein junger Mann. Als die Sirenen heulten, sei die Rakete schon eingeschlagen.

Dann ist doch die Rede von Todesopfern. Es sind indirekte Opfer. Ein Herzinfarkt wird gemeldet. Tragisch klingt die Geschichte eines dreijährigen palästinensischen Mädchens aus Taibe. Es habe sich geweigert, die Gasmaske überzuziehen. Die Eltern hätten mit dem Kind gekämpft und dann sei es mit der Gasmaske über dem Gesicht erstickt. Wiederbelebungsversuche seien gescheitert. Vermutlich hätten die Eltern vergessen, den Plastikdeckel vom Atemfilter abzuziehen …

Am Tag danach sind wir bestens gerüstet. Die Handbewegungen sind schon geübt. Der 17-jährige Sohn Rafi greift sich das Klebeband. Im Wettlauf mit der Vorwarnzeit klebt er den Türrahmen zu. Er taucht einen Lappen in den Wassereimer. Dem Wasser ist Backsoda beigemischt. Damit wird die Türritze am Fußboden abgedichtet.

Derweil diskutiert meine Frau Varda erneut mit Elinor wegen des Schnullers. Der passt nicht richtig unter die Gasmaske. Aber die Zeremonie des Überziehens ist schon fast Routine geworden. Mutter und Tochter umarmen sich und lachen. Der riesige Filter an der Gasmaske lässt natürlich eine solche Elefantenumarmung wegen der »Rüssel« nicht ganz leicht zu. Die Stimmung ist gut. Im Fernsehen erscheint wieder der Nachrichtensprecher. Diesmal hat er seine Gasmaske neben dem Mikrophon liegen. »Es ist ernst. Raketenalarm …« Es folgen die üblichen Anweisungen, wie man sich zu verhalten habe. Dem Erklärungsfilm sind neuerdings Untertitel in russischer Sprache beigefügt worden. Eingeblendet ist eine junge Frau, die in Taubstummensprache durch Handbewegungen zeigt, wie man die Gasmaske festzurrt. Natürlich: Taube Menschen hören die Sirenen nicht und sind besonders gefährdet. Drei derartige Alarme hat es in der Nacht gegeben. Der erste war ein Fehlalarm, von den Amerikanern gleichzeitig in Bahrein, Saudi-Arabien und Israel ausgelöst. Die Erklärung des russischen Nachrichtensprechers im israelischen Fernsehen bei der Entwarnung ist leicht zu verstehen: »sowjetski Sputnik … atmosphära«. Beim

Rafi und Elinor

zweiten Alarm gibt es eine ominöse Explosion im Norden Jerusalems. Die treibt eine halbe Millionen Menschen in die isolierten Zimmer, »als reine Vorsichtsmaßnahme«. Beim dritten Alarm um 19:15 Uhr Ortszeit hat Elinor zu dem neuen Spiel schon keine Lust mehr. Und Rafi nimmt es nicht mehr so genau mit dem Verkleben des Türrahmens.

Raketenangriff

»Wir waren gerade auf dem Weg ins abgedichtete Zimmer, als plötzlich alles vor uns in die Luft flog. Die Zimmerwände waren weg, Bilder zersprangen in ihren Rahmen, Fensterscheiben zerklirrten auf dem Boden. Ich hatte Angst. Das ist doch ganz natürlich, oder?«, sagt ein Israeli irgendwo im Großraum Tel Aviv. Es ist 2:40 Uhr in der Nacht. Die Sirenen heulen im ganzen Land, nach einer Woche banger Ruhe. »Ich sah, wie zwei Patriot-Raketen hochgingen. In der Luft trafen die die irakische Scud-Rakete. Es gab eine Explosion und dann krachte es hier auf unser Viertel herab,« erzählt ein anderer Augenzeuge. »Das Haus gegenüber stand in Flammen.

Mehrere Läden sind hier zerstört, und unsere Wohnung hat keine Wände mehr«, weint ein Frau.

Sowie die Sirenen heulen, unterbricht das israelische Fernsehen einen Spielfilm über einen älteren Mann, der sich in ein Hippiemadchen verliebt hat. Nachrichtensprecher Chaim Javin erscheint ungekämmt auf dem Bildschirm, ohne Brille, mit einem offenen Pyjamahemd. Der Alarm hat ihn vom Schlaf auf dem Feldbett im Fernsehstudio aufgeschreckt. Mit zusammengekniffenen Augen gibt er nach und nach die Entwarnung für die meisten Teile des Landes bekannt. Als auch die Bürger von Tel Aviv und des Westjordanlandes die erlösende Nachricht erhalten, dass sie nun die Gasmasken wieder abnehmen können, trägt Javin schon seinen feinen grauen Anzug und einen Schlips. Den obersten Hemdknopf hat er aber erst am Morgen zugeknöpft, als er eine zusammenfassende Nachrichtensendung präsentierte.

Polizeichef Jakob Terner fasst die Schäden zusammen: »Etwa 150 beschädigte Wohnungen, mehrere zerstörte Autos und 25 Verletzte.« Nur zwei Personen wurden mittelschwer verletzt, alle übrigen erlitten einen Schock oder Kratzer durch herumfliegende Glassplitter.

Vor Ort bietet sich ein schreckliches Bild der Verwüstung. Ziegeldächer sind von der Druckwelle weggeflogen. Fenstertresen sind in sich zusammengefallen. In einem verkohlten Klo strömt das Wasser. »Das wird wohl keiner mehr benutzen«, kommentiert ein Reporter. Schluchzend hält ein frommer Jude eine israelische Flagge in der Hand: »Das ist das Einzige, was noch ganz geblieben ist.« Wegen der Heiligkeit des Sabbat könne er nicht einmal mehr seine Habseligkeiten bergen. Dabei täte er gut daran, denn schon wenige Sekunden nach dem Aufschlagen der Rakete auf der Straße sind die ersten Plünderer am Werk. Vier von ihnen werden in Handschellen von der Polizei abgeführt.

»Ich hatte schon mit dem Dekorateur in der vergangenen Woche gefrotzelt, dass das Schaufenster wohl hin sei, wenn hier ein Rakete einschlägt«, sagt der Besitzer eines neuen Brillenladens. Mehrere Gestelle seien ihm gestohlen worden.

Im Radio meldet sich die Militärkorrespondentin Carmella Menasche. Sie warnt: »Offensichtlich ist die Fähigkeit des Irak, mehrere Raketen gleichzeitig auf Israel zu schießen, nicht mehr vorhanden. Die Rakete in der Nacht zeigt aber, dass Saddam Hussein immer noch versucht, Israel zu treffen. Wenn er erst einmal mit dem Rücken an der Wand steht, ist eine Verzweiflungstat nicht auszuschließen. Dann könnte er durchaus Giftgas verwenden.« Ähnlich äußert sich das »nationale Beruhigungsmittel«, Militärsprecher Oberst Nachman Schai. Mit ruhiger Stimme, ernstem Gesicht und ohne jeden Humor erklärt er, dass das normale Leben im Ausnahmezustand weitergehen müsse. Deshalb solle man weiterhin und überallhin die Gasmaske mitnehmen. Schai, ganz unfreiwillig zum Liebling der Frauen und zum Nationalhelden avanciert, hat sich Satiren über seine Person im Fernsehen verbeten, obgleich fast alles, was mit dem Krieg zusammenhängt, von der Gasmaske bis hin zu seinen Auftritten beim Sirenenalarm zur Erheiterung aller auf die Schippe genommen wird. Allem voran seine Empfehlung, zur Beruhigung der Nerven nach Angriffen oder einem Alarm ein Glas Wasser zu trinken.

Erholung muss sein

Getreu dieser Losung wagen wir uns eine Woche nach Kriegsbeginn zum ersten Mal ins Café.

Wir sitzen, nichts Böses ahnend, mit unserer Elinor im feudalen Café Nava im Stadtzentrum von Jerusalem. Auf dem Fernsehschirm über der Kasse flimmert ein Fußballspiel. Elinor genießt das Vanilleeis. Wir ziehen eine hartgefrorene Schwarzwälder-Kirsch-Torte vor. Mit der Wiener Tradition des Cafés ist es nicht mehr sehr weit her. Plötzlich stürzt vor dem Schaufenster auf dem Bürgersteig ein Mann zu Boden. Ein älteres Ehepaar am Nebentisch flippt aus. Der Mann gestikuliert wie wild und schreit »Alarm, Alarm«. Er zeigt auf das sechssprachige Schild auf dem Fernsehschirm. Seine Frau mit dem lila gefärbten Haar nestelt an ihrem Pappkarton und beginnt, sich umständlich die Gasmaske aufzusetzen. »Ima (Mutter), wenn wir nicht zu Hause sind, dann muss ich doch keine Maske aufsetzen, nicht wahr?«, meint altklug unsere Tochter.

Alle anderen Gäste schlürfen seelenruhig weiter Kaffee und Cola. Keiner holt die Gasmaske hervor oder wirkt ernsthaft beunruhigt. Eine junge Frau sagt: »Also in der Öffentlichkeit schäme ich mich, dieses Ding aufzusetzen.«

Der Lokalbesitzer sagt zur Kundschaft: »Wenn Sie jetzt unbedingt Radio hören wollen, folgen Sie mir bitte ins Büro.« Zwei junge Frauen am Nachbartisch holen ein Transistorgerät hervor. Das genügt als Informationsquelle. Es kommen die üblichen Anweisung, sich ins abgedichtete Zimmer zu begeben. Aber wir sitzen im Café, da gibt es kein solches Zimmer.

Mit journalistischer Neugier begebe ich mich vor die Tür. »Was hast du? Du kannst ruhig aufstehen. Komm rein, da ist es wenigstens warm«, beruhigt eine Kellnerin den Mann, der sich auf den Bürgersteig geworfen hatte. Drinnen wirft er sich dann gleich wieder auf den Fußboden. Er scheint Erfahrung aus früheren Kriegen zu haben. Früher warf man sich auf den Boden, um nicht von Splittern getroffen zu werden.

Auf der anderen Straßenseite gehen gerade arabische Müllarbeiter zu Werke. Sie tragen keine Gasmaske, obgleich es stinkt. Die Busse fahren ganz normal weiter. Der Verkehr, eben noch sehr dicht, verdünnt sich fast augenblicklich. Plötzlich kümmert sich keiner mehr um die roten Ampeln. Ich sehe Taxis und Privatwagen einfach weiterfahren. Einige Autos sind mit blinkenden Warnleuchten am Straßenrand abgestellt, im Halteverbot. Minuten später schalten alle Ampeln auf blinkendes Gelb um. Laut hupend fährt eines der unauffälligen weißen Autos japanischer Bauart (der Geheimdienst) auf der entgegengesetzten Fahrbahn, ohne Blaulicht. Ein Lieferwagen der Feuerwehr mit dem Anti-Bomben-Roboter bezieht Stellung auf dem Zionsplatz, jetzt leergefegt, sonst der beliebteste Ort für ein Stelldichein der Jerusalemer Jugend.

Die Fußgängerzone leert sich zusehends. Die Staus der Rush-hour sind im Nu verschluckt. Diesmal brauchen wir nur wenige Minuten, um unter Missachtung aller Verkehrsregeln vom Zentrum Jerusalems in unsere Wohnung zu gelangen.

Oberst Nachman Schai meldet sich mit seiner monotonen Stimme im Radio: »Alle Bürger des Landes können die abgedichteten Zimmer verlassen und die Gasmasken abnehmen. Eine Rakete mit konventionellem Sprengkopf ist in Israel gelandet. Sie explodierte in einem nicht bewohnten Gebiete und richtete keinerlei Schaden an. Ich empfehle Ihnen, ein Glas Wasser zu trinken, zur Beruhigung.« Das Fernsehprogramm läuft normal weiter. Passend ist die Modenschau: Mannequins mit diamantenbestückten Gasmasken.

Krieg als Kindergeschichte

Mitten in der morgendlichen Nachrichtensendung des israelischen Fernsehens, zwischen militärischen Lageeinschätzungen und der Pressekonferenz mit US-Verteidigungsminister Dick Cheney, tritt der Kinderbuchautor Michael Dak auf. Er will den israelischen Kindern erklären, was sich da am persischen Golf abspielt. »Kriegsberichterstattung« für Kinder:

»Es war einmal ein kleines Huhn. Das legte schwarze Eier aus Gold. Da kam die hungrige Hyäne. Sie biss das Huhn und begann, die schwarzen Eier aufzufressen. Als der große grüne Elefant das sah, wurde er sehr wütend. Denn der große grüne Elefant hatte auch einen mächtigen Hunger auf die schwarzen Goldeier des Hühnchens. Schon wollte der große grüne Elefant sein großes dickes Bein erheben, um die Hyäne zu zerdrücken. Da erschien plötzlich der Tiger. Es war wohlbemerkt ein Papiertiger. An den wandte sich nun hilfesuchend die Hyäne. Der Elefant und der Tiger stritten sich fürchterlich. Der grüne Elefant gab sich patriotisch. Aus seinen Augen sprühten Sternchen und rote Streifen. Der Elefant sagte: »Ich bin vielleicht groß und schwerfällig, aber ich bin keineswegs dumm. Der Tiger hat mit der ganzen Geschichte gar nichts zu tun und die Hyäne ist doch nur ein heimtückisches Raubtier. Ich glaube ihr kein Wort.«

Krieg vorbei – Anti-Splitter-Klebestreifen haben ausgedient

Hier endete die Kindergeschichte. Vielleicht wollte der Autor nicht weitererzählen, wie der Tiger den Schwanz einzog und verschwand, wie der Elefant sein dickes schweres Bein erhob, um die Hyäne zu zerdrücken, und wie vom Hühnchen nur ein paar Federn übrig blieben, während alle schwarzen Goldeier, von der Hyäne aufgefressen und vom Elefanten zertrampelt, am Ende kaputt waren.

Damit es keine Missverständnisse gebe, erklärte er noch, dass der Elefant Amerika sei, die Hyäne Irak, der Tiger die Sowjetunion – und das Hühnchen natürlich Kuwait.

Ein neuer Krieg?

1998 drohte ein erneuter Irakkrieg. Da brauchte es neue Gasmasken …

Die israelische Hysterie ist ansteckend. In langen Warteschlangen bei Verteilerstellen für Gasmasken reagiert die Bevölkerung ihre Angst ab. Palästinensern und Ausländern wird erklärt, dass ihnen kein Schutz vor Saddam Husseins Raketen mit biologischen oder chemischen Gefechtsköpfen zustehe.

Wegen akutem Mangel an Gasmasken »rekrutieren« israelische Militärattachés solche in der Schweiz, in Holland und Schweden. Deutschland macht kein Aufsehen und schickt als »unentgeltliche kostenlose Leihgabe an die israelische Bevölkerung« 180.000 ABC-Schutzmasken aus Bundeswehrbeständen mitsamt Gummitasche und zwei Filtern. Jedes Paket hat einen Wert von 200 Euro. So beläuft sich die Belastung des deutschen Steuerzahlers für diese humanitäre Soforthilfe an Israel auf 36 Millionen Euro allein für die Masken, Transport nicht eingerechnet.

Seit Ankunft der deutschen Masken können dann endlich auch rund 200.000 ausländische Gastarbeiter, Touristen und Auslandskorrespondenten eine Gasmaske »erstehen«. In der Gegend von Tel Aviv werden fünf Verkaufsstellen eingerichtet. 200 Schekel, umgerechnet 50 Euro, müssen für die Bundeswehrmasken (Herstellungsjahr 1975) entrichtet werden. Die Hälfte der Summe wird demjenigen erstattet, der die Gasmaske »ungeöffnet« und mit Vorlage der Quittung bei der Ausreise abgibt. Ein echter Raketenalarm würde Ausländer teuer zu stehen kommen.

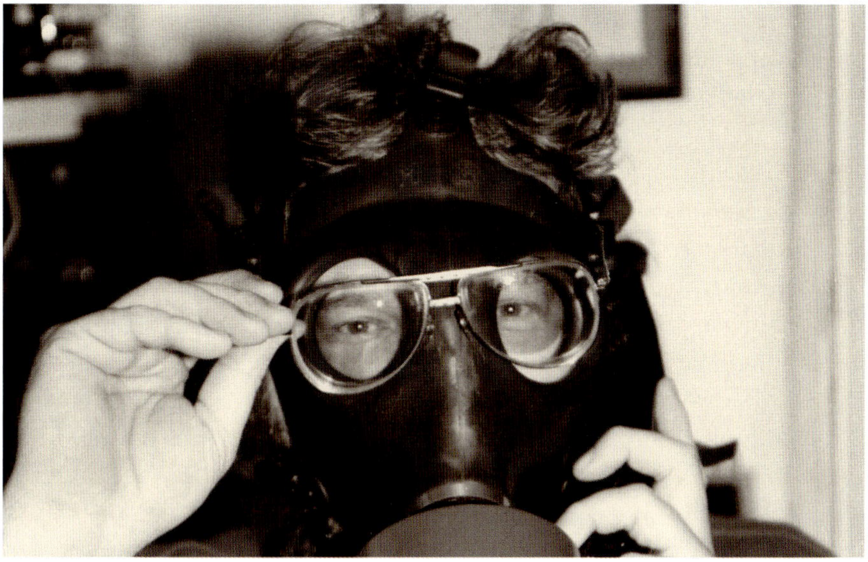

Kriegsberichterstattung

Der Sprecher des israelischen Verteidigungsministeriums behauptet auf Anfrage: »Deutschland hat einem Verkauf der Masken ausdrücklich zugestimmt.« Ebenfalls auf Anfrage sagt der Sprecher des Bundesverteidigungsministeriums in Bonn dazu: »Im Prinzip ist ein Verkaufsrecht der unentgeltlich geliehenen ABC-Schutzmasken im Abgabevertrag nicht enthalten.« Der Überlassungsvertrag sehe eine »Veräußerung« der Masken nicht vor, formuliert er unmissverständlich.

Aber das ist nicht das einzige Ärgernis: Nicht alle Ausländer erhalten eine Maske. Ausländern ohnehin und Auslandskorrespondenten ohne israelische Staatsbürgerschaft insbesondere wird von höchst offizieller israelischer Stelle bestätigt, dass wir Gasmasken eigentlich nicht benötigen.

Eine Familie von fünf Nigerianern erschien bei einer Ausgabestelle in Tel Aviv. Dem Familienvater wird keine verkauft, weil er über sechzig sei. Zwei seiner Kinder sind unter 16 und deshalb ausgeschlossen. Die deutschen Masken seien »nur für Erwachsene«. Der 16 Jahre alten Tochter wird die Maske verweigert, weil ihr Visum abgelaufen ist. So bleibt nur für die Mutter eine Maske gegen Bezahlung. Deren Gummibänder sind so spröde, dass zwei starke Männer notwendig sind, um sie an ihrem Kopf festzuzurren.

Beim Obersten Gericht wird Klage erhoben und die Regierung zu einer »Erklärung« aufgefordert, wieso Palästinenser in den von Israel besetzten Gebieten im Westjordanland von der Gasmaskenverteilung ausgeschlossen werden. Der Militärsprecher erklärt auf Anfrage: »Palästinenser erhalten Masken, sowie der Notstand ausgerufen wird. Grundsätzlich werden Masken nicht an jene ausgegeben, die keine ständigen Bewohner Israels sind.« Der Militärsprecher sagt weiter, dass die Palästinenser in den besetzten Gebieten »im Rahmen der Verträge« unter palästinensische Verwaltung übergeben werden sollen. Gemeint ist der seit Monaten verzögerte Rückzug. Deshalb gelten die Palästinenser in den besetzten Gebieten »nicht als ständige Bewohner Israels«.

In Jerusalem gibt es nur in jüdischen Vierteln im Westteil der Stadt insgesamt drei Ausgabestellen. Die Araber müssen sich in die jüdischen Viertel begeben. »Jerusalem ist eine Stadt«, rechtfertigt der Militärsprecher die Tatsache, dass keine separate Ausgabestellen in arabischen Vierteln geöffnet werden. Israelische Soldaten, die kein Wort arabisch sprechen, bedienen so auch dieses Drittel der Jerusalemer Bevölkerung. »Gebrauchsanweisungen in arabischer Sprache sind den Gasmasken beigelegt«, sagt der Militärsprecher.

Wir Korrespondenten versorgen uns schließlich in der Konsularabteilung der Deutschen Botschaft in Tel Aviv. Jetzt bin ich an der Reihe: Der deutsche Bundesgrenzschützer vom »Hausordnungsdienst«, abgekürzt HOD, füllt den Behördenzettel aus und reiht für meine vorgelegten Pässe sechs Gasmasken in Plastiktüten nebeneinander. »Darin haben Sie die grüne Tasche, eine Gebrauchsanweisung, die Maske und zwei Filter«, sagt er routinemäßig. »Welche grüne Tasche?«, frage ich. »Ja die Tasche«, stutzt der HOD, »die gibt es, damit Sie die Gasmaske verstauen können.« Eine Anprobe findet nicht statt. »Mit vier Fingern packen Sie die Riemen und setzen die Maske am Kinn an«, erklärt der HOD, unfähig Zivilisten zu verstehen. »Und was ist mit der Brille?«, frage ich naiv. »Die geht natürlich nicht«, antwortet der HOD. »Sie haben doch sicherlich jemanden, der sie dann führen kann«, sagt er mitfühlend, als bräuchte ich einen Blindenhund. »Was ist mit dem Bart?« »Den rasieren Sie am besten ab«, empfiehlt der kurzgeschorene HOD. »Und wenn ich das nicht tue?«, frage ich zivilistisch, aus weltanschaulichen und ideologischen Gründen, auf meinen hehren Grundrechten bestehend. »Dann sollten Sie eine große Büchse Vaseline parat halten und die kräftig auf Ihren Bart schmieren. Sonst ist die Maske nicht dicht.«

Das Ohr Israels

»Hier ist Kol Israel. Die Nachrichten. Unser Rundfunkabhörer Micki Gurdus meldet, dass…« Wenn der israelische Rundfunk so seine Nachrichten aufmacht, dann herrscht keine Saure-Gurken-Zeit.

Micki Gurdus ist weder Politiker noch Militär. Dennoch liegt es oft in seiner Hand, Menschenleben zu retten oder den Gang der Weltgeschichte zu verändern. Gurdus verfügt – wie der Papst – über keinerlei »Divisionen« und hat doch von Zeit zu Zeit eine nicht zu unterschätzende Macht. Seine Geheimwaffe ist jedem zugänglich, aber er allein macht sie sich für journalistische Zwecke zunutze.

Micki Gurdus hört systematisch alle Funkfrequenzen ab. Über Kurz- oder Langwelle, auf UHF oder VHF erfährt er oft als Erster von Revolutionen, Flugzeugentführungen oder Befreiungsoperation. Nicht selten bringt er peinliche Informationen an die Öffentlichkeit, die betroffene Regierungen lieber in der Stille der Geheimhaltung gehalten hätten. Öffentlichkeit kann bekanntlich Berge versetzen, Kriege auslösen oder ausgetüftelte Pläne zum Scheitern bringen.

Micki Gurdus ist zwischen Fernschreibern und Empfangsgeräten aufgewachsen und versteht sieben Sprachen, neben Hebräisch auch Englisch, Französisch, Russisch, Polnisch, Arabisch und Deutsch. Wenn es sein muss, findet er sich in noch ein paar weiteren zurecht, die er beim ständigen Rundfunkabhören aufgeschnappt hat. Seinen »Beruf« hat er als 25-Jähriger von seinem Vater Nathan erlernt. Nathan Gurdus hat wohl als Erster das Rundfunkabhören zu einer eigenen Sparte des Journalismus gemacht. Durch eine Lähmung an den Rollstuhl gebunden, hat er aus seiner Not eine Tugend gemacht und schon 1920 in Berlin Zeitungsberichte verfasst, deren Informationen aus fernen Rundfunksendungen stammten. 1970 begann dann sein Sohn Micki das Radiohören professionell zu betreiben. Heute ist er Angestellter der israelischen »Rundfunk- und Fernsehbehörde«: unser Rundfunkabhörer.

Micki Gurdus am Arbeitsplatz

Wenn es im Nahen Osten hoch her geht, geben sich Fernsehteams bei Gurdus die Klinke in die Hand. Hier können sie mehr erfahren als über internationale Nachrichtenagenturen. Er gilt als zuverlässige Quelle.

Moderne Technik ermöglicht es den Studios in Israel inzwischen immerhin, mit Gurdus wenigstens im Bereich des Fernsehens zu konkurrieren. In Herzlija oder Jerusalem werden die Kommunikationssatelliten der arabischen Welt angezapft und mitgeschnitten. Wenn im Irak, in Syrien oder im Jemen eine pathetische Rede gehalten wird, ist ausgerechnet Israel die Bodenstation, wo dieses Filmmaterial empfangen, geschnitten und per Satellit nach Europa und Amerika weitergeleitet wird. Ohne diesen »Service« wäre seinerzeit der irakische Präsident Saddam Hussein mit seiner Propaganda nicht sehr weit gekommen…

Gurdus wohnt in einem ganz normalen Reihenhaus am Chen-Boulevard in Tel Aviv. Nur an dem Antennenwald auf dem Dach ist dem Haus sein ungewöhnlicher Bewohner anzusehen. Wer Gurdus nicht kennt, könnte meinen, dass der israelische Geheimdienst hier eine schlecht getarnte Filiale eingerichtet hat.

Wenn nicht gerade ein Flugzeug gekapert oder ein Kreuzfahrtschiff entführt wird, ist es kein Problem, ihn unter seiner Tel Aviver Telefonnummer zu erreichen. Er antwortet immer freundlich, selbst wenn bei ihm eigentlich die Welt gerade zusammenbricht. Ein Interview? Seiner Stimme ist anzuhören, dass er eigentlich genug davon hat.

Im ersten Stock steht auf dem Namensschild aus braunem Plastik »Michael Gurdus«. Der Hausherr begrüßt uns etwas scheu, aber freundlich. Die Jalousien der Drei-Zimmer-Wohnung sind heruntergelassen.

Gurdus bittet uns in sein Zimmer. Ein gedämpftes Zwitschern, Rauschen und Piepen weist den Weg. Sein »Büro« enttäuscht beim ersten Eindruck. Hier also fließen jene Informationen zusammen, die immer wieder Stoff für Schlagzeilen in aller Welt hergeben. Ein Küchentisch und ein alter Schreibtisch füllen L-förmig den Raum. Auf diesen beiden Tischen türmen sich elektronische Geräte. An den Wänden eine große Weltkarte, Flugzeug-Poster, Urkunden, die sein Vater Nathan erhalten hat, ein Foto des Vaters und dessen letzter Presseausweis aus dem Jahr 1971.

Auf die Landkarte hat Gurdus Zeitungsausschnitte geklebt. Das Titelbild der *Times* aus den Tagen der TWA-Entführung nach Beirut im Juni 1985 fällt auf. Gurdus hat bei dieser Entführung ganz wesentlich »mitgewirkt«. Über der Zimmertür hängt eine Karikatur: »Entebbe – Mission Impossible«. Nach Entebbe in Uganda hatten 1976 deutsche und palästinensische Terroristen einen französischen Airbus A300 entführt, der sich auf dem Weg von Tel Aviv über Athen nach Paris befand. Viele israelische und jüdische Passagiere waren an Bord. Unter dem damaligen Ministerpräsidenten Jitzhak Rabin vollbrachte Israel eine waghalsige Geiselbefreiung mit einem Kommandounternehmen, das in die Geschichte einging und mehrmals verfilmt worden ist. Bei der Aktion ist der Befehlshaber Joni Netanjahu ums Leben gekommen. Von dem Ruhm seines Bruders als Volksheld zehrt bis heute Benjamin Netanjahu, der schon ein zweites Mal zum Ministerpräsidenten gewählt worden ist.

Aufkleber von ZDF, Radio Japan und der »Voice of Saudi Arabia« hängen neben einer kaum erkennbaren Weltuhr, die Gurdus wohl jemand zum Geburtstag geschenkt hat.

Ehe wir mit dem Interview beginnen, müssen erst ein paar Flugzeugmodelle beiseite geräumt werden. Gurdus bringt noch schnell Kaffee.

Gurdus bietet als Hintergrundmusik quäkenden Sprechfunkverkehr der Flugzeuge. In einer Ecke des dunklen Zimmers läuft auf einem Sony-Fernseher ein Zeichentrickfilm. Wir fragen ihn nach seinen Antennen. Was er genau auf dem Dach hat, verrät er uns nicht. »Das ist mein Geheimnis. Das kann ich doch nicht verraten«, sagt Gurdus – ein Satz, den er noch öfter wiederholt.

Begeistert erzählt er von einer neuen Parabolantenne. »Ich habe das größere Modell, für das man eine Genehmigung braucht. Bis 2,40 Meter Durchmesser sind Parabolantennen genehmigungsfrei.« Der Preis für eine solche Antenne liegt zwischen 3.000 und 30.000 Dollar. Wie viel seine Antenne gekostet hat, bleibt uns verborgen.

»Von Technik verstehe ich überhaupt nichts. Wenn mal ein Gerät kaputt geht, rufe ich einen Techniker.«

Gurdus wird plötzlich ganz lebendig. Der Zeichentrickfilm im Fernsehen ist vorbei. Bilder aus dem Jemen erscheinen auf dem Bildschirm. »Das muss ich aufnehmen. Wenn Moskau Bilder aus dem Jemen zeigt, kann es was Interessantes sein.« Ich dachte, es laufe das jordanische oder ägyptische Fernsehen …

Er könne schon lange über den Satelliten Fernsehen aus den USA, aus Europa und eben auch live aus Moskau empfangen, erklärt uns Gurdus. »Seit der arabische Nachrichtensatellit Arabsat in Betrieb ist, kann ich Fernsehen aus fast allen arabischen Ländern sehen«, jubelt er. Für ihn bedeutet der Sprung von Teheran nach Bagdad und von dort nach Damaskus und Riad lediglich einen Knopfdruck.

Gurdus' Arbeitstag beginnt um sechs Uhr morgens. Fünfzehn Empfänger für UKW, Kurzwelle, Langwelle, UHF und VHF sowie fünf Kassettentonbandgeräte werden neben Scannern und dem Fernsehern angeworfen. Bestimmte Sender im Libanon, Radio Monte Carlo und BBC werden ununterbrochen mitgeschnitten. Sie sind Informationsquellen ersten Ranges für das Geschehen im Nahen Osten. 15 Kurzwellen-Empfangsgeräte stehen neben- und übereinander aufgereiht. Auf einem der Kästen thront ein MBA-Reader. An ein Kurzwellengerät mit entsprechender Frequenz angeschlossen, können mit dem MBA-Reader die Funksendungen von Nachrichtenagenturen entschlüsselt werden. Auf einem Monitor kann

Gurdus dann die letzten Meldungen von INA, IRNA, SANA oder Tass mitlesen. Es versteht sich von selbst, dass Gurdus keiner dieser Agenturen Nutzungsgebühren zahlt …

Neben modernen Kurzwellenempfängern stehen auf dem alten Schreibtisch auch noch ein paar »Dampfmaschinen«. Mit diesen antiken Geräten hört Gurdus über VHF und UHF jeglichen Sprechfunkverkehr. Er kann Militär und Polizei, den Kontrollturm in Athen oder Lod und natürlich auch den Seefunk im syrischen Tartuse oder im ägyptischen Port Said mitverfolgen.

Vor ihm auf dem Tisch liegt nur ein Buch. Es ist das »World Radio TV Handbook«, seine »Bibel«. Sonst nur noch zwei Telefone, ein paar Zettel, ein Bleistift und ein verbeulter Aschenbecher. Das eigentliche Herz der ganzen Zauberei ist ein schmuddeliger Karteikasten aus dunkelbrauner Pappe, dessen zerfledderter Deckel bald abfallen wird. Darin hat er 15 Jahre lang Frequenzen gesammelt. Dieser Kasten ist sein bestgehütetes Geheimnis. Er lässt uns keinen Blick hineinwerfen.

Darin steht auch die Frequenz von »Air Force One«, der amerikanischen Präsidentenmaschine. 1977 hörte Gurdus, wie Außenminister Alexander Haig einem Beamten im Weißen Haus funkte, die Watergate-Tonbänder nicht an Präsident Nixon zu geben. Die Watergate-Abhöraffäre hatte 1974 zur ersten Absetzung eines amerikanischen Präsidenten, Richard Nixon, in der Geschichte der USA geführt. In seinem streng geheimen Zettelkasten bewahrt Gurdus auch die Frequenzen der amerikanischen Air Force im Nahen Osten auf. Als alle Welt auf Teheran blickte, wo 1979 Anhänger des Ayatollah Khomeini die amerikanische Botschaft besetzt hatten, hörte Gurdus die amerikanischen Frequenzen ab. Obwohl es da um streng geheime Information ging, benutzten die Amerikaner oft Klartext. Jeder konnte mithören. Gurdus tat es mit System! Von einem US-Hauptquartier in Izmir (Türkei) erfuhr er über Kurzwelle, dass die Amerikaner eine Befreiungsaktion planten. In Kairo meldeten mehrere Hercules-Piloten ihren Abflug in Richtung Osten. Die Funkleitzentralen in Oman und Bahrein meldeten sich ebenfalls, obwohl diese beiden arabischen Länder jede Zusammenarbeit mit den Amerikanern energisch dementierten. Schließlich hörte Gurdus, dass es Probleme gab. Sand war in das Getriebe von einem Helikopter geraten und schließlich rammte ein Rettungshubschrauber beim Auftanken in der Wüste eine C-130 Hercules. Acht ame-

Nachrichten aus aller Welt

rikanische Soldaten starben. Gurdus wusste mehr als Washington. Aber er schwieg. Es hätte vielleicht seinen journalistischen Ruhm erhöht, wenn er über den israelischen Rundfunk der Welt die Kunde von dem gescheiterten Unternehmen mitgeteilt hätte. Aber eine vorzeitige Veröffentlichung hätte auf die Fährte der verunglückten Amerikaner geführt. Gurdus schwieg also bis zu dem Augenblick, wo klar war, dass die letzten verunglückten Amerikaner in Sicherheit waren.

Das versuchte Kommando-Unternehmen, die als Geiseln festgehaltenen 53 amerikanischen Diplomaten in Teheran zu befreien, war gescheitert. Bis heute dauern die Spannungen zwischen den USA und dem Iran infolge dieser Affäre an.

»Wann immer ich im Besitz von Informationen bin, die Menschenleben gefährden könnten, veröffentliche ich sie nicht«, hat Gurdus sich zum Grundsatz gemacht. Verhängnisvoll wäre fast der Mitschnitt eines Gesprächs zwischen einem Flugzeug der GSG 9 und dem Bonner Krisenzimmer 1977 geworden. Die Maschine befand sich auf dem Weg nach Mogadischu in Somalia, wo die von palästinensischen und libanesischen Terroristen entführte Lufthansa Boeing 737-230 »Landshut« stand. Minister Ben Wisch (Hans Jürgen Wischnewski) sprach unter dem Tarnnamen »Oscar X-Ray« ganz offen mit dem damaligen Kanzler Helmut Schmidt.

Schließlich erlebte Gurdus per Kurzwellenfunk die eigentliche Befreiungsoperation hautnah mit. GSG 9-Kommandant Ulrich Wegener funkte im Klartext den Fortgang der Operation nach Bonn. Im israelischen Rundfunk berichtete Gurdus vom erfolgreichen Abschluss der Operation, noch ehe Bundeskanzler Schmidt informiert werden konnte …

Vorwürfe, dass er durch seine fortlaufende Berichterstattung die Befreiungsoperation der GSG-9 fast zum Scheitern gebracht hätte, weist Gurdus von sich. Die BBC habe noch vor ihm gemeldet, dass sich die GSG-9 auf dem Weg nach Mogadischu befinde. Außerdem habe sich Gurdus durch Abhören des Sprechfunks der Terroristen mit dem Kontrollturm in Mogadischu vergewissert, dass die Entführer keinerlei Information von außen bekämen.

Die Frage drängt sich auf, ob Gurdus vielleicht für den israelischen Geheimdienst arbeitet. Er selbst bestreitet das. Seinen Reservedienst leiste er nichts tuend beim Militärsprecher. Und ansonsten vermutet Gurdus, dass die israelischen Geheimdienstler noch viel besser informiert seien als er. Sie arbeiten rund um die Uhr, während Gurdus täglich einige Stunden Schlaf braucht. Er benutzt nur Quellen, die letztlich jedem offen stehen. Aber nur wer seine Geduld besitzt, manchmal gar 24 Stunden am Tag die Nachrichtensendungen aus aller Welt abzuhören, den See- und Luftverkehr auf Ausnahmesituationen hin zu belauschen und in der »Freizeit« nach neuen Frequenzen zu suchen, kann es ihm nachtun. So wie andere Journalisten zu Pressekonferenzen gehen oder Straßeninterviews machen, klopft Gurdus die Kurzwelle auf Neuigkeiten ab. Und selbst heute noch, im Zeitalter von Internet und Satellitentelefon, Direktübertragungen und anderen Übermittlungsmethoden gelingt es ihm immer wieder, Informationen zu ergattern, an die sonst kaum ein anderer Journalist so schnell herankommt.

Ich muss gestehen, von Gurdus viel gelernt zu haben. Seine Form des Journalismus ist eine legitime Methode der Informationsbeschaffung. Als am 17. März 1992 vor der israelischen Botschaft in Buenos Aires eine Autobombe explodierte, rief der israelische Rundfunk in der halb zertrümmerten Botschaft an. Die Telefonleitung zu einer in den Trümmern eingeschlossenen israelischen Diplomatin funktionierte. Eine halbe Stunde lang schilderte sie live im Radio, wie es ihr ging, was passiert war, wie sich die Retter zu ihr vorarbeiteten. Obgleich Argentinien nicht wirklich zu meinem Berichtsgebiet gehört, erschien am nächsten Tag in »meinen« Zeitungen in Deutschland eine ausführliche Reportage, die diesmal der »Rundfunkabhörer Sahm« verfasst hatte.

Terror in Jerusalem

Pastorin Petra Heldt

Auch wenn es einen per Zufall nicht direkt trifft, bleibt man nicht unberührt von schrecklichen Ereignissen, sowie es um persönliche Bekannte geht. Am 30. Juli 1997 verlangte ich von unserer Putzfrau Batja, noch schnell die Spülmaschine auszuräumen. Sie war wütend, weil sie ihren Bus zum Machaneh Jehuda-Markt verpasste, wo sie einkaufen gehen wollte. Am nächsten Tag erschien sie glücklich und dankbar: Ich hätte ihr das Leben gerettet. Denn genau an dem Gewürzstand, wo sie immer einkaufe, habe sich ein Selbstmordattentäter in die Luft gesprengt. Wäre sie rechtzeitig losgefahren, wäre sie nicht mehr am Leben. Welch ein Glück. Und zugleich – welch ein Unglück: Jener Anschlag hinterließ 18 Tote und 178 Verletzte: Es traf auch eine gute Freundin, die Pastorin Petra Heldt. Sie erlitt schwere Verbrennungen im Gesicht und an den Händen und verbrachte Monate im Hadassa-Hospital.

Zwei Monate später, am 4. September 1997, hatten wir einen Gast aus Jordanien. Zusammen mit meiner Frau Varda hatte er mehrere israelisch-jordanische fotografische Friedensprojekte durchgeführt. Beamte des israelischen Außenministeriums wollten ihn unbedingt treffen. Sie luden uns zum Essen im Jerusalemer »Künstlerhaus« ein. Ein älterer Herr, ehemaliger Botschafter in der Türkei, ließ sich vor der Verabschiedung sehr viel Zeit für einen Toilettengang. Das rettete uns allen das Leben. Denn während wir vor dem Künstlerhaus auf ihn warteten, hörten wir zwei oder drei ohrenbetäubend laute Explosionen. Vögel flogen verschreckt auf und dann herrschte eine gespenstische Stille. Meine Frau und unser jordanischer Freund flüchteten sofort mit dem Auto nach Hause. Ich handelte nach der Devise »Ein Korrespondent ist immer im Dienst« und rannte in Richtung Fußgängerzone in der Ben Yehuda Street, wo es geknallt hatte. An der Querstraße davor sah ich, wie ein Polizeiwagen auftauchte. Zwei orthodoxe Juden fuchtelten mit den Armen und versuchten, den Streifenwagen zu stoppen. Auf dem Asphalt lag ein abgerissener Arm. Mir reichte dieser Anblick. Ich schnappte mir ein Taxi und fuhr nach Hause, um sofort mein eigenes Überleben bei n-tv live im Fernsehen zu schildern. Wenig später erfuhr ich, dass die als Touristen verkleideten Palästinenser aus dem Dorf Asira al-shamaliye bei Nablus sich in eine Gruppe kleiner Mädchen gestellt hatten, als sie die Zündschnur zogen. Unter den Todesopfern war Sivan Zarka, die 13 Jahre alte Tochter unseres Hausarztes. Ebenso wurde die genauso alte Smadar Elchanan ermordet. Ihre Mutter Nurit Peled-Elchanan war einst meine Nachbarin. Sie ist heute eine linksextreme israelische Friedensaktivistin und pro-palästinensische Kritikerin der israelischen Politik. Smadars Großvater war Matti Peled, ein israelischer General und Pionier des israelisch-palästinensischen Friedens-Dialogs. Am gleichen Abend hatte ich einen Vortrag vor einer deutschen Schülergruppe zu halten. Die hatte während der Explosionen am anderen Ende der Fußgängerzone gestanden und wie durch ein Wunder überlebt. Ein oder zwei Minuten hatten für uns alle per Zufall über Leben oder Tod entschieden.

Es gab weitere Anschläge in Tel Aviv, Haifa und Jerusalem, bei denen Freunde, Bekannte und ein Klassenkamerad unserer Tochter Elinor ums Leben kamen. Und wenn es nicht Bekannte traf, so sprengte sich eine junge Frau aus Bethlehem vor einem Supermarkt in die Luft, wo wir gelegentlich einkauften. Einen verhinderten Selbstmordattentäter überfiel Angst, ehe er im Café Kafit in der »Straße des Geistertals« in Jerusalem seinen Sprengstoffgürtel zünden wollte. Der Mann wurde verhaftet. Häufig verabrede ich mich dort mit Freunden oder mit meiner Frau. Es hätte auch an diesem Tag sein können und hätte er »Mut« gefasst – gäbe es dieses Buch nicht.

Ein anderes Mal explodierte ein Selbstmordattentäter in einem Café gegenüber der Wohnung einer Freundin. Sie rief völlig hysterisch an. Ich hatte den Knall selber gehört, als ich gerade meine Hunde ausführte. Ich wusste sofort, dass wieder Menschen gestorben waren. Minuten später lief im Rundfunk das übliche Sonderprogramm: Zeugenaussagen und Pressekonferenzen mit den Polizeichefs.

Und dann retteten wir das Leben eines befreundeten Fotografen, Ilan Misrachi, den wir während einer Auslandsreise gebeten hatten, unsere Wohnung zu hüten. Im Café Moment, seinem Stammlokal, keine 50 Meter von der Residenz des israelischen Ministerpräsidenten entfernt, starben elf Menschen und 54 wurden verletzt, während er seine Freunde ausnahmsweise in unsere Wohnung eingeladen hatte.

Zum Glück litt meine Frau unter einer Grippe, als die Caféteria in der Hebräischen Universität am 31. Juli 2002 in die Luft flog. Sie hätte unter den neun Toten oder den 84 Verletzten sein können.

Ich entkam im Laufe der Jahre nicht nur palästinensischem Terror, sondern auch israelischen Schüssen. Israelis wie Palästinenser hätten mich in Libanon-Krieg 1982 mehrmals fast getötet, als ich mit meinem eigenen Wagen immer wieder bis nach Beirut fuhr. Auch später schaute ich »dem Tod ins Auge«: So wusste ich nicht, dass es »verboten« war, israelische Militärjeeps im Westjordanland zu überholen in einer Zeit, als Palästinenser immer wieder aus Taxis heraus auf den Durchgangsstraßen auf Soldaten oder auf Fahrzeuge mit israelischem Nummernschild schossen. Als ich gerade ansetzte, einen schrecklich langsam fahrenden Jeep zu überholen, erhoben die beiden an der offenen Hecktür sitzenden Soldaten ihre Gewehre und zielten auf mich. Ich brach das Überholmanöver sofort ab …

Es ist nicht meine Absicht, hier Panik zu säen. Seit 2003 sind die Terroranschläge in Israel drastisch zurückgegangen. Intensive Aktivitäten des israelischen Geheimdienstes und der Bau des Sperrwalls mitsamt Mauer und Zaun haben ein Eindringen palästinensischer Terroristen nach Israel fast unmöglich gemacht hat. Auch wenn dies ein problematisches und in der Weltöffentlichkeit sehr umstrittenes Verfahren war: Die Lage hat sich seitdem beruhigt. Die enormen Sicherheitsmaßnahmen, Kontrollen vor jedem Supermarkt und Restaurant, an den Zugängen zum Gemüsemarkt, in Bussen und ohnehin vor allen öffentlichen Gebäuden haben in Israel wieder ein Gefühl der Sicherheit geschaffen. Im Westjordanland hat man sich nie vor Bombenanschlägen gefürchtet, da es bisher keine jüdischen Selbstmordattentäter gab. Deshalb erübrigen sich in Bethlehem, Nablus oder Ramallah die Sicherheitsmänner, wie sie mit ihren Metalldetektoren vor jedem israelischen Pub stehen. Aber auch das lebensgefährliche innerpalästinensische Chaos in Jenin und Nablus zum Beispiel existiert nicht mehr. 2007 mussten wir noch in Begleitung einer schwerbewaffneten palästinensischen Eskorte in gepanzerten Diplomatenwagen nach Nablus fahren. Inzwischen hat die palästinensische Regierung für Ordnung gesorgt, sodass Israel fast alle Straßensperren wegräumen und die Durchgangsstraßen wieder für palästinensische Fahrzeuge freigeben konnte. Ein politischer Beschluss der Palästinenser, insbesondere des Präsidenten Mahmoud Abbas und seines Ministerpräsidenten Salam Fayad, hat der Gewalt hier ein Ende gesetzt.

Die Mär von Israels Gründungshilfe für die Hamas

»Ich habe einen Preis in Höhe von 5000 Dollar ausgesetzt für ein Dokument oder Gesprächsprotokoll, das Israels Unterstützung und Hilfe zur Gründung der Hamas beweist«, sagte Brigadegeneral a.D. Schalom Harari. Der Geheimdienstmann war zwischen 1977 und 1997 für den Gazastreifen zuständig. Im Dezember 1987 wurde die Hamas gegründet. Bis heute habe ihm kein Offizier oder Politiker den gewünschten Beweis geliefert. Er hält es für ein Märchen, dass Israel mit der Hamas ein politisches Gegengewicht zur PLO schaffen wollte oder, wie *L'Humanité* behauptet, angestrebt habe, »dass die Palästinenser sich der Religion zuwenden sollten, anstatt Terror zu betreiben«. Doch so wird es immer wieder in Presseberichten dargestellt, vielleicht um eine Parallele zur amerikanischen Unterstützung Osama bin Ladens herzustellen, den die USA während des Kalten Krieges gegen die UdSSR in Afghanistan »nutzten«.

»Wenn wir an einer Schule der Fatah vorbeifuhren, wurden wir mit Steinen und Handgranaten beworfen. In Schulen der Moslembrüder erhielten wir Wasser und konnten Ärzte zu den Verwundeten schicken. Die Moslembrüder, aus denen die Hamas hervorging, betrieben keinen Terror. Sowie sie aber Waffen sammelten oder Terror betrieben, gingen wir genauso gegen sie vor wie gegen die Fatah«, erinnert sich der Geheimdienstmann Jigal Carmon an seine Zeit im Gazastreifen. Und Efraim Lapid, der an der Jagd auf die Attentäter bei den Olympischen Spielen in München 1972 beteiligt war, sagt: »Scheich Ahmed Jassin saß schon vor der Gründung der Hamas im Gefängnis, weil er Waffen versteckte. Kurz nach der Gründung der Hamas verhafteten wir ihn wegen der Entführung und Ermordung von Soldaten. Beim Kampf gegen Terror machen wir keine Unterschiede.«

Harari ist Forscher beim IDC in Herzliya und spezialisiert auf Islamisten: »Die Mär israelischer Starthilfe für die Hamas lässt sich kaum ausmerzen.« Die Hamas (Harakat al-Muqawima al-Islamiyya: Islamische Widerstandsbewegung) wurde 1987 als der »militärische Arm« der Moslembruderschaft (Ikhwan al-Muslimin, 1946, Mujama ab 1973) gegründet. Die Islamisten hatten im Gazastreifen ein soziales Netz aufgebaut, jedoch ohne militärische Ambitionen. Sie gründeten in Gaza die islamische Universität und bezogen Gelder aus dem Ausland für den Bau von Moscheen. Israelische Genehmigungen dafür werden als »Beweis« für ihre Bevorzugung angebracht. »Das ist ein lächerliches Argument«, meint Harari. »In der gleichen Periode entstanden die Bir Zeit-Universität und A-Nadschach in Nablus. Die standen der PLO nahe.«

Im Gegensatz zur weltlichen Fatah, DFLP oder PFLP unter dem Dach der PLO, enthielten sich die Islamisten bis 1989 des Terrors gegen Israel. Bewaffneter Widerstand sollte warten, »bis wir bereit sind und um Israel keinen Vorwand zu liefern, uns zu stoppen«, zitiert Harari. Kaum ein Moslembruder saß im Gefängnis.

Jassir Arafat schimpfte die Islamisten schon Anfang der achtziger Jahre »Kollaborateure mit Israel«, Feiglinge und Verräter. Die Zahl der Insassen in israelischen Gefängnissen galt als Gradmesser. Israel hatte aber keinen Grund, Islamisten zu verhaften. Sie verstießen nicht gegen die Gesetze. Arafat wollte gleichwohl die »Nicht-Nationalisten« in die PLO einbinden. Doch die Moslembrüder und später Hamas kannten ihre wahre Stärke und verlangten 40 Prozent der Sitze in allen PLO-Gremien. Die Kommunisten und andere lehnten ab. Arafat waren die Hände gebunden. Er war politisch wie militärisch von Moskau und Ost-Berlin abhängig.

Fatah und die Islamisten bekämpften sich gleichzeitig bis aufs Messer, was in allen Darstellungen der Geschichte der Hamas detailliert ausgeführt wird. »Der Machtkampf währt schon über dreißig Jahre«, sagt Harari und verweist auf die Ermordung des Rektors der Universität von Gaza, Ismail Khatib, 1983 durch die Fatah. Khatib hatte mit seinen Islamisten die Universitäten erobert. Seitdem trennt eine hohe Mauer den gemeinsamen

Verehrung für Wafa Idris

Campus der islamischen Universität und der Universität von Gaza. 1983 wurde der spätere Gründer der Hamas, Scheich Ahmad Jassin, wegen Waffenbesitz (150 Gewehre) ins Gefängnis gesteckt. »Die Waffen sollten gegen die Fatah gerichtet werden, nicht gegen Israel«, sagt Harari.

Schon in den siebziger Jahren ging aus den Moslembrüdern der »Dschihad Islami« hervor. Ihr Gründer, Fathi Schkaki, wollte den Kampf gegen Israel nicht aufschieben. Er wurde 1995 auf Malta vom Mossad ermordet. Nach dem Ausbruch der ersten Intifada, im Dezember 1987, gründete der geistige Vater der Moslembrüder, Scheich Jassin, unter dem Akronym »Hamas« ihren »militärischen Arm«.

Der wichtigste Erfolg Arafats war die Anerkennung der PLO als »legitime Vertreterin des palästinensischen Volkes«. Doch im Sudan trafen sich damals Vertreter der PLO mit den Islamisten, die diesen Erfolg ganz anders beurteilten. Sie machten der PLO den Exklusivanspruch streitig. Arafat vertrete »nur das halbe Volk«.

Die Ansicht, dass Israel die Hamas bevorzugt, gefördert oder als Gegengewicht zur PLO »geschaffen« habe, könnte also sehr wohl auf die Polemik Arafats zurückgehen. Es wäre eine übliche Methode, die Moslembrüder unter Druck zu setzen, sie anzustacheln, sich dem »Kampf« anzuschließen und zu »beweisen«, keine »Kollaborateure« zu sein.

Harari sagt, dass die Osloer Verträge an diesem Machtkampf gescheitert seien. Weil sich die Hamas übergangen fühlte, die Anerkennung Israels und Arafats Gewaltverzicht ablehnte, zerstörte sie mit Anschlägen schon unter Jitzhak Rabin das Osloer Konzept, durch Vertrauen Sicherheit (für Israel) zu schaffen. Vor allem die Hamas hat seit den neunziger Jahren des vergangenen Jahrhunderts fast jede Mission eines amerikanischen Außenministers, jeden geplanten Rückzug und jede Geste der Israelis mit Anschlägen überschattet oder zum Scheitern gebracht.

Die palästinensischen Universitäten waren schon in den achtziger Jahren fest in der Hand der Hamas. Lokalwahlen für die Stadträte ließ Arafat immer wieder mit »fadenscheinigen« Argumenten verschieben, etwa weil die israelische Besatzung keine »freien« Wahlen ermöglichte. Arafat ahnte, dass Hamas in den meisten Städten eine Mehrheit bekommen hätte. Seine »Ahnung« sollte sich posthum zweimal bestätigen: Im Herbst 2005 fielen fast alle Städte an die Hamas und am 25. Februar 2006 errang die Hamas eine Mehrheit im palästinensischen Parlament.

Alle Versuche von Arafats Nachfolger Mahmoud Abbas, die Parlamentswahlen zu verschieben, scheiterten am Druck der Amerikaner und Europäer. Israel versuchte, Abbas zu helfen. Erst wollte Israel eine Wahlbeteiligung in Ostjerusalem verbieten, was für Abbas »inakzeptabel« gewesen wäre und ihn zur einer Absage der Parlamentswahlen »gezwungen« hätte. Dann behauptete Israel unter Hinweis auf die Osloer Verträge, dass Hamas ein »verfassungswidriges« Programm habe. Da jedoch niemand außerhalb Israels an einen Wahlsieg der Hamas glaubte, und die USA und EU nur mit Vertretern der PLO redeten, kam es mit demokratischen Mitteln zum größten Debakel der amerikanischen und europäischen Nahostpolitik: zur legalen Machtübernahme einer islamistischen Terrorgruppe. Die USA können deswegen nicht mehr vermitteln und die Europäer können den Palästinensern nicht mehr finanziell helfen.

Harari, der täglich fünf palästinensische Zeitungen liest, sieht im Wahlsieg der Hamas durchaus auch einen positiven Effekt. Auf Dauer hätte »das halbe Volk« nicht ausgeschlossen bleiben können. »Endlich wird der seit über dreißig Jahren unter dem Deckel gehaltene Machtkampf offen ausgetragen.« Israel sollte sich gedulden und abwarten. Denn erst, wenn die Palästinenser ihren Weg gefunden hätten, mache es Sinn, weitere Verträge auszuhandeln, dann aber mit dem »ganzen Volk« und nicht nur mit der PLO, der selbsternannten exklusiven Vertreterin des Volkes.

Kommentar aus heutiger Sicht: Die von Harari vorgetragene These stellt die Hamas und die PLO in einem völlig neuen Licht dar. Tatsache ist, dass die Fatah ihren »Gründungstag« am 1. Januar feiert, weil sie am 1. Januar 1966 ihren ersten Anschlag in Israel ausgeführt hat. Das war vor dem Sechs-Tage-Krieg, also kein Akt gegen die Besatzung. Weil Israel nach dem Sechs-Tage-Krieg schnell und erfolgreich den Widerstand in den besetzten Gebieten niederschlug und Arafat Hals über Kopf fliehen musste, spezialisierte sich die PLO ab Anfang der siebziger Jahre auf internationalen Terror. Durch Flugzeugentführungen oder durch den Anschlag auf die olympischen Spiele in München 1972 sollte die »palästinensische Sache« zum internationalen Thema werden. Arafats Erfolg war durchschlagend. Die UNO lud ihn ein, vor der Weltgemeinschaft zu reden und er selbst wurde zur Symbolfigur der Palästinenser. Spätestens 1980 gewährte ihm Europa den Status, legitimer Vertreter aller Palästinenser zu sein. Niemand beachtete damals die Moslembrüder. Im Gefolge der Khomeini-Revolution im

Iran 1979 und mit saudischer Hilfe schufen sie stillschweigend mit einem sozialen und religiösen Netzwerk eine breite Machtbasis. Das geschah fern der Aufmerksamkeit der Medien. Niemand kam deshalb ernsthaft auf die Idee, Arafats Exklusivanspruch in Frage zu stellen. Es gab auch keinen echten Anlass dazu, denn die ersten Terroranschläge der Hamas wurden erst 1989 registriert, zwei Jahre nach Beginn der ersten Intifada. Das erste palästinensische Selbstmordattentat verübte die Hamas im April 1993 in Mechola. Die Inspiration dazu kam aus Libanon, wo die nahöstliche Taktik der Selbstmordattentate 1982 zunächst gegen amerikanische und französische Friedenstruppen gerichtet war.

Die Anschläge der Hamas haben dank der von ihr verfeinerten Methode der Selbstmordattentate Hunderte Israelis das Leben gekostet. Doch nicht nur die vielen Toten wirkten, sondern vielmehr der sorgsam gewählte Zeitpunkt und Ort großer Anschläge.

Die Anschläge waren zwar gegen Israel gerichtet, trafen aber vor allem Arafat und die PLO, sowie es Anzeichen für Fortschritte gab oder eine israelische Geste bevorstand. Besonders krasse Beispiele sind der Anschlag beim Dolfinarium in Tel Aviv 2001 (21 Tote und 120 Verletzte), nachdem Scharon einen »einseitigen Waffenstillstand« verkündet hatte und die Zahl der palästinensischen Toten nach den ersten sechs Monaten Intifada unter Ehud Barak drastisch zurückgegangen war. Der schwerste aller Anschläge, am 27. März 2002, am Passah-Fest, mit 30 Toten und 140 Verletzten, im Park-Hotel in Natanjah, provozierte den Einmarsch israelischer Truppen in alle Städte des Westjordanlandes (außer Jericho) und machte letztlich der Autonomiebehörde Arafats den Garaus. Der Anschlag auf den »Kinderbus« in Jerusalem am 2. August 2004 beendete abrupt eine relative Ruhepause infolge des Gipfels von Akaba und der Bemühungen von Ministerpräsident Mahmoud Abbas, den Friedensprozess wieder in Gang zu bringen.

Gemäß dem mythologischen »Kreislauf der Gewalt« gibt es zu jeder palästinensischen Attacke eine israelische Maßnahme, die »gerächt« wurde oder den palästinensischen Anschlag vermeintlich »rechtfertigte«. Eine genaue Überprüfung der gewählten Zeitpunkte von Anschlägen der Hamas könnte aber nachweisen, dass die Hamas nicht nur gegen Israel vorging, sondern ihre Attentate auch im Rahmen ihres Machtkampfes mit der PLO plante. Bei den großen, oben angeführten Anschlägen ist ein solcher Zusammenhang offenkundig.

Die sprichwörtliche Disziplin innerhalb der Hamas – im Gegensatz zur Korruption und Disziplinlosigkeit in der Fatah – kann eine zusätzliche Erklärung dafür liefern, dass die Hamas weitgehend von Attacken gegen Israel absah: Sie betrachtet den inner-palästinensischen Machtkampf als entschieden. Wie eingangs dargestellt, entwickelten die Moslembrüder erst relativ spät »militärische Ambitionen«. Die PLO hingegen, mitsamt ihren Unterorganisationen, betrieb seit 1966 Terror und ist heute mit den El Aksa-Brigaden und anderen Gruppen neben dem »Dschihad Islami« weiterhin aktiv.

Die These impliziert, dass mit den Palästinensern kein Vertrag Bestand haben kann, solange der interne Machtkampf nicht ausgefochten ist und starke politische Gruppierungen jegliche Fortschritte in Richtung Abkommen mit Israel sabotieren wollen. Solange sich eine Mehrheit (oder eine große Minderheit) vom Friedensprozess ausgeschlossen fühlt und ihn mit Waffengewalt verhindert, dürfte kein noch so guter, gerechter oder legitimer Vertrag Bestand haben. Die niemals wirklich abgeschaffte PLO-Charta und die noch gültige Hamas-Charta predigen die Zerstörung Israels und nicht nur einen Rückzug Israels zu der Waffenstillstandslinie von 1967. Selbst wenn sich Israel völlig aus allen besetzten Gebieten zurückziehen sollte, wäre aus Sicht dieser Grundsatzprogramme noch längst kein »gerechter« Friede erreicht. Erst wenn »die« Palästinenser einen jüdischen Staat als Nachbarn akzeptieren könnten, ohne ihn zum Beispiel mit acht Millionen rückkehrenden Flüchtlingen überschwemmen oder in »ganz Palästina« die Flagge des Islam hissen zu wollen, könnte echte Ruhe einkehren.

Selbstmordattentäter

»Wer Selbstmord begeht, kann nichts Gutes für sich oder sein Land tun«, sagt Neda Taweel. »So jemand ist krank und nicht einer, der sich für andere opfert. Doch es muss ein großartiges Gefühl sein, es zu tun.«

Nedas Bruder Diya war fast 20 Jahre alt und studierte Elektronik an der Bir Zeit-Universität bei Ramallah. Nachdem er sein Zuhause verlassen hatte, war er fromm geworden. Er war Muezzin, der Gebetsrufer, an der Universität. Am 26. März 2001 sprengte er sich auf einer Jerusalemer Kreuzung nahe einem Linienbus in die Luft. Nur er selbst wurde getötet. Dreißig Israelis wurden verletzt.

Die britische BBC entdeckte im Gazastreifen eine Schule der Dschihad Islami Organisation, wo der Lehrer Mohammed el Hattab in Sommerkursen 12 bis 15 Jahre alte palästinensische Jugendliche lehrt: »Es ist gut zu töten, aber es ist auch gut zu sterben.« Selbstmordattacken seien die einzige Methode den Israelis Schrecken einzujagen. »Einwanderungswillige Juden denken zwei Mal nach, ob sie nach Israel gehen wollen. Wer das Land verlassen will, fasst seinen Beschluss schneller.« Die Kinder sehen Filme von Gewalttaten, malen Bilder von sich selbst mit umgeschnallten Sprengstoffgürteln und erfahren: »Nach einem Selbstmordangriff gelangt ein Mann zur höchsten Stufe des Paradieses, wo ihn 70 Jungfrauen erwarten.«

Schafik Masalcha, klinischer Psychologe an der Tel Aviv-Universität, meint: »Die absolute Überzeugung, dass es ein Leben nach dem Tod gibt und dass jenes Leben besser ist als das irdische, ist ausschlaggebend für die Bereitschaft eines jungen Palästinensers, sich in die Luft zu sprengen und die jüdischen Feinde mit in den Tod zu reißen.« Gemäß Umfragen träumen fünfzehn Prozent der palästinensischen Kinder im Alter zwischen zehn und elf davon, »Märtyrer« zu werden. »Das ist ein unnormal hoher Anteil«, sagt Masalcha. »Diesen Kindern wurde die Vorstellung eingegeben, dass ein Märtyrer im Himmel ein wunderschönes Leben verbringt.«

Im Nahen Osten tauchte die Kampfmethode der japanischen Kamikaze-Bomber 1982 auf. Ausgerechnet Christen der Sozial-Nationalistischen Partei Syriens sprengten sich in Tyros bei einem israelischen Militärhauptquartier und dann in Beirut, bei Hauptquartieren amerikanischer und französischer Friedenstruppen sowie bei der amerikanischen Botschaft, in die Luft. Schnell griff die schiitische Hisbollah diese ursprünglich im Iran konzipierte Kampfmethode auf. Im Winter 1994 deportierte Ministerpräsident Jizchak Rabin vierhundert Mitglieder der palästinensischen Hamas in den Libanon. Offiziell saßen die Männer in Zelten im Niemandsland. Doch die Hisbollah knüpfte Kontakte mit den sunnitischen Hamas-Leuten, schickte sie zur Ausbildung in den Iran und brachte ihnen den Umgang mit Sprengstoff bei. Tödlich war vor allem die schiitische Ideologie vom Schahid (Märtyrer) im »Heiligen Krieg«. Die war den palästinensischen Sunniten bis dahin fremd. Mit der Rückkehr dieser

Hamas-Aktivisten gelangte der Geist schiitischer Selbstaufopferung in den Gazastreifen.

»Unsere Religion verbietet zwar Selbstmord«, sagt Scheich Bassam Jarrar vom Al-Nun-Zentrum für Koranstudien, »doch das Konzept des Märtyrertums bedeutet eine Verneinung des eigenen Lebens zugunsten der Allgemeinheit. Das ist ein Gipfel menschlicher Qualitäten.« Er zählt Verlockungen auf wie die Erfüllung politischer Ziele und Belohnung im Paradies. Die Hoffnung auf jene 70 Jungfrauen, die dort auf ihn warten, hat einen gescheiterten Selbstmordattentäter im Gazastreifen veranlasst, seine Körpermitte mit Lappen zu schützen. Israelische Soldaten entdeckten das, als sie den verletzten Mann entkleideten, nachdem er einen Eselskarren gesprengt hatte. Ein anderer wähnte sich schon im Paradies, als er im Krankenhaus in Aschkelon aufwachte. Ein israelischer Geheimdienstmann fragte ihn, ob es im Paradies auch Juden gebe. Der Attentäter verneinte entrüstet – und kapierte dann, dass die Krankenschwestern an seinem Bett nicht die verheißenen »Jungfrauen« waren.

Der israelische Terrorexperte Boaz Ginor sagt, dass der erste palästinensische Selbstmordanschlag bei Kibbuz Mechola in der Jordansenke im Dezember 1993 verübt worden sei. »Gegen einen todeswilligen Einzeltäter gibt es kein wirksames Mittel. Die sind unberechenbar wie Amokläufer. Nach seinen Angaben hat es seit 1996 insgesamt über 70 Selbstmordanschläge in Israel gegeben, an denen mehr als 80 Attentäter beteiligt waren. 28 Attentate mit 154 Toten und 1200 Verletzten habe es allein bis zum Ausbruch der Zweiten Intifada im Oktober 2000 gegeben. Von insgesamt 172 israelischen Toten während der Intifada (bis zum 11. 9. 2001), sind 52 durch Selbstmordanschläge ums Leben gekommen. Die Übrigen wurden durch Steinwürfe, Autobomben, Schüsse und Überfahren getötet. Das schlimmste Selbstmordattentat fand in Tel Aviv am 1. Juni statt, als sich der 22 Jahre alte Said Hutharie aus Kalkilja vor einer Diskothek in Tel Aviv sprengte und 21 israelische Jugendliche in den Tod riss. Mit Freudentränen erklärte sein Vater nach der Tat: »Ich wünschte, ich hätte noch 20 Söhne, um auch sie in den Tod schicken zu können.«

Neda Taweel erinnert sich, wie schwer es ihr gefallen sei, bei den Trauerfeiern für ihren als Selbstmordattentäter ums Leben gekommenen Bruder zu ululieren, Freudentöne auszustoßen, wie es arabische Frauen bei Hochzeiten tun. Im Trauerzelt wurde sie beglückwünscht, dass sich ihr Bruder jetzt mit siebzig Maiden im Paradies befinde. Nachdenklich meint sie: »Mein Bruder und ich waren uns sehr nahe. Ich vermisse ihn sehr.«

Mit Elinor durch Jerusalem

Elinor »genießt« die »Hysterie« ihrer Mutter. Seitdem der »Krieg« zwischen Israel und den Palästinensern wieder eine Welle von Terroranschlägen entfachte, darf sie den Bus nicht mehr benutzen. Das sei zu gefährlich, meint die Mutter und stellt sich als private Taxifahrerin ihrer Tochter in den Dienst. »Das machen andere Eltern auch so«, meint Elinor. Morgens lässt sie sich ins Gymnasium kutschieren und mittags wieder abholen. »Heute will ich einen Schlips für einen Freund zum Geburtstag einkaufen«, verkündet sie eines Tages. Sie will in die Fußgängerzone Jerusalems. Zwei Jahre zuvor haben sich da zwei Selbstmordattentäter in die Luft gesprengt. Sivan und Smadar, zwei ihrer Opfer, kannten wir. »Hast du keine Angst, ausgerechnet hier in der Fußgängerzone einen Schlips für deinen Freund zu suchen«, frage ich sie. Elinor zuckt mit den Schultern: »Wir können hier doch nicht aufhören zu leben.«

Zwei Grenzschützer mit großen Gewehren stehen am unteren Ende der Ben Jehuda-Straße, wo Elinor einkaufen will. »Na wie geht es«, flirtet sie mit den Achtzehnjährigen. Die freuen sich über die Abwechslung. Täglich schieben sie hier Dienst, »zur Abschreckung«. Manchmal halten sie einen »Verdächtigen« an, überprüfen die Ausweise. Araber werden besonders arg-

wöhnisch beäugt. Auf dem Weg zum Schlipsgeschäft zieht Elinor eine alte Batterie aus der Tasche und wirft sie achtlos in einen Papierkorb. In Jerusalem sind die öffentlichen Abfalleimer »bombensicher«. Damit eine darin abgelegte Bombe keinen zu großen Schaden anrichten kann, handelt es sich um schwere Behälter aus dickem Panzerstahl mit einem Betonmantel.

Vor einem Laden mit Uniformen und Campingausrüstung zögert Elinor kurz. Ob sie vielleicht doch lieber ein komisches T-Shirt kaufen sollte? Unter einer weißen kugelsicheren Jacke mit der Aufschrift »Presse« hängt da im Schaufenster ein T-Shirt mit der Aufschrift: »Ich habe Israel überlebt.«

Am nächsten Zebrastreifen achtet Elinor gar nicht auf die kleine Gedenkstätte aus dem Frühjahr 1996. An jener Kreuzung ist einer der Busse der Linie 18 in die Luft geflogen. Früher fuhr Elinor mit diesem Bus zur Schule. Sie will nun zum Einkaufszentrum in Malcha. Auf dem Weg dorthin schaut sie noch bei den Großeltern rein. So gern sie dort hingeht, wird ihr seit einigen Monaten doch ein wenig angst und bange. Die Großeltern leben in Gilo. Betonwälle, die aussehen wie die Berliner Mauer und mit der dahinter versteckten Landschaft bemalt sind, schützen vor Schüssen aus Beth Dschalla, dem palästinensisch-christlichen Dorf bei Bethlehem. »Früher gab es Feuerwerk bei jeder Hochzeit. Da bellten die Hunde wie verrückt. Jetzt hören wir fast jeden Abend Maschinengewehrfeuer und Panzergranaten. Da bellen die Hunde nicht mehr«, erzählt Elinor. Immer wieder haben Apache-Kampfhubschrauber vor ihren Angriffen auf Bethlehem direkt über dem Heim der Großeltern in der Luft geparkt. »Die Rotoren machen irrsinnigen Krach, aber irgendwie klingen sie beruhigend. Die beschützen uns doch«, kommentiert die Vierzehnjährige. »Freunde

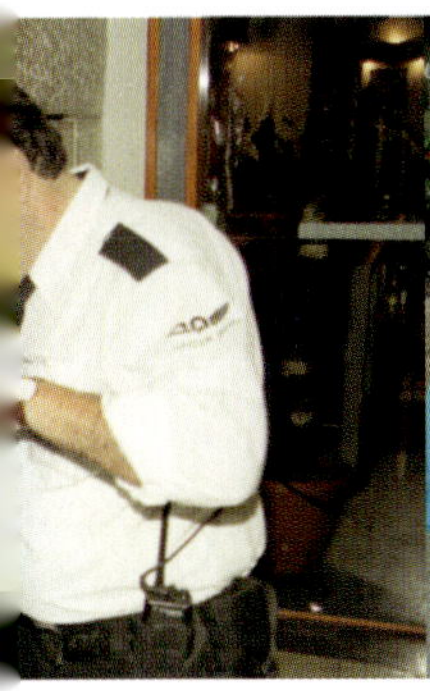

von mir sitzen senkrecht im Bett, wenn nachts die Granaten mit lautem Knall explodieren. Aber ich weiß, dass die uns nicht treffen werden, deshalb kümmere ich mich nicht weiter darum und stelle nur die Musik etwas lauter …«

Nichts Ungewöhnliches sind die Sicherheitsleute bei der Einfahrt zum Einkaufszentrum. Die Warteschlangen vor dem Parkhaus sind länger geworden, weil die Wachmänner jeden Kofferraum öffnen und einen gründlichen Blick ins Innere der Wagen werfen. Beim Eingang steht ein weiterer Sicherheitsmann. Ganz automatisch zieht Elinor ihren Schulranzen vom Rücken und lässt den Mann mit dem Schnauzbart und dem weißen Hemd einen Blick hineinwerfen. »Wie gut, dass ich kein Mann bin«, lacht sie. »Sonst hätten die mich auch noch mit dem Metalldetektor abgetastet.« Im Einkaufszentrum findet sie dann endlich den passenden Schlips für ihren Freund.

Reportage Himmelfahrtskommando

»Heute ist das Himmelfahrtskommando an der Reihe«, lacht der Tourguide beim Frühstück vor seiner kleinen Touristengruppe. Auf dem Programm steht der Felsendom auf Jerusalems Tempelplatz, von wo der Prophet Mohammed in den Himmel gefahren ist. Danach dann der Ölberg, die kleine Kreuzfahrerkapelle mit dem Fußabdruck des zum Himmel gefahrenen Jesus. Bürger Jerusalems interessieren sich kaum für solche Stätten. Jede simple Busfahrt bedeutet für sie ein Himmelfahrtskommando.

An der Bushaltestelle sitzt ein junger frommer Jude und studiert unentwegt sein heiliges Buch. Sicherheitsleute wie an vielen anderen Bushaltestellen in Jerusalem sind weit und breit nicht zu sehen. Nach wenigen Minuten kommt der überlange rote Gelenkbus. Das Fahrzeug ist in den Mittagsstunden fast leer. Vielleicht zehn Orthodoxe auf dem Weg zur Klagemauer, zwei alte Frauen, zwei arabische Bauarbeiter. Die beiden Palästinenser, Farbkleckse an der Hose und ein Handy am Gürtel, steigen bald aus, der eine beim Damaskustor, der andere beim Herodestor. Die Fahrt geht durch das »arabische« Ost-Jerusalem an den Stadtmauern vorbei. Die stehen seit Salomon und wurden von Kaiser Hadrian und von Suleiman dem

Prächtigen erneuert. »Haben Sie keine Angst?«, frage ich den Busfahrer. Er trägt keine Uniform. »Ach nein, wir sind vieles gewöhnt.« Der Fahrer konnte auswählen, welche Strecke er bedienen wollte. So fährt er seit drei Jahren auf der Linie 2, vom Orthodoxenviertel Har Nof quer durch die Stadt zur Klagemauer. »Ich dachte, dass diese Strecke weit weg von allen Übeltätern ist. Denn wer will schon den Orthodoxen etwas antun?« Seine Kundschaft sind fromme jüdische Familien. »Da hat jeder zehn bis zwölf Kinder. Die müssten sich für jede Fahrt gleich mehrere Taxis mieten«, sagt der Fahrer. Schwerbewaffnete Grenzschützer stoppen den Bus und prüfen kurz die Insassen. Am Misttor, vor der Endstation an der Klagemauer zu Füßen der El Aksa-Moschee, besteigt ein Polizist den Bus, schaut sich misstrauisch um und verlässt ihn schnell wieder durch die Hintertür. Der Busfahrer kennt das Ritual.

Nach wenigen Minuten geht es wieder zurück. Jetzt sitzt ein Grenzschützer mit einem M16-Gewehr in der ersten Reihe. »Wieso Angst? Das Leben muss weitergehen.« Das Gespräch entwickelt sich. »Sicherheitsleute an Bord der Busse? Das bringt doch nichts«, sagt der Soldat und der Busfahrer fachsimpelt: »Sowie der Terrorist erst einmal im Bus ist, hilft gar nichts mehr. Dann gibt es Tote, wegen des geschlossenen Raumes.« Bei dem Anschlag am Dienstag mit 21 Toten hätten die Menschen noch »Glück im Unglück« gehabt. Der überlange Bus sei explodiert, als er gerade in eine Seitenstraße einbog. »Auf gerader Strecke hätte es auf einen Schlag 80 Tote gegeben«, behauptete der Fahrer. Der Soldat fügt hinzu: »Auch Panzerglas und ähnliche Maßnahmen bringen nichts, wir können doch nicht alle in Panzern durch die Gegend fahren.« Jetzt erklärt der Fahrer, dass die kleine Trennscheibe zum Fahrgastraum eine »tödliche Gefahr« bedeute. Sein Kollege, der am Dienstag am Steuerrad gesessen habe, sei durch jene Scheibe am Kopf verletzt worden. Wir nähern uns der Haltestelle, 20 Meter vor dem Anschlagsort. »Der Bus war voll. Der Attentäter muss genau hier den Bus durch die offene Hintertür bestiegen und sich eine halbe Minute später in die Luft gesprengt haben«, sagt der freundliche Fahrer. Manche seiner ultraorthodoxen Fahrgäste kennen ihn offenbar gut. »Wie heißen Sie«, fragen wir ihn. »Ich heiße Fais«, sagt er. Ein typisch arabischer Name. »Ja, ich bin Palästinenser aus Ostjerusalem und fahre schon drei Jahre auf dieser Strecke. Einige meiner arabischen Kollegen hat es schwer getroffen. Einige sind tot, einer hat ein Auge und ein Bein verloren. Schrecklich.«

Bei Terroropfern

Suhaila Chuschi, 47, eine persische Jüdin mit arabischem Namen, machte aus Gewohnheit letzte Einkäufe vor dem Sabbat im Machane Jehuda-Gemüsemarkt. 1979 war sie mit ihrem Mann Mosche von Teheran nach Jerusalem eingewandert, »weil das Land Israel unsere wahre Heimat« ist. »Sie hatte natürlich Angst. Deswegen kaufte sie immer ganz schnell das frische Gemüse, die Früchte, Fische und Fleisch«, erzählt ihr Sohn Lior, 21, in der billigen Sozialwohnung in Pisgat Zeev, einer riesigen Schlafstadt am Rande Jerusalems mit Blick auf die judäische Wüste. Suhaila arbeitete als Pflegerin in einem Altersheim. »Da arbeiten auch Araber«, sagte Lior. Doch keiner von ihnen sei zur »Schiwa« gekommen, den sieben Trauertagen, in denen die Familie auf Matratzen auf dem Boden sitzt. Lior ist wie sein Vater Mosche unrasiert. Als Erstgeborener trägt er demonstrativ das zerschnittene Hemd. Beim Begräbnis am Samstag Abend vor einer Woche machten die Rabbiner am offenen Grab einen tiefen Schnitt in den Hemdkragen, symbolisch für das biblische »Asche auf das Haupt streuen«.

Seine Mutter habe die »große Auswahl« auf dem Gemüsemarkt geliebt, sei sich aber der Gefahren und der aktuellen Lage voll bewusst gewesen. Manchmal habe ihr Mann sie begleitet. Doch am Freitag vor einer Woche stand sie allein an der Bushaltestelle und wollte gerade den Bus Nummer 6 in Richtung Pisgat Zeev besteigen. Da sprengte sich die als schwangere Frau verkleidete Selbstmordattentäterin Andaleeb Taqataqah aus dem Dorf Beit Fajar, zwischen Bethlehem und Hebron, in die Luft. Sie riss sechs Menschen in den Tod und verletzte fast hundert. »Das war kein Versehen

Suhaila Chuschi

und kein Irrtum. Das war vorsätzlicher Mord an möglichst vielen Juden«, sagt Lior voller Abscheu.

Lior ist Soldat und dient an der Grenze zum Libanon. »Wir erhielten gerade unsere tägliche Ladung Raketen und Granaten von der Hisbollah aus Libanon und waren deshalb in Deckung, als ich von dem Anschlag in Jerusalem erfuhr«, erzählt er. Seine Schwestern, 10 und 11 Jahre alt, sowie sein Bruder, 16, hören gebannt zu.

Kurz nach 16.20 Uhr rief Lior seinen Bruder an. Die Mutter sei zum Markt gegangen, der Vater war bei seinen Großeltern. Um 18 Uhr telefonierte er erneut. Das Feuer der Hisbollah hatte nachgelassen. Immer noch keine Nachricht von der Mutter. Lior rief alle Jerusalemer Krankenhäuser an. Ohne Erfolg. Im pathologischen Institut Abu Kabir in Tel Aviv hieß es, dass eine »unvollständige Identifizierung durch den Schwager« vorgenommen worden sei. Gegen 20.30 Uhr hatte das Feuer der Hisbollah so weit nachgelassen, dass er mit Genehmigung seines Offiziers einen Wagen in Richtung Jerusalem nehmen konnte. Seine kleinen Schwestern wurden derweil nach Gilo, dem südlichen Viertel von Jerusalem gebracht, wo Liors große Schwester lebt. Sie hatte einen Tag zuvor eine Tochter zur Welt gebracht. »Ärzte kamen, um Blutproben zu entnehmen, denn nur mit einer DNA-Prüfung war eine Identifizierung möglich«, erzählt Lior weiter. Von Abu Kabir, dem pathologischen Institut, erhielt er den Bescheid, dort nicht hinzukommen. Es sollte ihm erspart bleiben, die Überreste seine Mutter zu sehen. »In der Mitte ihres Körpers war wohl ein großes Loch«, sagt er ganz sachlich.

Erst am Samstag gegen 16.00 Uhr, fast auf die Minute genau einen Tag nach dem Anschlag, erhielt er die Bestätigung, dass seine Mutter tot sei. Zusammen mit einem Offizier der Armee, einer Sozialarbeiterin und einem Arzt übermittelte er seinem Vater Mosche die Nachricht.

Lior ist Soldat und darf deshalb kein Interview geben oder politische Meinungen äußern. Aber im Gespräch drückt er dennoch seine widersprüchlichen Empfindungen aus. Er hofft, dass seine Mutter das »letzte Opfer« sei. Rachegefühle seien etwas Natürliches, gleichwohl arbeitete seine Mutter zusammen mit Arabern und erzog ihre Kinder mit den Worten: »Einige von ihnen sind in Ordnung, nicht alle sind so wie die Terroristen.« – Früher glaubte Lior, dass eine Friedensregelung vielleicht möglich sei. »Heute gebe ich dem Frieden keine Chance mehr.« Die Israelis wollen keine Opfer. »Tatsache ist, dass es bei uns keine Selbstmordattentäter gibt. Bevor die Palästinenser begannen, uns auf den Marktplätzen zu ermorden, gab es auch keine militärische Reaktion Israels gegen die Palästinenser.« Israel wolle Frieden und kein Blutvergießen.

Die Juden hätten nur ein Land, die Araber sehr viele, meint Lior weiter. Das jüdische Volk habe sehr viele »Holocausts« erlebt. Es wolle nur seinen Flecken Land und in Ruhe gelassen werden. Israel habe alles versucht: Oslo, Friedensangebote, Konzessionen. Nichts habe genützt.

Lior redet vom Verlust seiner Mutter, den Problemen für seine kleinen Schwestern und dem kranken Vater. Er macht keinen Hehl aus seiner rechtsgerichteten Weltanschauung. Es gehe nicht darum, die Araber zu vertreiben oder ihnen einen Staat zu geben. »Den Kampf gegen den Terror kann man auch so betreiben, dass es Opfer nur auf der anderen Seite gibt, nicht bei uns. Es hängt alles nur davon ab, wie man es macht.«

Lior sagt nicht, was er damit meinte.

»Alles brennt doch ohnehin«

Der Einmarsch in Beth Jala, dem christlichen Dorf westlich von Bethlehem und südlich von Jerusalem, zeigt die ganze Absurdität des Konfliktes zwischen Israel und den Palästinensern. Palästinensische Kämpfer, stolze Beduinen aus der Gegend des Herodion, frustrierte muslimische Flüchtlinge aus Dehaische oder politisch motivierte Guerillas von PLO-Fraktionen aus Bethlehem dringen in ein christliches Wohnzimmer in Beth Jala ein. Oder sie stellten sich an eine Straßenecke und gaben ein paar Salven auf Gilo ab. In dem riesigen Wohnviertel im Süden Jerusalems, von Palästinensern als »Siedlung« bezeichnet, wurden gelegentlich Israelis getroffen. Mit beweglichen Betonsegmenten im Stile der Berliner Mauer und mit Sandsäcken schützten sich die israelischen Bewohner am südlichen Rand des Viertels vor verirrten Kugeln. Ein Blick aus dem Fenster oder von der Terrasse hat mehrere Israelis das Leben oder die Gesundheit gekostet.

Das Feuerwerk beginnt jeden Abend pünktlich um 20 Uhr zu Beginn der Hauptnachrichten des israelischen Fernsehens. Übertragungswagen der Fernsehsender parken in Deckung unter dem Erdwall mit krönender bunt bemalter Mauer. Fotografen mit Stahlhelm und schusssicherer Jacke liegen auf dem Bürgersteig hinter einem 30 Zentimeter hohen Mäuerchen.

Kaum sind die Salven verschossen, verschwinden die palästinensischen Kämpfer wieder, während die christlichen Bewohner von Beth Jala die Konsequenzen ausbaden. »Zur Abschreckung« schießen die Israelis aus allen Rohren zurück und zerstören Villen wohlhabender Christen. Die werden so Opfer beider Seiten in einem von ihnen nicht gewollten Krieg. Eine Nebenwirkung: Aus langjährigen Geschäftsbeziehungen zwischen diesen Christen und ihren israelischen Partnern werden Freundschaften. Per telefonischem Ortsgespräch zwischen Gilo und Beth Jala fragen sie nach dem gegenseitigen Ergehen.

Dann kommt der große Schlag. Kämpfer der PFLP üben Rache für das israelische Attentat auf Abu Ali Mustafa, dem Chef der zweitgrößten Fraktion in der PLO. Zwei Hubschrauberraketen treffen ihn am 27. August 2001 zielgenau durch das Fenster auf dem schwarzgepolsterten Sessel in seinem Büro in Ramallah. Der Stuhl bleibt heil. Nur die Fensterrahmen sind zertrümmert und der 63 Jahre alte Politiker auf der Stelle tot. Mit zynischen Wortschöpfungen vertuschen die Israelis ihre früher auch offiziell sogenannte »Liquidierungspolitik«. Sie wird in »aktive Selbstverteidigung« umbenannt. Im Gegenzug bezeichnen Palästinenser ihre Akte terroristischer Massenmorde als »legitimen Widerstand gegen Besatzer«. Genau damit drohen jetzt die Kämpfer der PFLP, bislang Spezialisten für Flugzeugentführungen in Europa und seit einigen Monaten Hersteller von Autobomben. Mit dem Beschuss von Gilo wollen sie ihrer Wut Ausdruck geben. Sie hätten auch andere Orte auswählen können. Aber bei Gilo haben die internationalen Fernsehteams ihre festen Positionen bezogen, nachdem schon der Papst und führende Politiker aus aller Welt mehrfach auf eine Waffenruhe für das christliche Dorf Beth Jala gedrängt hatten.

Arafat bewies erneut seine Fähigkeit, die Lage unter Kontrolle zu halten, wenn er wollte. Wochenlang verfiel Beth Jala in den Dornröschenschlaf. Als dann plötzlich wieder Schüsse in Richtung Jerusalem peitschten, drohte Ministerpräsident Ariel Scharon: »Noch ein Schuss und wir marschieren ein.«

Am Montag Abend (28.8.2001) bellen mehrere Stunden lang die Maschinengewehre beider Seiten. Das Brummen der Hubschrauberrotoren lässt ganz Jerusalem erzittern. Fernsehmoderatoren fragen zynisch ins Studio eingeladene Minister, was es denn mit Scharons »Versprechen« auf sich habe, ob er sein Wort halten werde. Die Minister stottern Durchhalteparolen und reden von einer »besonnenen Politik«. Erst später macht der Regierungssekretär einen Rundruf bei den Ministern, um sie über die bevorstehende Aktion zu informieren. Außenminister Schimon Peres, Mitglied des Sicherheitskabinetts, wird nicht gefragt. Der im Urlaub weilende Ministerpräsident Scharon weiß, dass Peres gegen bombastische Militäroperationen ohne politische Perspektive ist. Sie schaden dem Ruf Israels in der Welt und bringen kaum Nutzen.

Scharon hingegen dürfte eine militärische Eskalation einkalkuliert haben, als er grünes Licht für die Tötung von PFLP-Chef Abu Ali Mustafa gab. »Alles brennt doch ohnehin schon«, zitierte ihn eine Zeitung nach dem nächtlichen Einmarsch in Beth Jala.

In der Nacht wird das Brummen der Hubschrauber immer lauter. Trockene kurze Explosionen von Raketen wechseln ab mit dem dumpfen Knall der Panzergranaten, während das Maschinengewehrfeuer aus der Ferne wie Schränkerücken auf einem Geröllweg klingt. Ohne auf Widerstand zu stoßen, rollen die Panzer die Hauptstraße am orthodoxen Club vorbei zur evangelisch-lutherischen Kirche. Pastor Schehade wird in sein Haus gesperrt. Die Soldaten lassen sich den Kirchenschlüssel aushändigen und setzen sich auf die Stufen des Gotteshauses. Israelische Sprecher erklären, dass die Soldaten christliche Gotteshäuser nicht anrühren. Gleichwohl tauchen Soldaten auf dem Kirchdach auf, wegen der besseren Aussicht. Die Internatskinder werden zusammen mit einer Sozialhelferin »in einen Raum gesperrt«, berichtet ein deutscher Christ, der deswegen beim Auswärtigen Amt in Berlin und bei der deutschen Repräsentanz in Ramallah vorstellig wird.

Sami Adwan wohnt in Beth Jala zwischen dem von Israel eingenommenen Aida-Flüchtlingslager und der von israelischen Siedlern benutzten »Tunnelstraße« in dem Tal zwischen Beth Jala und dem Jerusalemer Wohnviertel Gilo. »Wir haben die ganze Nacht nicht geschlafen«, erzählt der junge Wissenschaftler. Am Montag hatte er zusammen mit anderen Dozenten den Campus der Bethlehemer Universität verlassen, als das Attentat auf Abu Ali Mustafa bekannt geworden war. »Wir befinden uns genau in der Schusslinie zwischen Israelis und Palästinensern«, erzählt er entnervt. »Seit gestern wechsele ich mit meinen Kindern von den oberen Stockwerken ins Erdgeschoss oder umgekehrt. Nur die inneren Zimmer sind wirklich sicher. Mein sechsjähriger Sohn behauptet, auch Raketen gehört zu haben. Der ist viel mehr Experte als ich in den Waffengattungen.« Schon in den frühen Abendstunden habe er »intuitiv« gespürt, dass die Israelis diesmal einmarschieren würden. Die palästinensischen Streitkräfte hätten keinen Widerstand geleistet. »Die sind in ihre Autos gestiegen und weggefahren. Was hätten die auch mit ihren AK-47-Gewehren ägyptischer Bauart gegen Israels Panzer unternehmen können?« Die Israelis hätten das Aida-Camp und das oberste Drittel von Beth Jala »zurückerobert«. Etwa auf der Höhe zwischen dem Gemüsemarkt und dem Restaurant des orthodoxen Club verlaufe jetzt die neue »Grenze«. In den von Israel gehaltenen Gebieten sei eine Ausgangssperre befohlen worden. »Aber auch wir, in den palästinensischen Gebieten, wagen uns nicht auf die Straße, wegen verirrter Kugeln. Es ist richtig lebensgefährlich«, sagt Sami.

Ein israelischer General berichtete derweil der Presse von einer »sehr erfolgreichen Operation«. Es habe »keinen Widerstand« gegeben, sagte er, während auch in den Mittagsstunden immer wieder Schüsse knallten. »Ich sehe keinen Grund, die Ziele der Operation und ihre Dauer zu verkünden«, sagte der Befehlshaber. »Wir handelten mit großer Sensibilität, um keinen Schaden anzurichten oder unschuldige Palästinenser zu treffen.«

Sicherheitsvorkehrungen

Nach dem verhinderten Versuch eines Nigerianers, am 25. Dezember 2009 eine Northwest-Verkehrsmaschine von Amsterdam nach Detroit in der Luft zu sprengen, berichteten die israelischen Medien ganz offen: Für Amerikaner und Europäer sei die Würde des Menschen wichtiger als dessen Leben und Gesundheit. Deshalb seien sie nicht willens, erst mal grundsätzlich in jedem Passagier einen potenziellen Terroristen zu sehen. Das sieht man in Israel genau anders herum. Hinzu kommt noch, dass man sich nicht scheut, auch Erfahrungen zu berücksichtigen, die ein diskriminierendes, rassistisch anmutendes »Profil« haben: Ein allein reisender 25 Jahre alter Araber ist verdächtiger als ein jüdischer Familienvater mit Frau und fünf Kindern, gemäß dem geflügelten Wort: »Nicht jeder Moslem ist ein Terrorist, aber (fast) jeder Terrorist ist ein Moslem.«

Zu jedem Passagier werden schon beim Kauf seines Tickets die Sündenregister bei Interpol oder in den einschlägigen Listen der Geheimdienste durchsucht. Wer verdächtig ist, hat gute Chancen, bei der Ankunft in Israel verhaftet zu werden, einen ständigen Begleiter des Geheimdienstes gestellt zu bekommen oder aber seinen Flug zu verpassen.

Ungeachtet der bisherigen Regeln der internationalen Fluggesellschaften IATA hat sich EL AL immer schon das Recht herausgenommen, gegen Flugzeugentführer im Flugzeug aktiv vorzugehen und nicht passiv auf deren Forderungen zu reagieren. Die internationale Flugaufsichtsbehörde folgt dem Konzept, dass auch ein Flugzeugentführer nur ein Mensch sei und überleben wolle. Der typische Entführer habe lediglich ein politisches Anliegen oder wolle woanders landen als vorgesehen. Seit dem 11. September 2001 hat sich das Denken der amerikanischen Fluggesellschaften wenigstens in diesem Punkt zugunsten der israelischen Philosophie gewandelt. Ohne das spontane Eingreifen von Besatzung und Passagieren hätte der sogenannte »Schuhbomber« Richard Reid am 22. Dezember 2001 ein Flugzeug über dem Atlantik zum Absturz gebracht.

Israelische Sicherheitsleute, oft nur geschulte Studenten, achten auf Kleinigkeiten. Ein Pass voll mit arabischen Visa lässt sofort die Alarmglocken läuten, ebenso ein funkelnagelneuer Pass, wenige Tage vor dem Flug ausgestellt. Ein falsches Namensschild am Koffer kann zu peinlichen Fragen führen. Neben dem Grund für die Reise, Fragen zu den Aufenthaltsorten, Kontakten mit Arabern etc. kann auch ein kurzfristiger Kauf des Tickets, etwa einen Tag von dem Flug, erheblichen Argwohn auslösen. Und wer nur in eine Richtung fliegt, könnte leicht ein Selbstmordattentäter sein, der keinen weiteren Flug benötigt.

Auf verdächtige arabische Passagiere wartet bei der Landung des Flugzeugs in Tel Aviv eine Limousine mit Gardinen. Vor ihr stehen »unauffällige« Männer mit modischen Sonnenbrillen und ausgebeulten Jacken. Auch vor dem Abflug aus Tel Aviv gibt es ein Separée für das intensivere Einchecken.

Verborgen bleiben die versteckten Methoden. Auf meinen Pass wurde mal bei der Anfahrt die gleiche Nummer geklebt wie auf die Windschutzscheibe meines arabischen Taxifahrers aus Jerusalem. Er war durchaus Inhaber eines »blauen israelischen Personalausweises«. Er musste während einer 15 Minuten andauernden Prozedur einen Metalldetektor passieren, während andere Sicherheitsleute Kofferraum und Motor des Taxis untersuchten, die Sitze abtasteten und mit einem fahrbaren Spiegel das Chassis von unten besichtigten wie seinerzeit die DDR-Grenzer. Jüdische Taxifahrer aus Tel Aviv oder Haifa passierten derweil ohne jede Kontrolle den äußersten Sicherheitsring um den internationalen Flughafen Israels. Die israelischen Sicherheitsbehörden stört es nicht weiter, dass Touristen, die zufällig mit einem arabischen Taxifahrer anreisen, einer unerwarteten Schikane ausgesetzt werden.

Mein »schönstes« Erlebnis mit israelischen Sicherheitsmaßnahmen hatte ich 1995, als ich in das Erdbebengebiet nach Eilat flog. Am Flughafen erwartete mich das Ticket des Ministeriums. Weil ich auf Einladung der Regierung flog, glaubte ich davor gefeit zu sein, dass mich die Sicherheitsleute für einen Terroristen halten könnten. Deshalb beschloss ich, besonders »nett« zu sein und Hebräisch zu sprechen, nicht nur Fremdsprachen, wie es zu meinem deutschen Pass besser passt. Ich irrte. Für die Sicherheitsbeamtin war ich, der Deutsche mit dem Touristenvisum im Pass, umso verdächtiger, weil ich fließend Hebräisch sprach. Geschlagene anderthalb Stunden lang befragte mich die nicht sonderlich intelligente junge Frau, warum, wieso, wo genau und wann ich Hebräisch gelernt hätte. Vom »Hebraicum« für Theologen hatte sie noch nie etwas gehört. »Judaistik« war für sie ein Fremdwort. Und dass ich nie einen »Ulpan«, eine israelische Sprachschule, besucht hatte, verschärfte nur noch ihren Verdacht. Am Ende riss mir die Hutschnur. Ich erklärte ihr: »Als ich noch jung und schön war, hüpfte ich durch die Betten aller israelischen Frauen. So lernte ich Hebräisch in Nachtkursen.« Die junge Frau bekam einen hochroten Kopf und rannte zutiefst beleidigt zu ihrem Vorgesetzten. Mit ernster Miene wandte der sich jetzt an mich. Höflich fragte er: »Do you speak Hebrew?« Ich log: »Not a word.«

Er fragte noch kurz auf English, wieso ich seine Mitarbeiterin beleidigt hätte. Ich bekannte, keine vernünftigen Antworten mehr auf ihre dummen Fragen gefunden zu haben. »Okay«, sagte er und drückte den Sicherheits-Aufkleber auf meine Reisetasche. In dem Augenblick wechselte ich wieder zum Hebräischen und fragte ihn, was denn dieses ganze Theater solle, zumal er doch gewusst habe, dass ich ihn angelogen hätte. Der junge Mann lachte und antwortete auf Hebräisch: »Als Journalist müsstest du doch eigentlich wissen, dass wir schauen, ob ein Passagier verunsichert ist oder Angst hat. Der ist für uns ein potenzieller Terrorist. Du hast die Probe mit Bravour bestanden.« Damit hat er mir kein Betriebsgeheimnis verraten, sondern gleich die komplette Philosophie der israelischen Sicherheitskontrollen auf den Flughäfen.

Die Mauer

Die Mauer zwischen Israel und den Palästinensergebieten hat weltweit Emotionen ausgelöst. Sie wird mit der südafrikanischen Apartheid-Grenze oder der Berliner Mauer verglichen, hat Verurteilungen der UNO und des Internationalen Gerichtshofs nach sich gezogen. Israel geriet in den Ruf, mit einem monströsen Bauwerk Rassismus, Landraub, Erniedrigung, Wasserklau und vieles mehr zu betreiben. Ein Blick in mein Archiv ergibt, dass es ausgerechnet Palästinenser waren, die ab 1987 die Errichtung eines Zaunes oder gar einer Mauer gefordert haben, um die völlig verwischte Grenze zwischen dem Kernland Israels und den besetzten Gebieten wieder sichtbar zu machen. Ebenso stellt sich heraus, dass israelische Regierungen seit 1987 den Bau eines Sperrwalls als Schutzmaßnahme nach Terroranschlägen mehrmals erwogen und aus politischen Gründen immer wieder verworfen haben. Sie wollten einem künftigen palästinensischen Staat nicht ohne Verhandlungen fertige Grenzen »schenken«.

Rund 350 Kilometer lang ist die Grenze zwischen dem Staat Israel und den Palästinensergebieten vom Jordan bei Beth Schean und bis zum Toten Meer bei Ein Geddi. Weite Strecken sind unübersichtliche Wüste. Bei Kfar Saba und Natanja, im Großraum Tel Aviv, liegen palästinensische Städte wie Tulkarem und Kalkilja in Sichtweite israelischer Städte. Bei Natanja ist Israel nur 15 Kilometer breit. Für Selbstmordattentäter war es ein kurzer Fußmarsch nach Netanja, Hadera oder Afula. Straßensperren lähmten zwar den Verkehr für Palästinenser wie Israelis, konnten aber die Attentäter nicht abschrecken.

»Grüne Linie« heißt die Waffenstillstandslinie aus dem Jahr 1949 zwischen Israel und dem damals von Jordanien eroberten, besetzten und schließlich völkerrechtswidrig annektierten Westjordanland. Die jorda-

nischen Legionäre hielten Positionen auf den Hügeln, während die Israelis in der Küstenebene saßen. International anerkannte Grenzen wurden auf Nahostkarten lila eingezeichnet; das Provisorium der Waffenstillstandslinie war ein grüner Strich. Der Name »Grüne Linie« war typisch israelischer Zynismus. Bis zur Grenze war das Land »zum Blühen gebracht«. Jenseits, auf der arabischen Seite, war es öde und abgegrast.

Nach dem Sechstagekrieg 1967, bei dem Israel das Westjordanland eroberte, verschwand die »Grüne Linie« von den Landkarten und aus der Landschaft, aus den Straßen- und Touristenkarten. Auf palästinensischen Landkarten existierte sie ohnehin nicht, weil für die Palästinenser Israel nicht existiert: Groß-Israel und Ganz-Palästina sind geographisch deckungsgleich. Vor Ort sind nur noch an wenigen Stellen die alten Stacheldrahtverhaue im Gestrüpp zu erkennen. Die ehemaligen Patrouillenstraßen verkamen zu Feldwegen. Das Land wirkte vereinigt wie vor der Gründung Israels 1948.

Ohne eine einzige Straßensperre in ganz Israel pendelten Palästinenser zum Strand von Tel Aviv, während Juden gefahrlos Picknick in den Ruinen von Sebastia bei Nablus machten. Auch der Gazastreifen war kein eingezäuntes Gefängnis wie heute. Über hunderttausend Palästinenser kamen jeden Morgen in Bussen und Sammeltaxis zur Arbeit nach Tel Aviv.

Die totale Freizügigkeit endete schrittweise nach dem Ausbruch der ersten Intifada 1987. Der Auslöser für den Volksaufstand war ein Autounfall zwischen einem israelischen Militär-Sattelschlepper und einem palästinensischen Sammeltaxi. Ihr Ziel war ein »Abschütteln« der israelischen Besatzer, so auch die Bedeutung des Begriffes »Intifada«. Ebenso protestierten junge Palästinenser gegen die konservativen Strukturen in ihrer Gesellschaft und gegen die Unfähigkeit der PLO-Führung im tunesischen Exil. Die lebte in Saus und Braus in Luxushotels und kümmerte sich kaum um das Schicksal der Menschen in Palästina. Erst ein Jahr nach Ausbruch der

Intifada gelang es Arafat, die Aufständischen unter seine Kontrolle zu bringen. Israelis, ausgenommen Siedler und Soldaten, wagten sich kaum mehr in die besetzten Gebiete. Kein israelischer Familienvater würde heute mehr mit seinen Kindern einen Sabbat-Ausflug nach Nablus oder Jenin unternehmen. Selbst die Besuche auf den billigen Gemüsemärkten in den arabischen Dörfern haben nachgelassen, nachdem manche sparsame Israelis dafür mit dem Leben bezahlten.

Systematisch betrieben die Palästinenser die Wiederauferstehung der verwischten Grenze. Sie veranstalteten Streiks, Überfälle und Terrorattacken, während die Israelis mit Straßensperren, Kontrollpunkten, Einreiseverboten und schließlich mit einem Grenzzaun um Gaza antworteten. Die Palästinenser glaubten, die Besatzer vertreiben zu können, während die Israelis mit »Sicherheitsmaßnahmen« ihren Zugriff auf die besetzten Gebiete mit einem Ausbau von Siedlungen und Siedlerstraßen sogar noch festigten. Beide Seiten haben gewonnen und verloren, während die Menschen zunehmend litten und Lebensqualität einbüßten.

Mit der Idee des Zaunes wollte Ministerpräsident Rabin einst, nach der Unterzeichnung der Osloer Verträge 1993, die geplante Abtrennung beider Völker physisch unterstreichen. Er wollte keine palästinensischen Gastarbeiter mehr und bot den Palästinensern eigene »religiöse, politische und nationale« Institutionen. Zwar würden sie davon nicht leben können, aber sie hätten dann einen eigenen »Staat«. Arafats Berater Nabil Schaath fand dafür einen anderen Begriff: »Es wäre ein Gefängnis.« Vor allem wirtschaftlich würden die Palästinenser unter einer Abtrennung sehr leiden, während die Israelis davon kaum etwas bemerken würden. Schlimmstenfalls würden die Tomatenpreise wieder anziehen.

Die Palästinenser pochten auf ihr »Recht«, als Gastarbeiter täglich nach Israel zu wechseln, und sorgten sich um die fatalen Folgen für ihre ohnehin angeschlagene Wirtschaft, wenn dies unmöglich würde: Palästinensische Familienväter brachten pro Tag etwa eine Million Dollar aus Israel heim.

Die von Rabin als Verteidigungsminister nach Terroranschlägen regelmäßig verhängte »Sperre« und das Festlegen von Quoten für Gastarbeiter ließen sich im Übrigen jeweils nur einige Tage oder Wochen durchhalten. Gegendruck kam auch von israelischen Unternehmern.

Widerspruch gegen eine befestigte Grenze wurde auch bei rechtsradikalen Siedlern laut. Einerseits sähen es viele gern, wenn die Palästinenser »ausgesperrt« würden, damit sie dann in »ihrem eigenen Saft schmoren«, so Siedlerführer Benni Katzover. »Aber der von Rabin geplante Zaun würde für uns bedeuten, ebenfalls eingesperrt zu sein.« Der Traum eines großen, jüdischen »Land Israel« würde durch den Zaun zerschnitten werden.

Auch israelische Friedensaktivisten wollten keinen Zaun. Sie setzen sich für Völkerverständigung, den »Bau von Friedensbrücken« und friedliches Zusammenleben von »zwei Völkern in einem Land« ein. Der Zaun widerspreche dieser freundschaftlich gemeinten Ideologie und betoniere den Kriegszustand mit Mauern und Stacheldraht. Vertreter von »Frieden Jetzt« sehen jedoch mit der Errichtung eines Zaunes gleichzeitig eine reale Chance für das palästinensische Volk, zu einem eigenen Nationalstaat zu gelangen. Manche Gegner sehen in dem Projekt auch schlicht Geldverschwendung. Denn allein Stacheldraht und elektronische Überwachung könnten todeswillige Selbstmordattentäter nicht stoppen.

Die »Realisten« verwiesen auf den Erfolg der Umzäunung des Gazastreifens. Keinem einzigen Selbstmordattentäter sei es trotz häufiger Versuche während der zweiten Intifada gelungen, nach Israel einzudringen. Dieses Argument erwies sich später dann doch als falsch. Einmal gelang es Selbstmordattentätern, sich in einem Container versteckt nach Israel einschmuggeln zu lassen. Dann gelang es der Hamas, einen Tunnel unter der Grenze hinweg nach Israel zu graben und durch ihn den Soldaten Gilad Schalit in den Gazastreifen zu verschleppen. Es gab noch weitere Zwischenfälle, ganz zu schweigen von Raketen, die von keiner Mauer gestoppt werden können. In den von Anschlägen am schlimmsten betroffenen grenznahen Städten erhofft man sich von dem Zaun mehr Ruhe und Sicherheit. »Gebt mir doch wenigstens psychologisch das Gefühl, dem Terror nicht hilflos ausgeliefert zu sein«, jammert ein Mann aus Kfar Saba im Streitgespräch mit einem Bewohner der Siedlung Ofra. »Der Zaun ist der Ausverkauf der Idee von Eretz Israel, der göttlichen Sendung des jüdischen Volkes, das verheißene

Ein letzter Blick

Land zu befreien«, erwidert der Siedler. »Mir ist das Leben meiner Kinder wichtiger als Ideologie«, antwortet der Mann aus Kfar Saba.

In Oslo 1993 einigten sich Israelis und Palästinenser »im Prinzip« darauf, die alte Linie als Grundlage für die künftige Grenze zu verwenden. Um sich politisch nicht zu kompromittieren, malten die Israelis auf ihren Karten jedoch bestenfalls die palästinensisch kontrollierten Gebiete in Gelb und Orange ein, nicht aber die »Grüne Linie«.

Seitdem gibt es ein widersprüchliches Tauziehen um das Für und Wider eines Zaunes zwischen beiden Völkern. Extremisten auf beiden Seiten sehen im Zaun das Ende ihres Traumes von Groß-Israel oder Ganz-Palästina. Die Siedler befürchten, dass der Schutzwall gegen Terroristen zur politischen Grenze werden und sie »aussperren« könnte. Palästinensische Terrororganisationen sehen im Zaun ein Hindernis, ganz Palästina zu befreien. Zudem sei es ein politisches Eingeständnis, dass dem palästinensischen Volk nur knapp 22 Prozent seiner wahren Heimat zustehe.

Im Juni 1998 lehnte das Kabinett von Benjamin Netanjahu die Errichtung eines Stahlzaunes ab. Die Regierung befürchtete, dass so die Grenze zur Autonomiebehörde festgelegt würde. Sie wollte zudem einen Vorgriff auf künftige Verhandlungen über Grenzen und Territorien vermeiden. Damals war von einem palästinensischen Staat noch keine Rede. Den hat Ariel Scharon als erster israelischer Premier befürwortet.

Ende 1999 glaubte Premier Ehud Barak noch an ein »Endabkommen«. Weil es dann »separate Sicherheitssysteme« geben würde, sollte ein »Trenner« errichtet werden, als »Öffner für Kooperation und nicht als Mauer der Feindseligkeit«. Barak erklärte: »Wir wollen keinen Druckkessel bauen, sondern gut nachbarliche Beziehungen.« Der palästinensische Wirtschaftsexperte Mohammed Shtayyeh bezeichnete eine ökonomische Trennung als »Kollektivstrafe«, begrüßte aber eine physische Abtrennung, also einen Grenzzaun. Zehn Jahre später werden israelische Produkte verbrannt und die Abtrennung als Kollektivstrafe bezeichnet.

Im Dezember 2000, nach zwei Monaten Intifada, gab die Regierung unter Ehud Barak 70 Millionen Schekel für Planung eines Zaunes frei. Aber erst unter Scharon wurde das Zaunprojekt nach schweren Selbstmordattentaten massiv vorangetrieben. Der erste Spatenstich für das »größte Bauprojekt in der Geschichte Israels« wurde im Juni 2002 bei Salem nördlich von Dschenin getan.

Der »Anti-Terror-Sperrwall« (= israelische Sprachregelung) hat viele widersprüchliche Facetten, Ursprünge und Auswirkungen. Das Bollwerk hat negative Auswirkungen wie positive, je nach politischem Standpunkt. Positiv für die Israelis ist der stark verbesserte Schutz vor Terroranschlägen, positiv für die Palästinenser ist, dass die israelischen Siedler ebenfalls ausgesperrt werden und dass die Israelis sich psychologisch mit einem palästinensischen Staat abgefunden haben, mehr oder weniger in den Grenzen von 1967. Negativ für die Israelis ist, dass sie den Palästinensern ohne Verhandlungen ein Staatsgebiet zugestehen und sich wegen des Ausbleibens der palästinensischen Gastarbeiter mit Thais, Philippinos, Chinesen und Rumänen ein Gastarbeiterproblem ins Land geholt haben. Negativ für die Palästinenser ist die mangelnde Freizügigkeit im Alltagsleben.

Das Schlafzimmer der Queen von England

1994, ein Jahr nach der Unterzeichnung der Osloer Verträge und wenige Monate nach der Rückkehr Jassir Arafats aus dem Exil gab es in Israel erste Terroranschläge von Kämpfern, die aus den nunmehr autonomen und nicht mehr von Israel kontrollierten Gebieten kamen. Der Friedensnobelpreisträger und Ministerpräsident Israels, Jitzhak Rabin, schlug daraufhin vor, einen 350 Kilometer langen Grenzzaun zwischen Israel und dem besetzten Westjordanland zu ziehen.

Seine Idee, das Terrorproblem mit elektronisch gesichertem Maschendraht einzudämmen, löste heftige Diskussionen aus. »Ein Zaun ohne Bewachung macht keinen Sinn«, sagte Generalstabschef Rafael Eitan. »Einen Zaun mit geharktem Todesstreifen zu errichten und alle zehn Meter einen Soldaten zu postieren, ist technisch möglich. Es ist nur eine Frage von Geld und Politik.«

Jishar Dekel, Direktor der israelischen Firma Magal, exportiert Sicherheitszäune in alle Welt und errichtete auch den elektronisch bestückten Zaun um Buckingham Palace. Er sagte: »Der von Rabin vorgeschlagene Zaun rund um die palästinensischen Gebiete dürfte Israel genauso wenig wirksam schützen können wie unser Zaun das Schlafzimmer der Queen vor Eindringlingen bewahren konnte.«

Die Israelis gelten als Experten für Zäune. Die Grenzen zu Libanon, Syrien, Jordanien und Ägypten haben eine gewisse Ähnlichkeit mit der ehemaligen deutsch-deutschen Grenze, kommen aber ohne scharfe Hunde oder Selbstschussanlagen aus. Sie verlassen sich auf motorisierte Patrouillen und Elektronik. 1994 kamen 55 km hochmodernen Grenzzauns entlang der Grenze zu Gaza hinzu. 5 Millionen Dollar kostete das Projekt. Die Bauzeit belief sich auf sieben Monate.

Wie wenig wirksam der Zaun um den Gazastreifen war und wie recht Eitan hatte, bewiesen nicht nur die beiden Selbstmordattentäter der »Operation Bet Lid«. So bezeichnen Palästinenser den ersten Selbstmordanschlag des Islamischen Dschihad vom 22. Januar 1995 mit 19 getöteten Israelis. Der »Ingenieur« Jichje Ajasch aus dem Gazastreifen hatte die Attacke geplant. Die Attentäter gelangten von Gaza nach Israel. Nach der ersten Explosion sprengte sich ein zweiter Selbstmordattentäter inmitten der Rettungsmannschaften.

Autodiebstähle

Im Juni 1998 wurden in Israel 4.250 Autos pro Monat gestohlen und verschwanden »unwiederbringlich« in den autonomen palästinensischen Gebieten. Das sind hochgerechnet mehr als 50.000 Autos im Jahr. 1996 waren es »nur« 3.300 Autos im Monat. Polizeiminister Avigdor Kahalani, Ex-General mit Kampferfahrung auf den Golanhöhen, schlug vor, statt einer Mauer rund um die palästinensischen Gebiete Minenfelder zu legen …

Als die Autodiebstähle zu einer volkswirtschaftlich unerträglichen Plage geworden waren, schlug Rabin bei einem Treffen mit Arafat auf den Tisch. Während die israelischen Auto-Versicherungen immer teurer wurden, forderte Rabin von Arafat, dem Spuk ein Ende zu setzen. Arafat äußerte »Verständnis« und verfügte, alle gestohlenen israelischen Autos im Gazastreifen zu registrieren. Dafür musste pro Auto eine Gebühr in Höhe von 200,- Dollar an Arafats Behörde entrichtet werden. Die gestohlenen Autos, darunter übrigens auch hellblau umgespritzte Polizeiautos noch mit aufgeklebten hebräischen Gebeten an der Windschutzscheibe, erhielten daraufhin ein neues Nummerschild mit lila Ziffern auf weißen Hintergrund. So wurde »Ordnung« geschaffen, aber dabei blieb es.

Auch ich verlor damals mein wunderschönes Auto, einen VW-Bus mit Campingausstattung. Ein Abschleppwagen hob ihn auf seine Ladefläche und fuhr damit unkontrolliert nach Hebron. Monate später entdeckten die Israelis das ausgeschlachtete Gerippe meines Wagens in einem Wadi (Trockental). Meine israelische Versicherung erstattete den Verlust für den Altwagen, aber das Geld reichte gerade für die noch ausstehenden Zollgebühren.

Ein Tag an der Mauer

»Wenn Sie eine Landkarte der grünen Linie benötigen, sollten Sie sich an die Palästinenser wenden.« Die freundliche Empfehlung zur Beschaffung einer Karte mit der Waffenstallstandslinie zwischen Israel und dem ehemals jordanischen Westjordanland, sprach Rachel Naidek aus, die Sprecherin des israelischen Verteidigungsministeriums. »Wir besitzen keine solche Karte. Die Grüne Linie interessiert uns nicht. Denn den Sperrwall errichten wir gemäß militärischen und topographischen Erwägungen.« Der Schutzwall solle Terroristen daran hindern, unkontrolliert von den palästinensischen Gebieten nach Israel zu wechseln. »Das ist keine politische Linie«, sagt die Sprecherin, »sondern ein Sicherheitszaun.«

Auch bei anderen israelischen Stellen sind die alten Landkarten spurlos verschwunden. Auf der Internetseite der Zaunbauer, »Nahtzone« genannt, sieht man nur eine purpurne Linie, die sich nach den Worten des Ministers Josef Lapid »wie eine wild gewordene Schlange durch die Landschaft zieht«. Sie stellt den Zaun dar, nicht die »Grüne Linie«. Zunächst errichteten die Militärs entsprechend topographischer Vorgaben und strategischer Vorstellungen den Zaun »mehr oder weniger« an dieser entlang. Scharon wollte möglichst viele Siedlungen einbeziehen. Die Araber vermuteten einen groß angelegten Annexionsplan hinter seinen Landkarten. Israel sprach von einem »provisorischen Sicherheitszaun« ohne politische Bedeutung. Tausende Palästinenser in der »Nahtzone« verloren Felder und Olivenhaine: nur 4.000 nach israelischen Angaben, zwischen dreißig- und vierhunderttausend nach palästinensischer Zählung. Palästinensische Proteste kamen auf, weil »zehntausende Gelegenheitsarbeiter nicht mehr nach Israel wechseln können, um ihren Lebensunterhalt zu verdienen«.

Die internationale Kampagne gegen den Sperrzaun startete in dem Augenblick, wo Arafat von den Amerikanern zu »Reformen« gezwungen wurde und die »Straßenkarte zur Erneuerung des Friedensprozesses mit einer Zweistaatenlösung als Ziel« (Roadmap) vorgelegt wurde. Der Zaun lenkte erfolgreich von der Forderung an die Palästinenser ab, aktiv gegen den Terror vorzugehen.

Palästinensische Organisationen wie »Pengon« erzeugen mit falschen Angaben und zynischen Begriffen eine emotional aufgeladene Kampagne gegen den Sperrzaun. »Die Mauer bei Tulkarem und Kalkilja ist Teil des Bollwerks, deshalb interessieren uns nicht Details, ob die nun auf israelischem Gebiet gebaut wurde oder im besetzten Gebiet«, sagt eine Palästinenserin mit amerikanischem Akzent im »Pengon«-Büro in Beth Hanina im Norden Jerusalems. Dort wird die »Stoppt die Mauer«-Kampagne konzipiert. Jamil von »Pengon« reagiert gereizt. Die von seiner Organisation herausgegebenen Karten zeigen deutlich, dass die stets in den Medien gezeigte Mauer offenbar auf israelischem Gebiet liegt und deshalb von den Palästinensern nicht als »illegal« beanstandet werden kann. An der Wand hängt ein Poster mit einer Flöte spielenden Palästinenserin in Tracht und berstender Mauer im Hintergrund. Biblische Motive wie Josuas Trompeten vor den Mauern Jerichos werden ebenso genutzt wie die Begriffe »Ghetto«, »Apartheid« und »Berliner Mauer«. Das israelische Argument, den Zaun zum Schutz vor Selbstmordattentätern errichtet zu haben, wird bei »Pengon« belächelt. Das könne nicht die wahre Absicht sein.

Mein Versuch, Klarheit über den Verlauf der Mauer zu erhalten, endete mit einem halben Rauswurf und der Empfehlung, doch zum palästinensischen Vermessungsamt zu gehen.

»Das ist alles unseriöse Augenwischerei für die Medien«, kommentiert herablassend der palästinensische Landvermesser Khalil Tofakji das Buch *Die Mauer in Palästina*, das »Pengon« veröffentlicht hat, mit der Anmerkung »stolz in Palästina produziert«. Es ist ein aufwändig gemachtes Propagandawerk über den israelischen Sperrzaun. Was die Politiker reden und wie mit den Grenzen Propaganda gemacht wird, interessiert Tofakji nicht.

Tofakji war palästinensisches Delegationsmitglied in Camp David und Taba. Er betrachtet sich als »Techniker«. Für die Politiker der palästinensischen Autonomiebehörde hat er keine freundlichen Worte übrig. Seine israelischen Verhandlungspartner habe er immer wieder des versuchten Betrugs überführt. »Wir haben alle Datenbanken. Die Landkarten haben wir uns von den Syrern, Jordanien und der UNO geholt. Im zionistischen Archiv entdeckten wir die israelischen Landkarten.«

Landvermesser Khalil Tofakji

Sein kleines Büro in Beth Hanina im Norden Jerusalems ist mit breiten Plottern für das Ausdrucken von Landkarten ausgestattet. Auf den Bildschirmen der Computer bezeugen Aufkleber: »Gestiftet von der Europäischen Union«. Sein Gehalt bezieht Tofakji von den Europäern und von Stiftungen in den Emiraten am persischen Golf. »Wir bestehen auf Unabhängigkeit.« Er wolle keinesfalls von der palästinensischen Autonomiebehörde abhängig sein. Landkarten sind sein Geschäft und deshalb glaubt Tofakji, den vordringlich territorialen Konflikt zwischen Palästinensern und Israelis mit genauen Karten vielleicht nicht lösen zu können, aber doch wenigstens Klarheit zu schaffen.

Tofakji jedoch betrachtet die »Grüne Linie« als eine Art internationale Grenze. Obgleich Israel und Jordanien 1949 vereinbarten, dass diese Linie keine Grenze sei und der Bleistiftstrich auf der Landkarte kein Vorgriff auf künftige diplomatische Verhandlungen, meint Tofakji, dass sie als Grundlage für die Grenze zwischen Israel und dem künftigen palästinensischen Staat geeignet sei.

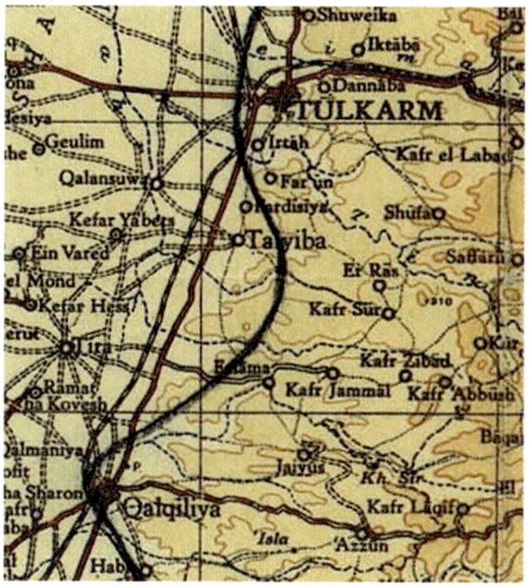

Der dicke Strich auf der Landkarte

Tofakji behauptet alle Landkarten seit der Zeit der Osmanen, also aus britischen, jordanischen, palästinensischen und israelischen Archiven in seinen Computern gespeichert zu haben. Es sei ein Leichtes, die Karten einfach übereinander zu legen und zu ermitteln, ob denn nun die Mauer bei Tulkarem gegen internationales Recht verstoße.

Einer seiner Mitarbeiter holt mit ein paar Mausklicks verschiedene Karten auf seinen Bildschirm. Vierecke sind an der Stelle von Häusern zu sehen. Aber das, was als dicke Linie durch Felder nahe der alten Eisenbahnstrecke geht und die »Grüne Linie« bezeichnet, ist keineswegs deckungsgleich. Tofakji muss eingestehen, dass alle Karten »ungenau« seien.

Ich erzähle ihm von einer alten Straßenkarte von 1949. Sie stellt das noch grenzenlose Heilige Land im Format 1:200.000 dar. In der oberen linken Ecke sind drei Unterschriften zu erkennen: von Oberstleutnant Mosche Dayan und den jordanischen Offizieren A. Sudki und El. Jundi. Sie hatten auf Rhodos den Waffenstillstand ausgehandelt. Mit einem nicht sehr angespitzten Bleistift wurde in diese Landkarte die »Grüne Linie« eingezeichnet. Diese Karte ist die Grundlage aller heutigen politischen Verhandlungen. Doch wenn ich die Karte bis ins Unendliche vergrößere, um die Gegend von Tulkarem genauer anzuschauen, wird der Bleistiftstrich dicker und dicker. Zwischen den Pixeln am Bildschirm ist tatsächlich nicht genau zu ermitteln, wo die Grenze entlang läuft. Der »dünne« Strich auf der Karte wäre vor Ort, in der echten Landschaft, mehrere hundert Meter breit.

Tofakji lacht über die Äußerung der Sprecherin des israelischen Verteidigungsministeriums, dass Israel diese Linie ignoriere und dass keine offizielle Karte existiere. Nicht nur in den Archiven gebe es sehr wohl Karten mit der umstrittenen Linie. »Ich kann Sie Ihnen sogar am Boden zeigen«, sagt er plötzlich und ist spontan zu einer Spritztour zur angeblich verschwundenen »Grünen Linie« bereit. Die Fahrt geht zum Jerusalemer

Viertel Ramot »das ganz im besetzten Westjordanland liegt«, so Tofakji. Über schlecht geteerte Straßen geht es weiter zum Dorf Beth Iksa. Jenseits des Tales bauen die Israelis an einer Erweiterung der zentralen Autobahn von Jerusalem nach Tel Aviv, einer israelische Lebensader. Zu Fuß geht es durch eine Müllkippe und einen Wald. »Der jüdische Nationalfond pflanzt hier Tannenbäume, als sei das israelisches Territorium«, sagt Tofakji und zeigt auf Bäumchen mit frischem Grün. Nach einer Kletterei über Stock und Stein gelangen wir zu einer Pyramide aus Stahlbeton. »Das ist ein Grenzstein, wie ihn die Israelis und die Jordanier alle paar hundert Meter gesetzt haben«, sagt Tofakji.

Seine Mitarbeiter haben eine rote Markierung auf die Pyramide gemalt, um die vergessene Grenze zu registrieren. An frischen Fichten rundum flattern gelbe Plastikbänder, damit israelische Bulldozer nicht »versehentlich« die Grenzmarkierungen niederwalzen, wenn sie alle Zugangswege zu den palästinensischen Gebieten mit tiefen Gräben und hohen Erdhügeln versperren.

Sperrwall, Anti-Terrorzaun oder Apartheidmauer?

Nur an wenigen Stellen steht eine Betonmauer. Sie ist so hoch, dass Scharfschützen von palästinensischen Häusern aus nicht auf den zweiten Stock der Doppeldeckerbusse auf der neuen Autobahn schießen können. Bei Kalkilja und Tulkarem steht die Mauer auf israelischem Gebiet oder auf der grünen Linie und nur zu einem geringen Teil auf »palästinensischem« Gebiet, also in dem von Israel besetzten Westjordanland.

Der Bürgermeister von Kalkilja, dessen palästinensische Stadt völlig eingezäunt worden ist, lacht über die Mauer-Propaganda. Die hohe Mauer bei Kalkilja und Tulkarem wird stets im Fernsehen gezeigt, obgleich sie nur 8 der 350 Kilometer des Zaunes ausmache. Sie diene dem Schutz israelischer Autofahrer gegen Kugeln palästinensischer Scharfschützen und habe physisch nichts mit dem separaten Grenzzaun zu tun: »Die Mauer stört mich nicht. Die steht auf israelischem Gebiet. Aber mit dem Zaun betreibt Israel Landraub und schränkt unsere Bewegungsfreiheit ein.«

Auf der Trasse zwischen Kalkilja und Tulkarem zieht sich der Zaun

in Schlangenlinien durch eine Hügellandschaft. Mehrere Siedlungen liegen auf der »israelischen Seite«, während arabische Dörfer »ausgesperrt« bleiben. Strategische Hügel mit Blick auf das Ballungsgebiet um Tel Aviv wurden für Palästinenser unzugänglich gemacht. Nahe dem internationalen Flughafen reicht der Zaun so weit ins besetzte Gebiet hinein, dass startende oder landende Flugzeuge außerhalb der Reichweite von Strella-Raketen bleiben.

Die Sperranlage ist fast hundert Meter breit. Vor einem für Autos nicht zu überwindenden Graben liegen Stacheldrahtrollen. An einem Maschendrahtzaun sind Hitze- und Berührungsdetektoren angebracht. Angeblich können die sogar zwischen Mensch und Tier unterscheiden. Beiderseits einer zweispurigen geteerten Patrouillenstraße können Fährtensucher auf geharkten Staubwegen Fußspuren von Eindringlingen ausmachen. Sobald in Kontrollzentralen Alarm ausgelöst ist, werden Patrouillenfahrzeuge zu der Stelle geschickt. Alle hundert Meter ist eine Nummer am Zaun angebracht, zwecks Lokalisierung. In mehreren Kilometern Entfernung stehen auf Hügeln Masten mit hochauflösenden Kameras. Die können per Infrarot und »Video-Bewegungs-Analyse« jede Änderung in der Landschaft ausmachen.

Oberstleutnant Schai sagt während einer Pressetour: »Der Zaun ist nicht elektrisch geladen. Es gibt keine Selbstschussanlagen, keinen Todesstreifen und keine Minen.«

Da das Bollwerk leicht überwunden werden könne und die israelische Armee nicht das Personal habe, alle hundert Meter einen ständig bemannten Wachturm aufzustellen wie seinerzeit entlang der innerdeutschen Grenze, wird freies Land als »Pufferzone« benötigt, um Eindringlinge dingfest machen zu können. »Bei dem arabisch-israelischen Dorf Taibe oder bei Kochav Jair stehen die letzten palästinensischen Häuser auf der Grünen Linie. Da könnte ein Terrorist innerhalb von Sekunden den Zaun überwinden, bei Helfern in Taibe verschwinden oder seine Bombe in einem jüdischen Haus in Kochav Jair zünden.«

Der Offizier rechtfertigt aus militärischer Sicht den Verlauf des Bollwerks hunderte Meter tief im Westjordanland. Die Einbeziehung grenznaher Siedlungen sei wohl eher politisch motiviert. Der Oberstleutnant klagt, dass der Zaun »länger als nötig« geworden sei. Andererseits sei ein durchgehender Zaun leichter zu verteidigen als separate Bollwerke um jede Siedlung. Einen Abbau von Siedlungen, wie es Scharon für den Gazastreifen vorgeschlagen hat, kommentiert der Offizier nicht: »Für Politik bin ich nicht zuständig.«

»Weil wir den Anti-Terrorwall schnell bauen mussten, um den Terror einzudämmen, haben wir Fehler gemacht«, gesteht er. So wurde das ehemals geteilte Grenzdorf Bakaa mit einem Zaun von den palästinensischen Gebieten abgeschnitten.

Bakaa ist ein arabisches Dorf nördlich von Tel Aviv. 1949 wurde es durch die Waffenstillstandslinie geteilt. Nach 1967 wuchs es wieder zusammen. 2003, beim Bau des Sperrzauns, zogen die Israelis den Ostteil des Dorfes auf die israelische Seite, wie es die Dorfbewohner und arabisch-israelische Abgeordnete forderten. Es kam zu einer internationalen Verurteilung Israels. Daraufhin wurde der Grenzzaun östlich des Dorfes demontiert. Eine Mauer wurde mitten durch Bakaa gezogen.

Die erneute Teilung des Dorfes bedeutete zerrissene Familien, abgesagte Hochzeiten, geschlossene Fabriken auf der palästinensischen Seite und weitere Arbeitslose. Fensterhöhlen wurden wie in der Bernauer Straße in Berlin zugemauert.

Die »Ossis« werden nicht mehr ungehinderten Zugang zu Arbeit in Israel haben. »Dutzende Paare sagten ihre Hochzeit ab, weil der palästinensische Partner nicht nach Israel übersiedeln darf und der israelische Partner nicht auf die Vorzüge des Lebens in Israel verzichten will«, erzählt ein palästinensischer Geschäftsmann, dessen Häuser und Grundbesitz in der Nacht von Sonntag auf Montag im Wert verloren, von 12 Millionen Dollar auf nur noch 2 Millionen. Seine israelischen Schwestern und Brüder wird er künftig nur noch im Ausland treffen können. Israel wurde gelobt, sich an das Völkerrecht gehalten zu haben. Immerhin hat Israel dann an dieser Stelle dem »internationalen Recht« Genüge getan, wie es die Palästinenser für den gesamten Verlauf der »Apartheidmauer« fordern. Wenn es um vermeintliches »Recht« geht, interessiert sich niemand mehr für das Schicksal der betroffenen Menschen.

Israel nimmt Arafat den Ausblick auf Jerusalem

Abu Dis mit der Kirche des St. Lazarus sowie anderen Stätten aus der Geschichte Jesu liegt auf der alten Straße von Jerusalem nach Jericho. Neue Autobahnen, weiter nördlich gelegen, machen es überflüssig, die alte Römerstraße durch Bethanien zu benutzen. 1967, nach der Eroberung Jerusalems, veränderte Israel die Stadtgrenzen so, dass viel besetztes Land nun innerhalb von Jerusalem lag und annektiert wurde. Das von Palästinensern bewohnte Abu Dis jedoch wurde ausgesperrt, um die Zahl der Araber mit Wohnrecht in Jerusalem niedrig zu halten. Im Rahmen der Osloer Verträge wurde Abu Dis unter palästinensische Verwaltung gestellt. Die Israelis errichteten an der Straße eine Sperre, um die Autos zu kontrollieren. Nach dem Anschlag in der Hebräischen Universität am 31. Juli 2002 mit neun Toten und zahlreichen Verletzten wurde die Straße für Fahrzeuge ganz gesperrt. Mit zwei Meter hohen Betonsegmenten, die zuvor im Viertel Gilo Schutz gegen Schüsse aus dem benachbarten Bethlehem und Beth Jala boten und bunt bemalt sind, wurde eine provisorische Mauer quer durch Abu Dis gezogen. Sie ist allerdings niedrig genug und hat noch genügend offene Spalten, sodass Waren, Kleinkinder und Schulranzen über die

Mauer gereicht werden können. Sportliche Jugendliche klettern mühelos darüber. Patrouillen des israelischen Grenzschutzes brüllen mit ihren verzerrten Lautsprechern jeden an, der so die Mauer überwindet. Aber sie lassen die Menschen gewähren. Alte und Frauen gehen zweihundert Meter weit den Berg hinauf, wo sie mit Hilfe eines umgestülpten Eimers einen meterhohen Betonklotz erklimmen, sich an einem Bindfaden festhalten und so durch ein Loch in der Mauer zur anderen Seite gelangen. Diese Mauer ist reine Schikane, da sie gar keine echte Absperrung darstellt, sondern nur ein erniedrigendes Hindernis.

Das wird sich wenig später ändern, sowie die lückenlose zehn Meter hohe neue Mauer eine »endgültige« Grenze zwischen dem israelischen Jerusalem und dem palästinensischen Abu Dis markiert.

Abu Hillal sitzt auf dem Flachdach seines Hauses im biblischen Bethanien. Er schüttelt den Kopf und fragt nur: »Warum?« Der alte Araber geht am Stock. Im Erdgeschoss hält er eine stinkende Herde Ziegen. In seinem Haus gibt es außer Betten keine Möbel und die Wände sind kahl. Die Armut kompensiert er mit einem atemberaubenden Blick vom Dach. Er sieht den Ölberg und gerade noch die goldene Kuppel des Felsendoms. In der Ferne gehen die Hügel Jerusalems in die judäische Wüste über. Wehmütig blinzelt

Abu Hillals Haus wird so eingemauert, dass nur noch der Baumwipfel zu sehen ist

Abu Hillal in die knallrot untergehende Sonne. Es ist das letzte Mal. Morgen, spätestens übermorgen, wird es Jerusalem, die Hügel, die Wüste und sogar die untergehende Sonne für Abu Hillal nicht mehr geben.

Auf dem platt gewalzten Feld vor seinem Haus liegen schon hunderte Betonsegmente, zehn Meter lang und fünf Meter breit. Sattelschlepper kommen und gehen. Wenn sie zurücksetzen, zwitschern die Lastwagen fröhlich, bringen aber Finsternis.

Mit den Betonsegmenten wird dieser Tage das Jerusalemer Viertel Abu Dis von El Azarije abgetrennt. Zehn Meter hoch ragen die verkeilten Mauerteile in den Himmel. Wie ein Holperweg sieht der schon planierte Verlauf der künftigen Mauer aus. Die Betonsegmente mit der breiten Basis müssen von einem schweren Kran nur noch draufgesetzt werden. Die ersten zwanzig Meter hinter dem Geräteschuppen von Abu Hillal stehen schon und werfen lange Schatten. Statt einer grünen Landschaft wird Abu Hillal künftig nur noch eine tristgraue Mauer sehen. Am Ende ragt nur noch der Wipfel des Baumes über die Mauer hinweg.

Menschen wirken wie Zwerge neben dieser Mauer. Sie wird das Gelände der El Kuds-Universität umgeben und sogar Arafats geplante Luxussuite im noch unfertigen Neubau des palästinensischen Parlaments verdunkeln. Der Palästinenserpräsident hatte damit gerechnet, von seinem künftigen Büro aus Gästen die zum Greifen nahen Kuppeln des Felsendoms und der El Aksa-Moschee zeigen zu können. Doch die neue Mauer wird so hoch sein, dass sie ihm den Blick auf Jerusalem raubt.

»Ich muss Sie korrigieren. Die Mauer ist nicht zehn, sondern nur acht Meter hoch. Sie wird zwei Meter tief im Erdreich verankert«, erklärt Nezach Maschiach, verantwortlich für den »Trennzaun«. Sein Name, wörtlich aus dem Hebräischen übersetzt, bedeutet: »Ewiger Messias«. Sechs Monate nach dem ersten Antrag stellte er sich einem zweiminütigen Telefoninterview. In Abu Dis ist nichts im Erdreich verankert. Die Betonsegmente stehen auf dem nur wenige Zentimeter tief abgekratzten Straßenbelag.

Die Tankstelle von Abu Dis ist verwaist. Auf dem Dach sitzt ein israelischer Soldat unter einem Baldachin in Tarnfarben. Die Imbissstube hat ihre Pforte geschlossen. Die geteerte Straße mit Schlaglöchern ist jetzt eine Schlammpiste. Israelische Militärjeeps patrouillieren. »Presseausweis« verlangt ein unfreundlicher Grenzschützer. »Sie dürfen hier nicht filmen. Ich erkläre dies zum militärischen Sperrgebiet.« Mangels schriftlichem Befehl kann er sich nicht durchsetzen. Der Grenzschützer bittet kleinlaut, zu warten, bis die Unterweisung der Geheimdienstleute beendet ist. Vor der Betonwand stehen breitbeinig zehn schwerbewaffnete Männer in schwarzen Kampfanzügen und grünen Uniformen.

Ein anderer Soldat prüft einen Stapel orangefarbene, blaue und grüne Ausweise. Die zu den Ausweisen gehörigen alten Männer mit rotem Keffiye, Frauen, teilweise tief verschleiert, und neugierige Kinder warten geduldig. Einige sind fein gekleidet für das Gebet in der Moschee. Die Kontrolle der rund hundert Menschen dauert an.

Ein Palästinenser mit gepflegtem dunkelblauem Kamelhaarmantel und gelbem Schlips stellt sich als Dr. Sihab vor, Kinderarzt, wohnhaft in Abu Dis, jenseits der Mauer. »Künftig werde ich eine Stunde fahren müssen, um hierher zu gelangen. Ich wohne in dem Haus drüben auf der anderen Straßenseite.« Die neue Mauer sei eine Schande. Sie beweise, dass Israel keinen Frieden wolle. »Das ist eine Apartheidmauer«, sagt er. Die arabische Liga hat die Begriffe festgelegt, mit denen die Kampagne gegen das israelische Bollwerk geführt wird. »Wieso Apartheid? Wer sind die Schwarzen und wer die Weißen? Beiderseits der Mauer leben hier Palästinenser«, frage ich. »Das wird erst noch eine Apartheidmauer«, erklärt der gebildete Mann: »Wir sind sicher, dass die Israelis alle Palästinenser ermorden oder vertreiben wollen. Dann werden Juden auf der einen und Araber auf der anderen Seite leben.«

Bei der verwaisten Tankstelle sucht jetzt Rita Kontakt zu Journalisten. Auf dem Plastikschildchen am handgestrickten Pullover der israelischen Aktivistin steht »Machsom Watch« (Sperrwache). »Wenn wir hier sind, fühlen sich die Soldaten beobachtet. Wir verhindern Menschenrechtsverletzungen.« Ob auch palästinensische Aktivistinnen Menschenrechtsverletzungen an Israelis, etwa Selbstmordattentate, verhindern? Entgeistert stottert Rita von der Verantwortung der israelischen Regierung: »Palästinensische Frauen wollen Frieden. Die Frage ist unfair.« Plötzlich hat Rita keine Zeit mehr. Kürzlich sprengte sich eine palästinensische Mutter von zwei Kindern am Erez-Grenzübergang in die Luft und tötete vier Menschen.

Drei Stunden später. Der Soldat hat alle Ausweise geprüft. Der unfreundliche Grenzschützer greift sich den bunten Stapel. »Abu Muhammad« ruft er. Ein Mann im grauen Mantel tritt hervor. Der Grenzschützer reißt einen

Witz. Alle lachen. Die Stimmung ist gelöst. Die erleichterten Menschen erhalten wieder ihre Identität. »Geh beten in deiner Moschee«, schnauzt der Grenzschützer. »Verschwindet endlich«, brüllt er ein älteres Ehepaar an. »Und was ist mit uns? Wo sind unsere Ausweise?«, rufen zwanzig junge Männer. Der Grenzschützer geht achselzuckend mit leeren Händen zu seinem Jeep. Hasserfüllte Blicke identitätsloser junger Männer verfolgen ihn.

Prophetische Apartheid

»Werkstatt des Friedens« wirbt in Tulkarem das blaue Schild auf Hebräisch und Arabisch. Kitschige Säulen und Ornamente aus Beton liegen unordentlich auf dem Bürgersteig, aus dem verstaubtes Gestrüpp sprießt. Die Bautätigkeit an der Wohnung über dem Garagentor ist wie von Geisterhand unterbrochen. Kugeln haben einige Fensterscheiben durchlöchert. Riad Mugrabije wollte mit dem Reichtum protzen, den ihm seine israelischen Kunden »in den Zeiten des Friedens« beschert hätten. Palästinensische Auto-Werkstätten waren ein Geheimtipp für Israelis. Da wurde gepfuscht. Ausgeschlachtete gestohlene Autos hielten die Ersatzteile konkurrenzlos billig.

»Ich habe meine Grundstücke verkauft, um dies hier aufzubauen. Jetzt habe ich alles verloren«, sagt der Vater von 10 Kindern in bestem Hebräisch. Seine Kinder bringen stumm den obligaten Kaffee. Fragen beantworten sie nur auf Arabisch. »Meine Kinder verstehen kein Hebräisch. Sie können nicht in die Schule gehen wegen der Ausgangssperren. Mein ältester Sohn sitzt den ganzen Tag vor dem Fernseher und kommt nur auf dumme Gedanken«, sagt Riad. »Koexistenz mit Juden« ist für seine Kinder »unverständliches Erwachsenengeschwätz«. Doch Riad glaubt an Frieden: »Früher kamen die Israelis ohne Angst zu mir und wir machten Picknick in Tel Aviv.« Riad schwärmt, während über die Schlaglöcher der Straße nach Tulkarem ein gepanzerter Mannschaftswagen rasselt.

An wenigen Stellen ist auf mehreren hundert Metern zwischen grenznahen Häusern der Palästinenser und der Autobahn eine Betonmauer als »Sichtblende« errichtet worden. Straßenarbeiter wurden beim Teeren von palästinensischen Scharfschützen getötet oder verletzt. Wo noch keine

Mauer steht, hängen grüne Juteplanen, damit die Arbeiter nicht zur Zielscheibe werden.

Für Israelis ist der Besuch in Tulkarem strikt verboten. Befestigte Militärstellungen, Panzer und Eisentore ermöglichen nur ausländischen Journalisten und UNO-Fahrzeugen das Passieren. Hinter dem Tor balancieren Frauen in traditionellen Kleidern auf dem Kopf Stoffballen und Früchte zu gelben Taxis, während die Männer mit Handys gestikulieren oder sich gen Mekka verbeugen. Ab dem Tor besteht die Straße nach Tulkarem nur noch aus Schlaglöchern. Links sind alte verfallene Häuser mit mannshohen Stacheldrahtverhauen unzugänglich gemacht worden. Auf dem Tisch einer verschlossenen Werkstatt liegen unter einer dicken Staubschicht umgeworfene Farbtöpfe und Kaffeetassen. Es sieht aus wie in Pompeji, wo alles Leben plötzlich erstarrte. Ein paar Meter weiter säumt eine hässliche, zwei Stockwerke hohe Betonmauer die Straße. Dahinter zischt und pufft es. Dampf steigt aus Metallsilos der israelischen Fabrik hart an der Grenze. Auf der rechten Straßenseite sind alle Ladentüren verriegelt. Ein zerschmetterter Ford Escort rostet auf dem Bürgersteig. Wo einst chromblitzende Autos reicher Tel Aviver auf dem Weg zu einem Schnäppchen in Tulkarem im Stau standen, versperrt ein Panzerwagen mit aufgepflanztem Maschinengewehr die Abfahrt nach Kfar Saba. Ein grünes Verkehrszeichen mit hebräischen Lettern weist den Weg. Im gepanzerten Schützenturm des dunkelgrünen Monsters erscheint plötzlich das Gesicht eines Soldaten. Mit einer Handbewegung gebietet er uns zu stoppen. Eine weitere Handbewegung befiehlt die Weiterfahrt durch die Geisterstraße.

Keine Menschenseele hält sich in diesem verwahrlosten »Zonenrandgebiet« auf. Die weiße Außenmauer eines Hauses ist gespickt mit Einschusslöchern aus Richtung Israel. Einzelne Schüsse knallen aus Tulkarem herüber. Das Radio berichtet von einem israelischen Sonderkommando. Mitten in Tulkarem habe es einen »Terroristen« verhaftet und nach Israel gebracht. Die Lust vergeht, im Stadtzentrum Hummous, das Fastfood des Orients, zu genießen. Vor einem Jahr zerrten vermummte Fatah-Aktivisten zwei jüdische Israelis aus einem Hummous-Lokal und erschossen sie auf der Straße. Ihr arabischer Begleiter wurde laufen gelassen. Aus Rafah berichtete das Radio, dass ein deutscher Mitarbeiter des Roten Kreuzes von Hamasleuten entführt worden sei, während er Hilfsgüter an obdachlose Palästinenser austeilte.

Auf dem Rückweg kehren wir zur eingangs erwähnten »Werkstatt des Friedens« zurück. Riad freute sich über den Journalistenbesuch. »Alles was ich hatte, habe ich in den Frieden mit Israel investiert. Jetzt habe ich alles verloren.« Das Leben so nahe an der Grenze sei gefährlich. »Die Israelis schießen willkürlich. Gestern hätte meine Frau fast eine Kugel in den Kopf bekommen, als sie aus der Haustür trat«, sagte Riad. »Wir haben Angst.«

Jenseits der Mauer zischt und pufft die israelische Fabrik weiter, während israelische Bagger Staub aufwirbeln und immer wieder das vermeintlich lustige Treiben der Palästinenser am Checkpoint 105 einhüllen.

Der Soldat am Eisentor sagt mit russischem Akzent: »Jetzt müssen wir Ihr Auto gründlich untersuchen.« Das Radio meldet, dass an einem anderen Checkpoint drei »auffällige« Jugendliche aus einem Taxi gestiegen seien. Einer rief »Allah uakbar« (Allah ist groß), lief auf die zurückweichenden Soldaten zu und explodierte. Von den drei Jugendlichen waren zwei auf der Stelle tot und der Dritte wurde schwer verletzt ins Krankenhaus gebracht. Den Soldaten sei nichts passiert. »Bitte haben Sie Verständnis«, sagt beschämt der uniformierte Neueinwanderer aus Russland, »wir haben Befehle und Angst.«

Schüsse am Sperrzaun

»Ich kann sie nicht stoppen«, schreit der Offizier ins Funkgerät. Sekunden später antwortet Leutnant Schai: »Ich erteile Genehmigung, auf die Beine der Demonstranten zu schießen.« Zwei Scharfschützen legen sich auf die Erde und zielen.

Gil Naamati, 21, aus Kibbuz Reiim hat vor einem Monat seinen Militärdienst bei der Artillerie beendet. »Ich konnte nicht mit ansehen, wie die Palästinenser leiden.« Am Freitag schloss er sich mit linksgerichteten »Anarchisten« einer Demonstration des »Friedensblocks« bei Massha an. Seit zwei Monaten sind die Bewohner des Dorfes von ihren Feldern abgeschnitten. Die Siedlung Elkana, etwa 4 Kilometer tief im besetzten Westjordanland gelegen, wurde in Israels »Sicherheitszaun« einbezogen. So liegen die Felder von Massha auf der »israelischen« Seite, während das Dorf zur palästinensischen Seite »ausgesperrt« wurde. Ein Tor im elektronischen

Zaun sollte den Bauern die Ernte ermöglichen. Doch dieses Tor wurde seit zwei Monaten nicht mehr geöffnet.

Am Freitag beschlossen israelische »Anarchisten«, den Palästinensern Zugang zu ihren Äckern zu verschaffen. Etwa fünfzig vermummte Demonstranten näherten sich mit Drahtscheren dem Tor, rüttelten daran, um es aus den Angeln zu reißen und schnitten Löcher in den Maschendraht. Ein Trupp Soldaten kam in Jeeps. Angeblich hielten sie die mit arabischen Tüchern »verkleideten« Demonstranten für Palästinenser. Zehn Minuten lang gaben sie Warnschüsse ab. Die israelischen Anarchisten ließen sich nicht abschrecken, während die Palästinenser aus Erfahrung Distanz hielten.

Dann fielen zwei gezielte Schüsse auf den »Rädelsführer«. Gil Naamati zerfetzte es beide Beine. Wegen des verschlossenen Tores musste Naamati auf Umwegen durch palästinensische Dörfer und israelische Straßensperren ins Krankenhaus gebracht werden. Wegen des Blutverlustes schwebte er zunächst in Lebensgefahr. Vierzig Blutkonserven retteten sein Leben.

Der Vorfall löste eine seit Jahren in Israel fällige Diskussion aus. Erstmals wurde ein jüdischer Demonstrant durch gezielte scharfe Schüsse schwer verletzt. »Das ist eine zynische Debatte mit rassistischen Zügen. Denn fast täglich werden Palästinenser unter ähnlichen Umständen erschossen«, klagt der arabische Abgeordnete Ahmed Tibi. Der Schießbefehl des Leutnants wurde fast einstimmig als »unmoralisch« und »illegitim« kritisiert. Aber genauso wurde den Anarchisten vorgeworfen, sich illegal in palästinensisches Gebiet und dann in eine »militärische Sperrzone« begeben zu haben, um den Sperrzaun zu zerstören. »Der Zaun ist notwendig, um das Leben von Israelis zu schützen. Ohne scharfe Maßnahmen könnte der Zaun binnen Tagen zerstört werden«, warf Zeev Boim, Stellvertreter des Verteidigungsministers, ein. Die Demonstration sei nicht genehmigt gewesen: »Das war reiner Leichtsinn.« Der Armee wurde vorgeworfen, die Soldaten nicht mit Gummimunition oder Tränengas versehen zu haben. Die Leichtigkeit, mit der scharfe Schüsse auf Demonstranten genehmigt wurden, zeuge vom moralischen Verfall. Dem schwerverletzten Naamati droht nun ein Prozess, während ein Offizier am Zaun behauptet: »Wir dachten, das seien Palästinenser, die nach Israel stürmen wollten. Unsere Soldaten fühlten sich in Lebensgefahr, weil die Warnschüsse nichts ausrichteten. Entsprechend den Befehlen wurde auf die Beine geschossen, um zu verletzen und nicht zu töten.« Ein Fotograf widerspricht: »Die Rufe der Demonstranten und deren Plakate waren auf Hebräisch. Die Soldaten wussten, dass es nicht palästinensische Terroristen waren.« Das letzte Wort ist noch nicht gesprochen.

Begegnungen mit Arafat

Jassir Arafat zählt zu den großen Figuren der Menschheitsgeschichte, gleichgültig ob man ihn als Erzterrorist verachtet oder als Volksheld anhimmelt. Außer dem israelischen General Mosche Dayan mit der schwarzen Augenklappe gibt es wohl keinen zweiten Nahost-Politiker, der weltweit einen so hohen Wiedererkennungswert hat. Sie bleiben im kollektiven Gedächtnis der Menschheit, wie Alexander der Große, Caesar und Herodes – auch wenn diese Parallelen vielleicht eine Nummer zu groß sind. Bewusst vermeide ich die Nennung moderner »Politiker«, die mit Blutvergießen ihr Volk und die Welt ins Unglück gestürzt haben.

Über Arafat sind schon dicke Bücher geschrieben worden. Ich möchte nicht in diese Diskussion eingreifen – da ist der Freiheitskämpfer des einen der Terrorist des anderen. Mir geht es hier darum, meine persönlichen Erlebnisse und Eindrücke von Arafat, dem Menschen, zu erzählen.

Freund und Feind werden wohl zustimmen, dass Arafat das palästinensische Volk aus dem Boden gestampft hat. Vor Arafat waren die Palästinenser »Araber« oder »Syrer« bzw. alle in »Palästina« lebenden Menschen, Juden wie Araber, wurden unter dem britischen Mandat seit 1920 »Palästinenser« genannt. Der Nationalismus, der allein den Arabern Palästinas den Namen »Palästinenser« gab und die Juden ausschloss, ist das Werk Arafats. Der war für die Palästinenser das, was der Wiener Journalist Theodor Herzl für die Juden war: der Gründer einer Nation mit der Forderung nach Selbstbestimmung und dem Anspruch auf einen eigenen Staat.

In offiziellen Dokumenten der Bundesrepublik, der DDR und auch der UNO wurde die PLO und damit auch »Palästina« erstmals Mitte der siebziger Jahre des vorigen Jahrhunderts erwähnt – nicht zu verwechseln mit dem gleich lautenden geografischen Begriff, den der römische Kaiser Hadrian 130 n. Chr. für das eroberte Judäa prägte. Heute kaum vorstellbar ist, dass das Auswärtige Amt am 16. Oktober 1989 erstmals einen PLO-Funktionär empfangen hat, nur drei Jahre vor der gegenseitigen Anerkennung von PLO und Israel.

Die Methoden, mit denen sich Arafat internationale Anerkennung erkämpfte – Terroranschläge in aller Welt und Flugzeugentführungen – sind, vorsichtig formuliert, umstritten. Der sogenannte Befreiungskampf der PLO unter der Führung Arafats hat Zehntausende von Menschen, allen voran Palästinenser, das Leben gekostet. Man denke an den »Schwarzen September« 1970 in Jordanien, an den Bürgerkrieg im Libanon und an den »bewaffneten Widerstand« gegen Israel. Jeder Mensch in aller Welt ist bis heute potenziell vom Kampf der PLO betroffen, sowie er ein Flugzeug besteigt: Infolge der palästinensischen Flugzeugentführungen Anfang der siebziger Jahre wurden auf allen Flughäfen der Welt die inzwischen als »selbstverständlich« empfundenen Sicherheitskontrollen eingeführt.

Treffen mit einer Banane

Zum ersten Mal traf ich Jassir Arafat 1994 in seinem damaligen Hauptquartier in Gaza, im Tross einer deutschen Delegation. Nach der üblichen Pressekonferenz wurden auch die Journalisten zu einem gemeinsamen Mittagessen eingeladen. Vom Tisch der Honoratioren gingen wie bei einem großen »M« drei lange Tischreihen für das »Fußvolk« ab. Ich wählte die mittlere Reihe, um Arafat so nah wie möglich zu sein. Natürlich wollte ich lauschen, was die wichtigen Herren beim Essen miteinander reden. Doch sie schwiegen, sodass ich mich auf mein knuspriges Hühnerschnitzel konzentrieren konnte. Plötzlich verspürte ich schmerzhafte Schläge an meinem linken Oberarm. Ich schaute mich um und sah, wie Arafat, eine

Banane wie eine Pistole in der Hand haltend, auf meinen Oberarm einschlug. »Mr President?«, sagte ich verwundert. Arafat beugte sich mit seinem typischen Lächeln vor und erklärte, dass Fleischgenuss sehr ungesund sei. Ich solle doch lieber seine Banane essen, die er mir nun freundlich reichte.

So machte Arafat seinem Ruf Ehre, ein Vegetarier zu sein, was gleichwohl nicht ganz stimmte. Und ich wurde so das Opfer seiner etwas pathologischen Veranlagung, sein eigenes Essen mit anderen zu teilen. In meinem Fall war es nur eine ungeschälte Banane. Aber es gab Gäste Arafats, die befremdet darüber berichteten, wie er ihnen seinen halb leergegessenen Suppenteller zuschob – mit dem Befehl, ihn auszulöffeln.

Der Schriftsteller Norman Ohler war auf Einladung des Goethe-Instituts einen Monat lang Stadtschreiber von Ramallah und veröffentlichte unter dem Titel *Als Arafat mit mir den Brokkoli teilte* die Beschreibung eines einstündigen Mittagessens:

> Zeitweise kam mir der Palästinenserpräsident wie ein Außerirdischer vor, vollkommen unecht, wie auf starken Drogen, was in seinem Falle wohl Schmerz- und Aufputschmittel waren – dann wiederum schien er, wenn er mich mit seinem durchgeknallten, gleichzeitig vollkommen klar wirkenden Blick ansah, wie eine nicht einzuordnende Persönlichkeit und als eine gebrochene, gescheiterte. Es war mir während der gesamten Stunde nicht klar, ob ich neben einem Genie, einem wahren Freiheitskämpfer saß (der deshalb kaum noch beschrieben, geschweige denn eingeschätzt werden kann) oder neben einer zu bemitleidenden, im Grunde lächerlichen, fast peinlichen Gestalt.
>
> …
>
> Und als Arafat ganz unerwarteter Weise mit seinen Michael-Jackson-weißen Fingern von seinem Tellerchen ein Brokkoliröschen nahm und es auf meinen Teller legte (ich glaube, er mochte den jungen Dichter aus Deutschland) und dann sogar von seiner Suppe (er war der Einzige im Raum, der Suppe bekam) etwas in eine Tasse abfüllte und sie mir weiterreichte, so kam mir das im Nachhinein weniger wie typische arabische Gastfreundschaft vor (ich war oft bei Leuten zu Hause zum Essen, und nie gab mir jemand ungefragt mit den Händen von seinem Teller auf den meinen) als vielmehr Schrulligkeit. (www.zeit.de/2004/47/Arafat?page=2)

Offenbar hängt sogar die Beurteilung einer solchen »Schrulligkeit« vom politischen Standpunkt ab. Was ich als schmerzhafte Schläge und ungehörige Belehrung empfunden habe, was der in Deutschland erzogene Schriftsteller für ein befremdliches Benehmen hielt, interpretierte der israelische

Friedensaktivist Uri Avneri als Zeichen der Versöhnung und Friedfertigkeit Arafats.

Mehrfach besuchte ich die Mukata, das Hauptquartier Arafats in Ramallah. Das Ritual der Begrüßung ist immer das gleiche. Gepanzerte Jeeps der diplomatischen Vertretungen fahren mit einem hessischen Landtagsabgeordneten, einem Außenminister oder einem österreichischen Klubobmann vor. Am Kotflügel flattert die Staatsflagge. Je nach Rang steht eine Ehrengarde bereit. Der rote Teppich wird abgeschritten und dann geht es hinauf in Arafats Büro. Der Saal im zweiten Stock der Mukata, in dem Arafat ausländische Gäste empfing und seine Kabinettssitzungen abhielt, war auch sein Büro.

Am 27. März 2002, am Seder-Abend des jüdischen Pessach-Festes, wurden bei einem Selbstmordanschlag im Park-Hotel in Natanja dreißig überwiegend ältere Holocaustüberlebende getötet. Daraufhin hatte Ministerpräsident Ariel Scharon den Befehl zum Wiedereinmarsch in die autonomen palästinensischen Städte im Westjordanland gegeben. Dabei wurde auch Ramallah erneut besetzt. Israelische Soldaten drangen in das Hauptquartier Arafats ein und zerstörten einen Teil der Gebäude mit Panzergranaten. Die offiziellen Limousinen der Autonomiebehörde lagen plattgewalzt übereinander in einer Ecke des einstmals vollständig eingemauerten Areals. Aus dem Keller holten die Israelis das komplette Archiv der palästinensischen Verwaltung heraus. Dabei entdeckten sie von Arafat unterzeichnete Rechnungen für Sprengstoffjacken, wie sie Selbstmordattentäter benutzten. So konnten die Israelis erstmals dem Friedensnobelpreisträger eine direkte Beteiligung am Terror nachweisen.

Während der israelischen Belagerung liefen die Propaganda-Maschinen auf beiden Seiten auf Hochtouren. Einem Reuters-Team gelang es, sich zu dem Büro Arafats durchzuschlagen. Der PLO-Vorsitzende habe nur noch ein paar Kerzen, behaupteten Arafats Berater. Angeblich hätten die Israelis ihm den Strom gesperrt. In einem Fernsehinterview sah es tatsächlich so aus, als würden nur gelblich flackernde Kerzen sein Gesicht beleuchten. Aber Fernsehkameras sind mit starken Scheinwerfern ausgestattet. Bei genauem Hinschauen war zu erkennen, dass gelbe Filter verwendet wurden, um eine romantische Kerzenlichtatmosphäre vorzutäuschen. Die Israelis dementierten Berichte, wonach sie den Strom in Arafats Hauptquartier

Arafats Wachen

ausgeschaltet hätten. Dichtung und Wahrheit lassen sich im Nahen Osten nur schwer auseinanderhalten.

Das hohe Niveau der Schlammschlacht um das eigene Ansehen bezeugt folgender Bericht, den ich Ende April 2002 unter dem Titel »Kiwi und Damenhöschen für Arafat« verfasst habe:

Die Israelis begegneten Behauptungen aus der Mukata, wonach Arafat und seine Getreuen »ausgehungert« würden. Zeitungen veröffentlichten eine detaillierte Liste des angelieferten Proviants: 13.000 Fladenbrote, 420 Büchsen Kichererbsenbrei (Hummous, eine palästinensische Nationalspeise), 472 Büchsen Saubohnen, 458 Büchsen Käse, 505 Sardinenbüchsen, 423 Büchsen Thunfisch, 100 Kilo Joghurtkäse, 135 Kilo Kaffee und 155 Schachteln Teebeutel, 170 Kilo Äpfel, 360 Kilo Zucker, 130 Kilo Salz, 250 Beutel Toilettenpapier, 1522 Flaschen Mango-Nektar, Coca-Cola und Seven-Up-Limonade sowie eine Schachtel Cornflakes.

Weiter erhielten die Eingeschlossenen große Mengen Würstchen, 60 Kartons Eier und 60 Schachteln Käsedreiecke. Außerdem wurden angeliefert: 100 Kilo Reis, 100 Beutel Hühnersuppe, 50 Tüten Nudeln sowie größere Mengen Erbsen, Kartoffeln und Fenchel, 140 Kilo Tomaten, 90 Kilo Zwiebeln, mehr als 10 Kanister Speiseöl. Unter den großen Mengen Früchten, jeweils mehr als 50 Kilo, wurden aufgezählt: Datteln, Äpfel, Bananen, die teure Delikatesse Kiwi, Weintrauben, Melonen, Birnen,

Klementinen, Wassermelonen und 15 Kilo Halwa, eine orientalische Süßigkeit aus Sesam.

Für die medizinische Vorsorge wurden größere Mengen Medikamente gegen Bauschschmerzen und Durchfall beigelegt, Pillen gegen Bluthochdruck, Aspirin und Anti-Brechmittel. Für die persönliche Hygiene wurden auch 75 Unterhosen für Männer, 60 Hemden, 12 Liter Rasierschaum, 60 paar Männerstrümpfe, 48 Tuben Zahnpasta, 24 Zahnbürsten, 50 Handtücher und 60 Damenhöschen in Arafats Hauptquartier geliefert.

Nach Angaben der Zeitung Haaretz wurde alles von der palästinensischen Autonomiebehörde bezahlt und in Ramallah eingekauft. Die israelischen Militärs genehmigten die Liste und ermöglichten die Anlieferung der Waren.

Jubelfeiern nach Nine Eleven

Für PLO-Chef Arafat war der Jubel über die Terrorangriffe vom 11. September 2001 in den USA peinlich. Sie passten nicht in sein Konzept. Arafat erteilte die Weisung, die Demonstrationen gewaltsam aufzulösen und eine Berichterstattung darüber zu verhindern. Ausländische Fernsehgesellschaften und ihre palästinensischen Kameraleute wurden mit vorgehaltener Waffe bedroht und gewarnt, ihr Filmmaterial nicht zu veröffentlichen.

Palästinensische Politiker riefen die Bürochefs der Fernsehanstalten in Jerusalem an. Journalisten seien ihres Lebens nicht mehr sicher, sollten sie dennoch über diese Freudenausbrüche von Palästinensern berichten. Deshalb gab es nur wenige Bilder dazu und die waren in Ostjerusalem gefilmt worden. BBC bestätigte indirekt und öffentlich, dem palästinensischen Druck stattgegeben zu haben.

Die spontanen Jubelfeiern wurden schon Stunden nach der Katastrophe in New York durch ein Telefonat des amerikanischen Außenministers Colin Powell mit Jassir Arafat gedämpft. Der Wortlaut des Gespräches ist nicht überliefert, doch dürfte Powell erneut Arafat mit Nachdruck gesagt haben, dass palästinensischer Terror nicht mehr geduldet werde. Arafat habe eine letzte Chance, den von ihm schon fünfmal akzeptierten Waffenstillstand zu verwirklichen. Arafat verstand, dass die Jubelszenen auf den Straßen von Nablus, Ramallah und Ostjerusalem ihm schaden. Ihm drohte, von den USA in die gleiche Ecke wie Osama bin Laden gestellt zu werden.

Die zeitlich und lokal begrenzten Freudenausbrüche wären vermutlich schnell wieder in Vergessenheit geraten, wenn es nicht die Versuche gegeben hätte, sie zu dementieren und die Presse zu zensieren. Der nächste Schritt war die Behauptung eines gewissen Marcio A. V. Carvalho von der Universidad estatal de Campinas in Brasilien: CNN habe Filmaufnahmen aus dem Jahr 1991 verwendet. »Das waren Bilder vom Jubel der Palästinenser nach der Invasion von Kuwait«, so Carvalho. »Es ist absolut unverantwortlich, diese Aufnahmen zu zeigen.«

Einen Tag später behauptete die palästinensische Zeitung *Jerusalem Times*, was in der ganzen arabischen Welt ausgiebig zitiert wurde: »Israel inszenierte anti-amerikanische Demonstration.« Der palästinensische Jubel sei in Wirklichkeit vom »israelischen Verteidigungsministerium« provoziert worden. Ein Mitglied des Filmteams habe im Juhaina Sweets Shop nahe dem Damaskustor in Jerusalem für umgerechnet 50 Euro Bonbons gekauft und an palästinensische Kinder verteilt. Die Kinder hätten daraufhin gejubelt. Als Beweis dafür wird eine »zuverlässige« israelische Quelle angegeben: Meron Benvenistis Artikel im *Haaretz*. Der hatte behauptet, der israelische Militärsprecher habe »zu Propagandazwecken« Kamerateams ausgeschickt, um die Demonstrationen zu filmen.

Ein Schweizer Radiosender rief derweil verstört bei mir an, um zu erfahren, was es denn mit diesen Demonstrationen auf sich habe, ob CNN tatsächlich die Bilder gefälscht habe. Der Redakteur aus der Schweiz erzählte, wegen einer Erwähnung dieser Demonstrationen arabische Drohanrufe erhalten zu haben. Sein Sender sei auch mit E-Mails »regelrecht bombardiert« worden. Doch CNN hatte von Reuters gefilmtes Material verwendet. Darin ist freilich ein Ford Transit Modell 1995 zu sehen. Der ist also vier Jahre nach der Kuwait-Invasion vom Band gelaufen.

Der Journalist der *Jerusalem Times*, der »von oben« den Auftrag erhalten hatte, den Artikel ins Blatt zu setzen, sagte mir später auf Anfrage: »Es gibt gar keinen Laden mit dem Namen Juhaina Sweets Shop.«

CNN sendete später Bilder einer anderen Demonstration, bei der Palästinenser mit Kerzen in der Hand vor dem amerikanischen Konsulat in West-Jerusalem trauerten. Unter ihnen befand sich auch jene Frau, die kurz zuvor jubelnd gefilmt worden war, im gleichen Kleid, mit der gleichen Brille und keineswegs um zehn Jahre gealtert.

Der Chief News Executive Tom Jordan von CNN dementierte das

Gerücht, sein Sender habe Archivmaterial von 1991 versendet, um die Palästinenser zu verunglimpfen. Die Behauptung sei »grundlos und lächerlich«. Ein Beweis dafür sei, dass einer der Palästinenser in dem Filmbericht Osama bin Laden lobe. Der sei aber am Golfkrieg nicht beteiligt gewesen. Auch Reuters und CNN Deutschland dementierten.

Die Diskussion um die vermeintliche Fälschung der Fernsehbilder endete erst, als jener Brasilianer, der die Kampagne im weltweiten Netz losgetreten hatte, schrieb: »Ich entschuldige mich aufrichtig für diese ungeprüften Informationen, leider kann ich sie nicht belegen.«

Blick ins Panzerrohr

Die zweifellos aufregendste Visite bei Arafat machte ich Ende April 2002. An jenem Tag fragte die deutsche Repräsentanz unter Andreas Reinicke bei einigen deutschen Journalisten an, ob wir uns einer Delegation der Grünen bei einem Besuch in Ramallah anschließen wollten. Die Fraktionsvorsitzenden der Grünen, Kerstin Müller und Christian Sterzing, waren gekommen, um den gefangen gehaltenen Arafat zu besuchen.

Die Chance, im gepanzerten CD-Wagen zum belagerten Arafat zu fahren, ist eine einmalige historische Gelegenheit, um selbst zu prüfen, was denn nun Wahrheit und was Propaganda ist. Mit eingeschaltetem Blinklicht fahren wir im Botschaftsjeep durch das menschenleere Ramallah bis zur Mukata. Kurz davor müssen wir an einer israelischen Straßensperre stoppen. Wir sitzen im Botschaftsjeep. Vor uns steht der beige Mercedes mit Botschafter Andreas Reinicke und den beiden bundesdeutschen Abgeordneten. Am Kotflügel flattert ordnungsgemäß schwarz-rot-gold.

Die Insassen des Mercedes verhandeln mit einem Soldaten. Wir warten. Offenbar war unser Besuch nicht angemeldet. Die Verhandlungen ziehen sich in die Länge. Ein israelischer Panzer erwacht zum Leben, hebt sein Kanonenrohr und richtet es zielgerecht auf unseren Jeep. Ein mulmiges Gefühl, denn die Firma Mercedes hat die Panzerscheiben und die stählernen Schutzplatten in den Türen nur für Schüsse und Granatsplitter ausgelegt, nicht aber für Panzerbeschuss.

Nach einer Weile erscheint ein weißer Jeep mit israelischen Militär-

Arafats Fuhrpark in der Mukata

kennzeichen. Das sind offenbar Geheimdienstleute. Die waren über unserem Besuch bei Arafat informiert, hatten es aber versäumt, die Soldaten an der Straßensperre zu informieren. Für uns war das eine ziemlich lebensgefährliche Situation, angesichts der Kriegslage und der Angst der Israelis vor Selbstmordattentätern.

Die Zufahrtsstraße zur Mukata war von Panzerketten derart aufgerissen, dass der Mercedes vor uns eine riesige Staubwolke aufwirbelt. Ich filme. Der aufgetürmte plattgewalzte Fuhrpark Arafats am Straßenrand ist kaum zu erkennen. Meine handliche kleine Filmkamera dokumentiert noch die halb zertrümmerte Mukata, als israelische Offiziere uns begrüßen und Botschafter Reinicke sagt: »Filmen und Fotografieren ist hier strikt verboten.« Dem leiste ich natürlich Folge, vergesse dummerweise nur, meine laufende Filmkamera auszuschalten. Ich halte sie ziellos in der Hand, während israelische Soldaten eine »Sicherheitskontrolle« an unseren Taschen durchführen, damit dem von ihnen belagerten Arafat nichts Böses zustoße. An israelischen Stacheldrahtverhauen vorbei gelangen wir zu der mit Sandsäcken befestigten Aluminiumtür. Drinnen, keine fünf Meter von den Israelis entfernt, stehen palästinensische Kämpfer mit umgehängter Kalaschnikow, dem typischen Schnellfeuergewehr aus russischer Produktion. Im schmutzigen Treppenhaus herrscht völlige Finsternis. Tastend erklimmen wir die Stufen zum ersten Stock, wo sich Arafats Sitzungssaal befindet. Im Flur zu den Büroräumen sitzt ein palästinensischer Polizist. Beim Licht einer Schreibtischlampe liest er Zeitung.

Die Delegation betritt Arafats Sitzungssaal. Selber 1,90 groß sehe ich zunächst nicht, wer da ständig »ahlan wasahlam« ruft. Schließlich entdecke ich »unter mir« ein geschecktes Palästinensertuch. Der 1,55 große Arafat steht vor mir. Jeden deutschen Gast begrüßt er ganz herzlich mit seinem unbeschreiblich weichen Händedruck. Kerstin Müller erhält einen Arafat-Kuss auf beide Wangen.

In dem verdunkelten Saal brennt nur eine einzige Batterie betriebene Neon-Notleuchte schräg über Arafats Platz. »Pass nur auf, nicht versehentlich den Lichtschalter zu drücken«, flüstert mir Norbert Jessen von der »Welt« ins Ohr. Ich schwenke ziellos meine Filmkamera durch den Raum. Friedensaktivisten sitzen an dem langen Tisch. Ich höre, wie jemand auf Arabisch zischelt: »Televisijon.« Ein Sicherheitsmann stürzt zum anderen Ende des Tisches und schaltet schnell den munter flimmernden Fernseher aus. Später, beim Durchsehen der Filmaufnahmen, entdecke ich, dass ich zufällig den trotz angeblicher Stromsperre am anderen Ende von Arafats Kabinettstisch laufenden Fernseher dokumentiert hatte. Die Show war eben doch nicht ganz perfekt.

Arafat nimmt Platz hinter seinem schwarzen Lederpult. Mir wird gesagt, dass »Filmen unerwünscht« sei. Demonstrativ schalte ich die Kamera aus. Dann nehme ich einen Bleistift als Unterlage, ziele auf Arafat und drückte das Knöpfchen … Reinicke schmunzelt, sagt aber nichts.

Kurz darauf nimmt Arafat ein Exemplar des Korans. Er öffnet das Buch ohne Lesezeichen, irgendwo, und erzählt, wie heilig doch die Heilige Maria für Moslems sei. Den Gästen aus Deutschland lässt er daraufhin Fotos einer Madonnenfigur aus Bethlehem überreichen. Die Israelis hätten ihr die Augen ausgeschossen. Während Müller und Sterzing höflich schweigen, geht es auf diese Weise fast eine Stunde lang weiter.

Derweil schaue ich mir genau an, was da auf seinem Schreibtisch vor dem Lederpult steht. Ich sehe einige mit Plastikfolie verhüllte Teller mit Kernen und Nüssen. Die Aufschrift auf Pappschachteln mit Medikamenten kann ich nicht identifizieren. Da steht noch ein mit Papierstreifen versiegeltes Glas Honig aus Jad Mordechai, einem Kibbuz nahe dem Gazastreifen. Ebenso sehe ich anstelle der in jedem arabischen Wohnzimmer üblichen Papiertaschentücher eine Plastikschachtel mit Feuchttüchern. Die hebräische Aufschrift verkündet, dass sie »besonders geeignet für den zarten Babypo« seien. Ich denke mir meinen Teil.

Arafat hat sein Bestes getan, seine Politik und seine Sicht der Welt mitzuteilen. Er war der perfekte Schauspieler. Und Medien wie Politiker spielten mit, auch wenn die Inszenierung leicht zu durchschauen war. Doch wer hätte es zu seinen Lebzeiten gewagt, ihn wegen der kleinen Tricks zu überführen, mit denen er die ganze Welt hinter das Licht führte, im wahrsten Sinne des Wortes. Das war sein gutes Recht. Vorwürfe kann man nur jenen Reportern, Politikern oder Diplomaten machen, die Arafats Schauspiel mitmachten und geflissentlich dazu schwiegen.

Gebete der Schutzschilde

Nach etwa einer Stunde werden wir Journalisten gebeten, den Saal zu verlassen, um Müller und Sterzing eine »offene« Aussprache mit Arafat zu ermöglichen.

Wir gehen durch die überdachte Brücke zum Nebengebäude der Mukata. Dort brennen alle Lichter. Unsere Gastgeber sind nun internationale Friedensaktivisten aus Deutschland und anderen Ländern. Sie haben sich als »menschliche Schutzschilde« Arafats eingefunden. Sogar Israelis wie die linksradikale Friedensaktivistin Neta Golan sind unter ihnen.

Ich interviewe Julia Deeg. Über sie verfasste ich damals folgenden Bericht:

»Man kann nicht vier Wochen lang andauernd nur in Panik leben«, sagte die 21 Jahre alte Julia Deeg, eine Kindergärtnerin aus Berlin-Kreuzberg und seit einem Monat »lebendes Schutzschild für Arafat und für das palästinensische Volk«. »Ich denke, die Angst war für mich spürbarer am Anfang. Gewöhnen ist das falsche Wort, aber man fängt an zu akzeptieren: Es ist halt so. Es knallt und man denkt, vielleicht bin ich gleich tot. Vielleicht kann ich noch eine letzte Zigarette rauchen.«

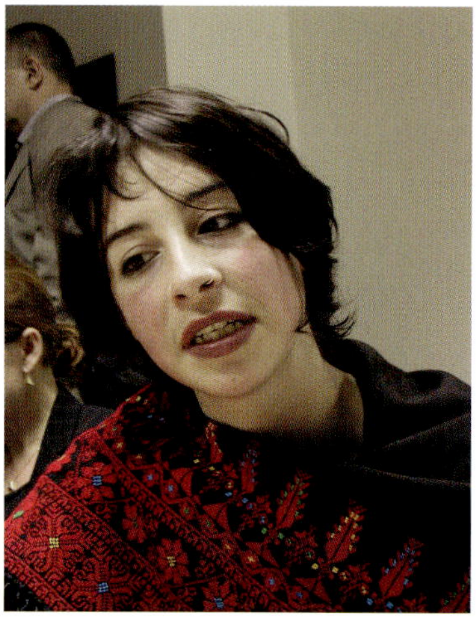

Julia Deeg

Auch während sie beschossen werden, so Deeg, »versuchen wir zu singen oder uns schöne Geschichten zu erzählen.« Einige Leute zeigten Fotos von ihren Familien. »Es wird zusammen gebetet. Ich selber bin nicht religiös«, sagt die junge Frau, gehüllt in palästinensische Stickerei. Sie trägt einen modischen Ring in der Nase. Anfangs war neben Julia auch ihre Mutter Sophie dort, doch die gab schon nach einer Woche auf. Die Schulbehörde in München hatte ihr die Entlassung angedroht, falls sie nicht rechtzeitig nach Ende der Osterferien wieder zum Unterricht erscheine.

Schon am nächsten Tag wurde die Belagerung der Mukata aufgehoben. Arafat hatte auf amerikanischen Druck hin zugestimmt, die »Terroristen« unter den Bewohnern der Mukata in einem Schauprozess zu einer Gefängnisstrafe zu verurteilen und ins Gefängnis von Jericho zu schicken, allerdings mit Briten und Amerikanern als Gefängniswärter.

Solidarität mit Arafat

Der blutige Aufstand der Palästinenser ging weiter, die sogenannte »El Aksa-Intifada«. In Israel explodierten an manchen Tagen gleich mehrere Busse. Ein Besuch im Restaurant bedeutete Lebensgefahr. Selbstmordattentäter erwiesen sich als eine primitive, »billige« und gleichzeitig zielgenaue »Waffe«, mit der die Israelis völlig verunsichert und terrorisiert wurden. Die Waffe war so zielgenau, weil sie selbstständig denken konnte, im Gegensatz zu den modernen Marschflugkörpern der Amerikaner. So hatte ein Selbstmordattentäter nicht bedacht, dass an dem Tag, an dem er nach Tel Aviv geschickt wurde, zufällig ein jüdischer Fastentag war. Die Lokale waren leer oder geschlossen. Um nicht mit »leeren Händen« heimzukehren, begab er sich zum alten Busbahnhof von Tel Aviv, wo er sich schließlich unter rumänischen und chinesischen Gastarbeitern in die Luft sprengte, für die der jüdische Fastentag nicht galt.

Tatsächlich hatten die Palästinenser eine »militärische« Taktik entwickelt, der Israel zunächst fast wehrlos ausgesetzt war. Es dauerte, bis es dem israelischen Geheimdienst gelang, in die Zellen einzudringen, sie durch Verhaftungen auszuheben und die versteckten Bombenfabriken zu finden.

Am 12.9. 2003 schließlich wurde der innenpolitische Druck auf die Regierung wegen der Selbstmordattentate so groß, dass das Kabinett Scharons einen demonstrativen Beschluss fasst.

»Die Ereignisse der vergangenen Tage haben wieder bekräftigt und bewiesen, dass Jassir Arafat ein völliges Hindernis für jeglichen Prozess einer Versöhnung zwischen Israel und den Palästinensern ist. Israel wird handeln, um dieses Hindernis zu beseitigen, in einer Weise und zu einem Zeitpunkt seiner Wahl.«

Der vage Wortlaut des offiziellen Beschlusses einer Sondersitzung des Sicherheitskabinetts lässt offen, ob Arafat getötet, deportiert, in seiner Mukata isoliert oder verhaftet und »als Kriegsverbrecher« vor Gericht gestellt werden soll.

Zwei Tage nach diesem obskuren Beschluss mache ich mich zusammen mit einem Schweizer Kollegen auf den Weg nach Ramallah.

Bei der Mukata strömen hunderte junge Mädchen mit Kopftuch und gestreiften grünweißen Schulkitteln in Richtung Arafat. Sie singen, klatschen und schwenken palästinensische Flaggen. Unbewaffnete palästinensische Polizisten in Tarnuniform bahnen gepanzerten Diplomatenlimousinen den Weg durch das begeisterte Jungvolk. Ein Magnetbild mit »Consulat de France« und eine französische Trikolore schmücken die Kühlerhaube eines chromblitzenden schwarzen Jeep. Der Union Jack flattert am Kotflügel eines schwarzen Bentley. Kleine Jungen erklimmen sportlich die Schutthaufen, die als Barrikaden gegen israelische Panzer rund um die Mukata aufgehäuft worden sind. Ein ausländischer Pastor fotografiert begeistert fünf Jungen, die mit dem Siegeszeichen auf dem Schrotthaufen des offiziellen Fuhrparks der Autonomiebehörde posieren. Vornehme Limousinen liegen da als verbogene Stahlgerippe übereinander. Seit der »Operation Schutzwall« im April 2002 gleicht der Präsidentenpalais einem von Erbeben heimgesuchtes Trümmerfeld mit Pockennarben der Panzergranaten.

Die Offiziere der Leibwache erweisen sich der Presse gnädig. »Sahafi Almani« (deutscher Journalist) sagen wir nur und schon erklimmen wir das unbeschreiblich dreckige Treppenhaus zu Arafats Büro. Niemand will einen Ausweis sehen oder interessiert sich für die große Tasche mit Kameras und Aufnahmegeräten. Vor den stählernen Fensterläden sind Betonfässer und Sandsäcke aufgetürmt. Es duftet nach gebackenem Lamm. Wir passieren die überdachte Brücke zwischen Arafats Büro und dem Nebengebäude. Die gepflegte Mahagoni-Tür zu dem Saal, in dem wir ein Jahr zuvor Julia Deeg und die Friedensaktivisten trafen, ist verschlossen. Ein Sicherheitsmann fragt, ob wir ein Handy dabei hätten. Ohne einen Blick in meine Tasche zu werfen, in der ich gut eine Pistole und eine Handgranate versteckt halten könnte, will er nur das Handy ausgehändigt bekommen.

Diese eigentümliche Sicherheitsmaßnahme hat Geschichte. Jechije Ajasch, der legendäre Bombenbauer mit Dutzenden Israelis auf dem Gewissen, lebte im Gazastreifen und war für die Israelis unerreichbar. Eines Tages bekam er von seinem Onkel ein neues Handy geschenkt, das die Israelis ohne dessen Wissen präpariert hatten. Um ganz sicher zu gehen, dass nur der steckbrieflich gesuchte Ajasch und niemand sonst zu Schaden käme, riefen sie ihn an, identifizierten seine Stimme und zündeten einen winzigen Sprengsatz in dem Handy, das Ajasch an sein Ohr hielt.

Einige Minuten lang darf ich den sauberen Konferenzsaal betreten und Arafat filmen, wie er mit einer arabischen Delegation spricht.

Schreibtischtäter

Kurze Zeit nach dem dramatischen Regierungsbeschluss normalisieren sich die Verhältnisse wieder. Die Mauer um die Mukata steht wieder, nachdem israelische Panzer sie im März 2002 umgeworfen hatten. Auf dem riesigen Vorplatz stehen jetzt blau bemalte, betongefüllte Ölfässer. In ihnen steckt ein fünf Meter hoher Stahlstab. Daran sollen sich israelische Hubschrauber aufspießen, falls sie landen wollen, um Arafat abzuholen.

Das Nebengebäude mit dem Empfangssaal für arabische Delegationen und dem großen Saal für Pressekonferenzen, Freitagsgebet und Parlamentssitzungen ist frisch renoviert. Arafat ist im Prinzip wieder ein freier

Vor der Mukata

Mann, kann aber die Mukata nicht verlassen, da Israel ihm nicht die Rückkehr garantiert. Deshalb müssen alle zu ihm pilgern. Vor allem europäische Provinzpolitiker besuchten den staatenlosen Staatspräsidenten. Ein Gruppenbild mit Arafat leistete daheim im Wahlkampf gelegentlich durchaus gute Dienste. Und so passiert es häufiger, dass manche Delegation sich an mich mit der Bitte wendet, sie doch mit meinem Fotoapparat zu begleiten.

Während sie »politische Gespräche« mit Arafat führen, müssen Journalisten in einem schmuddeligen Raum im Erdgeschoss, links vom Eingang, warten. Die Durchleuchtungsmaschine hat ihren Geist aufgegeben und steht zugedeckt unter einer verstaubten Plastikplane in der Ecke. Die grauen Wände sind seit Jahren nicht mehr getüncht worden. Zigarettenstummel werden auf dem schmutzigen Fußboden ausgetreten. Die Tür zu einem Nebenzimmer steht einen Spalt weit offen. Ich sehe ein Hospitalbett und medizinische Geräte. Hier kann sich Arafat medizinisch untersuchen lassen

Vor dem Gang zum »Hamam«, der Toilette, muss ich meine Kamera abgeben. »Nicht gut«, sagt ein uniformierter Wachmann mit Kalaschnikow auf dem Weg zum Klo. Ob er den unbeschreiblichen Gestank oder den Dreck des seit Ewigkeiten von keinem Putzmittel berührten WC meint? Unvorstellbar, dass nur ein Stockwerk über diesem »Hamam« der palästinensische Präsident den Gang der Weltgeschichte mitentscheidet. Arafat empfängt alle ausländischen Gäste in diesem schmuddeligen, verdreckten und mit Sandsäcken verschanzten Flügel seiner Mukata. Seine palästinensischen Untertanen hingegen begrüßt er im sauberen, mit Mahagoni-Türen versehenen frisch gestrichenen Empfangssaal im Nachbargebäude. Beim PR-Künstler Arafat bleibt nichts zum Zufall überlassen. Den Ausländern präsentiert er sich als Opfer israelischer Zerstörungswut, den Palästinensern als würdiger Herrscher. Kein Zufall auch die »Orden« an seiner Fantasie-Uniform: Ein Pfadfinderabzeichen, olympische Ringe mit koreanischem Emblem, je eine griechische, spanische, deutsche und türkische Ansteckflagge kombiniert mit der palästinensischen Flagge. Sein zur Landkarte Großpalästinas gestaltetes Kopftuch, der Keffiye, ist mit einer simplen Büroklammer an der Brusttasche seiner Uniformjacke befestigt.

Der Konferenztisch ist auch Arafats Arbeitsplatz. Eine TV-Fernbedienung dient neben dem Modell eines Airbus A 800 der Lufthansa als Papierbeschwerer für den Stapel Fotokopien im DIN A4-Format. Auf dem schwarzen ledernen Lesepult liegt Arafats altmodische Hornbrille. Davor Mitbringsel, die sein Kinderherz erfreuen: die künstlerische Darstellung der Mauern Jerusalems in Silber, gestaltet von einem bekannten israelischen Künstler, mit arabischer Widmung. Eine durchsichtige Zellophantüte mit Schokoladen-Weihnachtsmann und Ostereiern. Eine Kerosin-Windlampe, ein Kerzenhalter mit Kreuz. Dahinter ein arabischer Koran im Holzgestell. Eine geschnitzte Taube in der Pose des preußischen Adlers. Neben Pillenfläschchen ein Teller mit geschälten Früchten unter Klarsichtfolie, ein umgestülptes Glas und ein

versiegeltes Fläschchen Nestlé-Mineralwasser mit abgelaufenem Haltbarkeitsdatum. Vor weiteren nicht identifizierbaren Kinkerlitzchen steht die obligatorische Kiste Papiertaschentücher.

Arafats Grab im Wandel

Im November 2004 stirbt Arafat in einem Pariser Krankenhaus. Sein Begräbnis in der Mukata ist chaotisch. Das Mausoleum über seinem Grab ist zunächst ein simpler Glaskasten. Pilger aus aller Welt haben vor dem »Grab des Führers Yasir Arafat« (so die Aufschrift) ihre Mitbringsel abgelegt. Der Grabstein ist in einen Keffiye gehüllt, an den jemand einen winzigen ausgestopften Vogel geheftet hat, der wohl eine Friedenstaube darstellen soll. Davor stehen ein Fußball-Pokal und Kränze mit Bildern Arafats, mit und ohne Kalaschnikow.

Arafats Tod und Begräbnis waren ein mit Spannung von der ganzen Welt mitverfolgtes Ereignis. Da es nicht so weit zurück liegt, möchte ich an dieser Stelle nur ein paar Nebenaspekte erwähnen, die vielleicht weniger bekannt sind. Bis heute ist unklar, woran Arafat gestorben ist. Es könnte eine Nahrungsmittelvergiftung gewesen sein oder aber Aids. Arafats Familienangehörige, darunter auch der ehemalige palästinensische UNO-Botschafter und Außenminister haben die Akte der behandelnden Ärzte in Paris zwar überreicht bekommen. Aber sie ist nie vollständig veröffentlicht worden und scheint auch viele Fragen offen zu lassen. Deshalb wird Arafats Tod bis heute politisch instrumentalisiert, indem palästinensische Sprecher Israel vorwerfen, ihn mit einem geheimen Gift, das sich nicht nachweisen ließe, ermordet zu haben. Umgekehrt werden die Gerüchte um Arafats Erkrankung an Aids als üble Propaganda Israels gewertet. So solle Arafat wegen vermeintlicher homosexueller Kontakte von seinem Sockel als Volksheld gestoßen werden.

Zu den großen Mysterien um Arafats Tod gehört auch der Verbleib eines kleinen schwarzen Notizblocks, den er angeblich immer bei sich trug. Darin soll er die Nummern seiner Schweizer Konten notiert haben, auf denen Milliardenbeträge palästinensischen Volksvermögens geparkt seien. Die amerikanische Zeitschrift *Forbes* bezeichnete Arafat seinerzeit als einen der reichsten Herrscher der Welt, wohlhabender noch als die britische Queen.

Arafats Sarg wurde bekanntlich von Paris erst einmal nach Kairo geflogen. Dorthin kamen auch Politiker aus aller Welt, um Arafat die letzte Ehre zu erweisen. Doch irgendwie gab es eine Menge Pannen. So wurde die angereiste deutsche Delegation mit Außenminister Joschka Fischer nicht zu dem Gedenkzelt zugelassen. Dann wurde der Sarg mit allen militärischen Ehren auf einer Lafette durch Kairos Straßen wieder zum Flughafen gebracht. Dabei kam es zu einem kaum publizierten Zwischenfall, der bei den Arabern als ganz schlimmes Omen gilt. Eines der Zugpferde der Lafette mit Arafats Sarg brach plötzlich zusammen und starb.

Dann sollen sich auch die Israelis eingemischt haben. Israels Ministerpräsident Ariel Scharon wollte um jeden Preis ein Arafat-Begräbnis am Freitag, dem wöchentlichen Ruhetag der Moslems, verhindern. Ebenso, dass Arafat in Jerusalem auf dem Tempelberg begraben würde. Die Israelis befürchteten einen Massenansturm von fanatischen Palästinensern oder – so ein dämlicher Witz: »In Jerusalem ist doch schon einmal einer von den Toten auferstanden …«

Begraben wurde Arafat schließlich auf dem Gelände der Mukata in Ramallah. Das Chaos und Gedränge war dabei so groß, dass die geladenen Diplomaten und Honoratioren vergeblich darauf warteten, dem aufgebahrten Arafat ihrerseits die letzte Ehre zu erweisen. Weil der Sarg nicht durchkam, wurde spontan beschlossen, ihn direkt zum offenen Grab zu fahren. Arafat kam im französischen Holzsarg angefahren und wurde senkrecht in das Grab herabgelassen. Fromme Moslems werden normalerweise nur in Tücher gewickelt begraben und so gebettet, dass sie nach Mekka schauen – bei Arafat ging so ziemlich alles schief.

Sein Grab wurde mehrfach umgestaltet, bis es schließlich mit europäischer Finanzierung zu einem würdigen Mausoleum wurde mit ständiger Ehrenwache, üppigen Blumenanlagen und einem großen Wasserbecken hinter dem schlichten Grabstein.

Gleichgültig wie man zu Arafat steht, ob man in ihm einen Volksbefreier und Friedensfürsten oder Terroristen und Massenmörder sieht, er gehört zweifellos zu jenen historischen Figuren, von denen ein unbeschreibliches Charisma ausging. Das wirkte auf jeden, der ihm jemals persönlich begegnete. Arafat ließ niemanden indifferent, im Guten wie im Bösen.

Arafats Grabstein: Kunsttäubchen mit Hühnerfedern

Archäologisches und Historisches

Ohne seine lange Geschichte würde sich kein Mensch für Israel interessieren. Vor allem wegen Abraham, Jesus und Mohammed gibt es den emotional aufgeladenen, erbitterten Streit um dieses winzige Land. Eine große Mehrheit der Menschheit beruft sich genau auf diese drei Namen, um bei dem Konflikt ein Wörtchen mitzureden und gar mitzumischen. Wer das »Heilige Land« wirklich verstehen will, müsste ganz tief in seine Geschichte eintauchen – in die Geschichte des Landes, in dem Archäologen die älteste Stadt der Welt, das älteste Bett und sogar das älteste Grab gefunden haben. Auf diesem Boden befindet sich das einzige Tal der Welt, wo sich nachweislich unsere gemeinsamen Vorfahren getroffen haben, der Homo Sapiens aus Afrika und der Neandertaler aus Europa.

Als Chronist hätte ich die »wichtigsten« selbst miterlebten archäologischen Entdeckungen auswählen können, darunter den Fund des wahren biblischen Siloah-Teiches oder des Grabmals von König Herodes. Ich beschränke mich darauf, bei Adam und Eva zu beginnen und mit einer der unverschämtesten Fälschungen zu enden.

■ 5.000 Jahre alte »Spucke« entlarvt Eva als Schlange

Mitten in seinem gelehrten Vortrag im Auditorium der Hebräischen Universität röchelte Professor Richard Steiner ins Mikrofon und behauptete, dass dieser »walisische Laut« so klinge wie eines der ältesten erhaltenen semitischen Worte: *Chavu* (Eva). Eine Hieroglyphen-Inschrift an einer Innenwand der Pyramide des Pharao Unnas im ägyptischen Sakkara aus dem 24. Jahrhundert v. Chr. gab Ägyptologen Rätsel auf: Sie verstanden die aus Eulen, Schlangen und anderen Tieren gebildete Buchstabenreihe »mti« nicht. Die Ägyptologen hatten zwar richtig gelesen, sich aber in der Sprache geirrt. Steiner entzifferte die ältesten jemals gefundenen Texte in einer semitischen Sprache, tausend Jahre älter als bisher bekannte Texte in »Proto-Kanaanäisch«, woraus sich Phönizisch, Hebräisch, Aramäisch und Arabisch entwickelten.

»Sofort erkannte ich in den Buchstabenreihen die semitischen Worte ›Mutter Schlange‹«, erzählte Steiner. Den Zuhörern blieb buchstäblich die Spucke weg, als Steiner die fast 5.000 Jahre alten Konsonanten mit Vokalen füllte und vorlas: »Rir, Rir, Rir«. Im modernen Hebräisch steht »Rir« für Speichel. In dem 5.000 Jahre alten magischen Zaubertext an der Pyramidenwand war der Speichel der Schlange gemeint, also ihr Gift. Die magischen Sprüche eines Priesters des Gottes Haitau aus dem Libanon sollten die Mumie des Pharao schützen. Steiner entzifferte »Um Chavu« als Schlangenmutter. Die biblische Eva heißt im hebräischen Original »Chava«. So schloss der amerikanische Professor, dass die biblische Eva nicht etwa von der Schlange verführt wurde, sondern selber Schlange war und als »Um Chavu« auch die »Mutter alles Lebenden«.

An anderer Stelle spricht der Text von »Etz« (»Holz« im heutigen Hebräisch). Zedernholz vom Libanon gelangte über das Meer bis zu den ältesten Pyramiden. Gleichzeitig lieferten kanaanäische Priester dem Pharao magische Texte aus der vor rund 7.000 Jahren vom phönizischen Gott »El« gegründeten Stadt Byblos, 40 Kilometer nördlich von Beirut an der Küste gelegen. Jene Küste hieß übrigens »Kanaan«. Wie der Zufall so will: Wo Luther in der Bibel »Gott« übersetzte, steht im Hebräischen »El« oder »Elohim«. Sogar dieser Begriff liefert sprachwissenschaftlich ein Bindeglied zu den frisch entzifferten ägyptischen Hieroglyphen-Texten, die sich als Ur-Hebräisch herausstellten und von einem Israeli so flüssig gelesen werden können wie die Zeitung oder das vor 2.000 Jahren in Qumran am Toten Meer kopierte Buch des Propheten Jesaja. Dort steht (Kapitel 19,18): »An jenem Tag sollen fünf Städte sein im Land Ägypten, die Kanaans Sprache reden.« Steiner meinte schmunzelnd: »Vielleicht wusste der Prophet Jesaja von den kanaanäischen Inschriften in fünf Pyramiden.«

So führte die zufällige Entdeckung eines 5.000 Jahre alten mit Hieroglyphen geschriebenen ur-hebräischen Textes zu einem neuen Verständnis der Eva des Adam und zu einer Erklärung der bislang mysteriösen Prophezeiung des biblischen Jesaja. Allerdings: Eva wurde nicht von der Schlange verführt, sondern war selber eine Schlange.

Streit um die Pyramiden

Haben die Ägypter oder womöglich die Kinder Israels vor ihrem Auszug aus Ägypten unter Moses die Pyramiden errichtet? Diese Frage beschäftigt jetzt den ägyptischen Staatsanwalt, nachdem der Leiter der ägyptischen Antikenbehörde, Sahi Chawas, Klage gegen ein Kairoer Gymnasium eingereicht hatte. Die Schule lehrt in ihren Geschichtsbüchern, was auch in der Bibel und in jüdischen Schriften seit Jahrtausenden verbreitet wird, dass nämlich die Vorfahren der heutigen Juden in Fronarbeit die Pyramiden von Gizeh errichtet hätten. Chawas besteht darauf, dass allein die frühen Ägypter und nur sie die Riesenbauten in Gizeh bei Kairo errichtet hätten. Die Pyramiden seien ein »Nationalprojekt des alten Ägyptens« gewesen.

Vor dreißig Jahren hat es schon einmal in Ägypten einen Sturm der Entrüstung gegeben, als der israelische Ministerpräsident Menachem Begin bei seinem ersten Besuch in Kairo seine Bewunderung über die Leistung des Volkes Israel beim Bau der Pyramiden geäußert hatte.

Derweil machte Dr. Nabil Hilmi, Dekan der juristischen Fakultät der Universität Al-Zaqaziq, 100 Kilometer nordwestlich von Kairo gelegen, weltweite Schlagzeilen. In einem Interview mit der Wochenzeitung *Al Ahram el Arabi* kündigte er die wohl größte Schadenersatzklage der Weltgeschichte an. Vor Schweizer Gerichten wolle er »alle Juden der Welt« zwingen, vor 5.758 Jahren gestohlenes Gold an Ägypten rückzuerstatten. Unter der Führung des Moses hätten »die Juden« über 300 Tonnen Gold aus dem Pharaonenreich mitgehen lassen. Mit 5 Prozent Zinsen pro Jahr ergebe die historische Schuld heute einen Wert von 1.125 Trillionen Tonnen Gold. Da selbst den vermeintlich so reichen Juden nicht zugemutet werden könne, diese Summe sofort zusammenzutragen, macht Dr. Hilmi den pragmatischen Vorschlag, die Schuld eintausend Jahre lang in Raten abzuzahlen. Der Diebstahl sei schon in der Pharaonenzeit durch eine »polizeiliche Untersuchung« nachgewiesen worden. Ohnehin hätten die

Juden ihn in ihren Heiligen Schriften eingestanden. Wie sonst hätten sie zu Füßen des Berges Sinai ein »Goldenes Kalb« gießen können, wenn nicht mit gestohlenem ägyptischem Gold?

Die Juden hätten den Ägyptern nicht nur Goldringe gestohlen, sondern auch Kochtöpfe. Und warum ausgerechnet Kochtöpfe? Ganz einfach: um vom Goldraub abzulenken.

Erwartungsgemäß löste Hilmi einen weltweiten virtuellen Lacher aus. Innerhalb weniger Tage stieg sein Ruhm im Internet von zwei auf über 500 Treffer an. Nicht nur Juden meldeten sich, um diesen »ägyptischen Exodus aus der Vernunft« zu kommentieren. Einige verlangten eine Nachzahlung des Lohnes für 400 Jahre Sklavenarbeit unter den Pharaonen. Andere meinten, dass dem jüdischen Volk Prozente aus Tourismuseinnahmen zustünden, für die Pyramiden, die sie in Fronarbeit errichtet und hinterlassen hätten. Ein israelischer Professor meldete sich freiwillig, Moses vor Gericht zu verteidigen. Er wolle auf »Verjährung« plädieren und die Ägypter auf andere Verse in der Bibel hinweisen: »Da steht doch, dass das Land Israel vom Nil und bis zum Euphrates reiche und allein den Juden verheißen sei.« Ein Spaßvogel argumentierte, dass die Bibel nirgendwo den Islam oder dessen Anspruch auf die Welt erwähne. »Die Ägypter behaupten, die Nachfahren der alten Ägypter zu sein. Das ist so lächerlich wie die Behauptung der Palästinenser, Nachfahren der (griechischstämmigen) Philister zu sein.« Einer bietet Dr. Hilmi Rechtshilfe an: »Gott sollte als Hauptverschwörer mitangeklagt werden. In seinem Bestseller-Buch, der Bibel, gesteht Gott offen, den großen Raub geplant und ausgeführt zu haben. Am einfachsten wäre es, ihn vor ein belgisches Kriegsverbrechergericht zu zerren. Fraglich ist nur der Strafvollzug.« Ein gewisser Robinson schlägt vor, Moses als Kriegsverbrecher anzuklagen, wegen der Heuschreckenplage und dem Tod der Erstgeborenen. »Abiola« hat nur zwei Erklärungen für soviel »Unsinn«: Entweder sitzen in der Redaktion von *Al Ahram* begnadete Satiriker oder aber die ägyptische Bevölkerung leidet unter akuter Psychose.

Durchaus ernsthafte Kommentatoren bescheinigen Dr. Hilmi mangelnde Fantasie. Der Talmud (im 5. Jahrhundert abgeschlossen) berichtet von einem Gerichtsverfahren wegen dieses Goldraubes, das Alexander der Große im vierten vorchristlichen Jahrhundert anstrengte. Auch der Historiker Flavius Josephus, ein Zeitgenosse Jesu, habe sich in gleicher

Angelegenheit gegen Vorwürfe eines Apion verteidigen müssen. Bedenklich sei der traditionsreiche Versuch des ägyptischen Jura-Professors, dem jüdischen Volk mal wieder per »Erbsünde« Geldgier und Heimtücke zu unterstellen. Das israelische Außenministerium »bedauert die Kampagne mit antisemitischen Elementen von ägyptischen Intellektuellen«, so eine Sprecherin.

Latrinengeschichten über Jesu Zeitgenossen

Für Archäologen sind Latrinen kein Abort, sondern ein Lokus tiefgründiger historischer Einblicke, sogar über Jesus. Neue Erkenntnisse über die Essener, die zu Jesu Lebzeiten in Qumran am Toten Meer lebten, entdeckten der israelische Archäologe Joe Zias und James Tabor von der Universität in North Carolina ausgerechnet in der antiken Latrine von Qumran.

Der ungewöhnliche Standort der Latrine in Qumran, nämlich weit entfernt von den Wohnhäusern, bestätige laut Joe Zias, dass dort Mitglieder der fanatischen jüdischen Sekte der Essener gelebt hätten. Der unhygienische Zustand der Latrine erkläre zudem den erbärmlichen Gesundheitszustand der Sekten-Mitglieder.

Alles begann mit der These des amerikanischen Bibelforschers Tabor, wonach in der Bibel und in den Rollen vom Toten Meer menschliche Bedürfnisse »aus der Sicht Gottes« für unrein gehalten würden. Gläubigen wurde deshalb befohlen, ihre Latrinen außer Sichtweite der Gemeinschaft zu errichten. Es werden zudem Entfernungen für den Bau der Latrinen angegeben: zwischen 457 und 1.370 Metern fern der Gemeinschaftssiedlung.

Gemäß dem römischen Historiker Flavius Josephus hätten sich die Essener in Jerusalem strikt an diese Regeln gehalten. Josephus philosophierte über deren physische und religiöse Kondition, weil sie am Sabbat »Stuhlgang« vermieden, möglicherweise, weil die Latrine jenseits der Stadtgrenzen lag. Frommen Juden ist es am Sabbat verboten, mehr als 2000 Schritte jenseits der Stadtmauern zu tun.

Entsprechend diesen Vorgaben kam Tabor auf die Idee, in Qumran die Latrine zu suchen. Ein Blick auf die Landkarte zeigte ihm, dass etwa 500

Die Ruinen von Qumran am Toten Meer

Meter von der Essenersiedlung entfernt ein kleiner Hügel den Blick versperrte. Beim Beschreiten dieses Geländes entdeckte er eine sichtbare Verfärbung des Bodens.

Tabor rief seinen israelischen Kollegen, den »Bioarchäologen« Joe Zias zu Hilfe, der zuvor die Mechanik der römischen Hinrichtungsmethode der Kreuzigung erforscht hatte. Zias entnahm zehn Bodenproben, vier aus dem Gebiet der vermuteten Latrine und zur Kontrolle sechs von anderen Gegenden. Ein parasitologisches Institut in Frankreich untersuchte die Erdproben.

Drei Proben aus dem Latrinengebiet enthielten »Eier von Parasitenwürmern, wie sie für menschlichen Stuhlgang typisch sind«. Für Zias war das ein Hinweis auf eine »intensive und fortlaufende Verwendung des Lokus als Latrine«. Normalerweise verwesen Wurmeier, doch die Essener scheinen ihre »Geschäfte« zugeschüttet zu haben. So blieben die Parasitenspuren in der Hitze und Trockenheit am Toten Meer erhalten. Ähnliche Spuren entdeckten Tabor und Zias auch innerhalb der Gemeinschaftssiedlung von Qumran, an einem Ort für dringende »Notdurft«.

Zias kommt zum Schluss, dass Qumran ein »ziemlich ungesunder«

Ort gewesen sei. Weitere Forschungen ergaben, dass täglich, über hundert Jahre lang, zwischen 20 und 40 Menschen zu jener Latrine gingen, um ihre Notdurft zu verrichten. Sollten diese Menschen tatsächlich Essener gewesen sein, dürften sie sich auf dem Rückweg einer rituellen Waschung unterzogen haben. Was heute wie Hygiene klinge, sei in Qumran vor 2.000 Jahren eher ein Rezept gewesen, die Dinge schlimmer zu machen. Denn das stehende Wasser in den Zisternen wurde nur während der dreimonatigen Winterperiode aufgefüllt. Wenn sich die Essener darin wuschen und untertauchten, hinterließen sie von der Latrine mitgebrachte Bakterien und Parasiten. Das warme Wasser dürfte eine ideale Brutstätte für die Übertragung von Krankheiten gewesen sein.

Wegen mutmaßlicher Magenbeschwerden mussten die Essener ein Örtchen für besonders dringende Notfälle mitten in ihrer Siedlung einrichten müssen. Zias schreibt: »Wer die Tora studierte und Diarrhoe hatte, schaffte es nicht bis zur Latrine hinter dem Hügel.«

Für Zias sind diese Erkenntnisse ein Steinchen im Puzzle über die hohe Sterblichkeit der Essener in Qumran. Frühere Studien hätten ergeben, dass nur sechs Prozent der in Qumran begrabenen Menschen älter als 40 waren. In dem nur 14 Kilometer entfernten Jericho waren es immerhin 49 Prozent. Zias meint: »Die Bewohner von Qumran waren die kränkste Gruppe Menschen, die ich je studiert habe.«

Das Klo auf dem Dach der Grabeskirche

»Hast du Lust, das griechische Kloster neben der Grabeskirche zu besuchen?«, fragte telefonisch ein befreundeter hoher Beamter der »christlichen Abteilung des israelischen Religionsministeriums«. Bewusst nenne ich hier keine Namen, um nicht im Nachhinein noch diplomatische Verwicklungen auszulösen.

Selbstverständlich willigte ich sofort ein. Viele christliche Kirchen und Klöster sind für Touristen und sonstige Fremde normalerweise hermetisch verschlossen. Das hat historische Gründe:

Im Jahre 1852 fixierte Sultan Abdul Medschid von Konstantinopel einen Status quo für alle wichtigen Heiligen Stätten in Jerusalem und Bethlehem. Nichts durfte mehr verändert werden. Kerzen und andere Gegenstände durften ebenso wenig verrückt werden wie die Uhrzeiten der nun exakt festgelegten Prozessionen. Die Vorschrift legte fest, wer sich wo und wann aufhalten dürfe. So linderte der Sultan uralte Fehden zwischen Griechen, Armeniern, Lateinern, Kopten, Jakobinern und Äthiopiern. Diese alten christlichen Konfessionen müssen sich die heiligsten Stätten des Christentums teilen und sind dabei allesamt Untermieter der Moslems. Seit tausend Jahren ist die Dschudeh-Familie Halter des Schlüssels zum einzigen Tor der Grabeskirche und hat die Aufgabe, das christliche Gotteshaus gemäß einem vorgeschriebenen Rhythmus zu öffnen und zu schließen. Wenn die Patriarchen mit ihren Gläubigen bei traditionellen Prozessionen am Tor der Grabeskirche ankommen, müssen sie anklopfen, sich als »Diener Gottes« vorstellen und Einlass erbitten. Erst dann wird die mittelalterliche Holztür mit einem uralten Eisenschlüssel geöffnet.

1929 fasste die britische Mandatsmacht die bestehenden Regeln des Status quo erneut in Worte und veröffentlichte sie als »streng vertrauliches« Pamphlet.

Der Streit zwischen Abessiniern (Äthiopiern) und ägyptischen Kopten um das Deir es Sultan-Kloster auf dem Dach der Grabeskirche galt jedoch weiterhin als ungelöst. Deshalb dürfen weder Äthiopier noch Kopten den Busch trimmen, in dessen Ästen sich die Hörner des Widders verfingen, als Abraham den Isaak opfern wollte, noch dürfen sie einen Nagel in dem Dachkloster mit afrikanisch anmutenden Lehmhütten einschlagen.

Die Kontrolle über das Kloster der einst geeinten ägyptisch-koptischen und äthiopischen Kirche ging hin und her. Nachdem sich diese uralte Kirche gespalten hatte, saßen zunächst die mächtigeren Kopten auf dem Dach, bis die Pest alle Mönche dahinraffte. Daraufhin nahmen die Äthiopier das Kloster in Besitz. Während der jordanischen Herrschaft sorgte König Hussein dafür, dass wieder die »arabischen Brüder« aus Ägypten auf dem Dach der Grabeskirche wohnen durften. Nach dem Sechs-Tage-Krieg von 1967, als die Israelis Ostjerusalem eroberten, gab es erneut einen Wechsel. Während Ägypten noch Krieg gegen Israel führte, war der äthiopische Kaiser Haile Selassie, nach eigenen Angaben ein direkter Nachkomme der Verbindung des Königs Salomo mit der Königin von Saba, ein Verbündeter des jüdischen Staates.

Wie das immer wieder im Heiligen Land passierte, bis heute übrigens auch unter der palästinensischen Autonomiebehörde, wechselten die Besitzverhältnisse der Heiligen Stätten wegen politischer Opportunität nach Gutdünken und Interessen der jeweiligen Machthaber.

So widerfuhr es dem koptischen Patriarchen 1969, nachdem er sich mit einer feierlichen Prozession zum Gebet in die Grabeskirche begeben hatte. Während er am Grab Jesu voll beschäftigt war, wechselten die Israelis das Schloss zur St. Michaelskapelle aus, durch die man vom Eingang der Grabeskirche über steile Stufen zum Dachkloster gelangt. Die Israelis übergaben die Schlüssel den Äthiopiern. Allerdings mussten die Äthiopier akzeptieren, dass sich ein koptischer Aufpassmönch in einer kleinen Kammer in ihrem Kloster aufhalten dürfe.

Vor einigen Jahren prüften nun Beamte des israelischen Gesundheitsministeriums die hygienischen Verhältnisse in dem äthiopischen Kloster auf dem Dach der Grabeskirche. Sie entdeckten, dass es dort nicht einmal ein Klo gab, was natürlich den israelischen Vorschriften zu hygienischen Verhältnissen an einem öffentlichen Ort, der auch von Touristen frequentiert wird, widersprach. Ohne »stilles Örtchen« dürfe das Kloster nicht weiter betrieben werden, hieß es in einem offiziellen Brief des Gesundheitsministeriums an den verantwortlichen äthiopischen Bischof. Das Kloster werde gesperrt, solange die hygienischen Auflagen nicht erfüllt seien.

Begeistert bestellte der äthiopische Patriarch mit Schaufel und Spitzhacke bewaffnete Arbeiter. Kaum hatten sie im Schatten von Gewölben aus dem dritten Jahrhundert den Boden aufgeschlagen, sprach der koptische Patriarch beim israelischen Religionsministerium vor. »Die Äthiopier verletzen den Status quo«, schimpfte er.

Der zuständige Beamte verstand sofort, dass sich hier ein diplomatischer Konflikt mit internationaler Dimension zusammenbraute. Als neutrale Staatsmacht bestellte er deshalb auf Kosten der israelischen Steuerzahler muslimische Arbeiter. Allein die neutrale Staatsmacht, einst die christlichen Briten, dann die muslimischen Jordanier und derzeit die jüdischen Israelis, kann bauliche Veränderungen vornehmen, ohne die im Status quo verankerten Rechte der jeweiligen Kirchen zu stören.

Die Arbeiter entdeckten ein dickes altes Tonrohr nahe den noch erhaltenen Aufbauten der von Kaiser Konstantin im dritten Jahrhundert errichteten Basilika. Hineingeschüttetes Wasser floss ab in den unbekannten historischen Untergrund Jerusalems. An dieses Rohr wurden nun vier Wasserklosetts angeschlossen. Alle waren glücklich: das Gesundheitsministerium, die äthiopischen Mönche, der koptische Aufpassmönch und natürlich die Christenabteilung des israelischen Religionsministeriums.

Nach einem Monat flatterte dem äthiopischen Patriarchen die Wasserrechnung auf den Schreibtisch. Er bezahlte sie prompt unter dem Aspekt: »Wenn die äthiopische Kirche das Wasser für das Wasserklosett bezahlt, dann hat sie auch Rechte an dem Klo.«

Die Äthiopier befestigten also im Namen dieser Rechte Vorhängeschlösser an den Holztüren des Wasserklosetts. Nachts um zwei hinderte dieses Schloss prompt den koptischen Mönch ein menschliches Bedürfnis zu befriedigen. Am nächsten Tag meldete sich folglich protestierend der koptische Patriarch im Religionsministerium. Um einen internationalen Skandal zu vermeiden, zahlt seither der israelische Steuerzahler die Wasserrechnung für das Klo, um des Friedens willen.

Eines Tages bot sich mir nun, wie eingangs erwähnt, die Möglichkeit das griechische Kloster neben der Grabeskirche zu besichtigen. Ein Pope empfing uns. Es ging steile Stufen hinab. Die Zisternen des Klosters sind Steinbrüche aus der Zeit des Tempelbaus unter Königs Salomon. Plötzlich erbleichte mein Freund. In einer finsteren Ecke, am äußersten Ende der 3.000 Jahre alten Zisterne entdeckte er ein Häufchen. Flüsternd sagte er mir: »Um Gottes willen, da werfen die Äthiopier und die Kopten mit unserer Hilfe den Griechisch-Orthodoxen ihren gemeinsamen Dreck vor die Füße.« Selbstverständlich verlangte er von mir, dieses »niemals« zu veröffentlichen, »um des Friedens willen«.

So klärte sich das Geheimnis des alten Tonrohres aus der Zeit Kaiser Konstantins. Ungeklärt ist, welche diplomatischen Verwicklungen es um den Status quo an der heiligsten christlichen Stätte geben wird, sowie diese Geschichte hier zum ersten Mal in aller Ausführlichkeit erzählt wird …

Nachsatz: Nur damit niemand glaubt, dass allein Kopten oder Äthiopier an dem unter dem türkischen Sultan im vorvorigen Jahrhundert eingefrorenen und von den Briten im vorigen Jahrhundert erneut schriftlich fixierten Status quo rütteln, möchte ich hier feststellen, dass dieses Regelwerk regelmäßig Stoff für neue Auseinandersetzungen liefert.

- 1997 zum Beispiel kam es zum »Diebstahl« einer Kammer der griechisch-orthodoxen Kirche in der Grabeskirche. Die Moslems der Hanake-Moschee – was übersetzt »Strangulierung (der Christen)« heißt – behaupten, dass die Kammer architektonisch Teil der von Saladin errichteten Moschee gewesen sei. Sie nutzten die Auslandsreise eines griechischen Mönchs, um die Tür zu seiner Wohnkammer zuzumauern und die Kammer in die von ihnen ohne jede Baugenehmigung neu gestaltete Strangulierungsmoschee zu integrieren.
- Der Moskowiter Patriarch Alexej der »rot«-russischen orthodoxen Kirche nutzte das Interesse von PLO-Chef Jassir Arafat, sich bei seinen Freunden aus der ehemaligen Sowjetunion einzuschmeicheln, um gewaltsam ein weißrussisches Klosters bei Hebron zu »befreien«. Die Amerikaner legten Protest ein, schließlich hatten die zarentreuen Weißrussen nach der Oktoberrevolution von 1917 ihr Hauptquartier in New York aufgeschlagen.
- Der Staat Israel entriss nach der Staatsgründung 1948 den weißrussischen Mönchen Hospize, Klöster, Kirchen und Ländereien im Wert von Millionen, um sie den roten Herren aus Moskau zu übergeben. »Das geschah als Bezahlung für Waffenlieferungen aus dem Ostblock, ohne die der Staat Israel seinen Unabhängigkeitskrieg nicht hätte gewinnen können", sagte mir ein Experte.

Der Status quo an den jüdischen Stätten wurde per israelischem Gesetz de facto aufgehoben. Für Juden erniedrigende historische Regeln wurden abgeschafft: So das Verbot, jenseits der siebenten Stufe zu dem von Moslems verwalteten Grabmal des Abraham in Hebron vorzudringen oder an der Klagemauer Tische und Stühle aufzustellen. »Die Moslems haben während der jordanischen Zeit den Juden generell verboten, sich der Klagemauer zu nähern. Damit hatten sie den Status quo für Juden außer Kraft gesetzt. Unter diesen Umständen sahen wir uns nicht mehr verpflichtet, den Status quo zugunsten der Moslems einzuhalten, als wir nach 19 Jahren jordanischer Herrschaft endlich Zugang zu unseren Heiligen Stätten erhielten«, sagte mir ein empörter Beamter des Religionsministeriums im Jahr 1997.

Operation Salomon

Fast immer spüre ich bei deutschen Touristen große Verwunderung, wenn sie feststellen, dass in Israel auch Juden mit dunkler Hautfarbe leben. Wie das? Ganz einfach: Die äthiopischen Juden nennen sich »Beta Israel« (Das Haus Israels) und betrachten sich als die Nachkommen der legendären Liebesaffäre zwischen König Salomon und der Königin von Saba.

Etwas komplizierter ist die Geschichte, wie sie als Staatsbürger ins heutige Israel kamen: Im Mai 1991 rief mich die Sekretärin des Presseamtchefs an. »Jossi Olmert möchte dich dringend sprechen.« Mehr wollte sie nicht sagen. Wir verabredeten einen Termin und ich fuhr zum »Beth Agron«, dem Presseamt im Stadtzentrum. Jossi Olmert, ein Bruder des späteren Ministerpräsidenten Ehud Olmert, schüttelte mir freundlich die Hand und hob an: »Du musst wissen, dass ich mit Deutschen eigentlich nicht rede.« Da man sich in Israel grundsätzlich nur mit dem Vornamen anredet, war das »Du« keine ungewöhnliche Leutseligkeit.

Eine halbe Stunde lang redeten wir über dies und das. Er fragte nach Problemen bei der Berichterstattung und erzählte dann etwas unvermittelt über das Los Tausender äthiopischer Juden auf dem Botschaftsgelände in Addis Abeba. Trotz seiner Abneigung gegen Deutsche blieb die Stimmung locker. Nur hatte ich nicht ganz kapiert, was er eigentlich von mir wollte.

Die Antwort auf diese Frage kam einige Wochen später. Am Freitag, dem 24.5.1991, klingelte mein Handy, damals noch ein kiloschwerer Kolben, als ich beim Gemüsehändler war. Jossi Olmert war persönlich am Telefon: »Du erinnerst dich doch sicherlich an unser Gespräch. Ich erzählte dir dabei über die Äthiopier. Ich bitte dich, kein Wort über sie zu veröffentlichen. Du könntest das Leben von über zehntausend Menschen gefährden.«

Die Geschichte wurde immer mysteriöser. Erst später erfuhr ich, dass Olmert alle Journalisten in Israel auf diese sehr persönliche Weise in eines der bestgehüteten Staatsgeheimnisse teilweise eingeweiht hatte. Anstelle von Zensur sollte Vertrauen sie zum Stillschweigen verpflichten.

Neugierig geworden hörte ich den Rundfunk ab. In den israelischen Medien kam nichts. BBC berichtete aus Addis Abeba, dass Kofferträger auf dem Flughafen der äthiopischen Hauptstadt die Landung von blau bemalten Flugzeugen ohne Hoheitszeichen beobachtet hätten und dann verjagt worden seien.

Ankunft im Gelobten Land

Der israelische Rundfunk berichtete in der Nacht zum Samstag über das Vorrücken der Rebellen in Äthiopien. Sie hätten sich der Hauptstadt Addis Abeba bis auf 20 Kilometer genähert. Dann wurde ausgiebig über die Evakuierungspläne der Ausländer berichtet. Die UNO wolle ihre Bediensteten mit einer Luftbrücke von Äthiopien nach Nairobi in Sicherheit bringen. Die Amerikaner hätten ihren Staatsbürgern »empfohlen«, das Land umgehend zu verlassen.

Normalerweise geben israelische Medien ihren Staatsbürgern in kriegsbedrohten Ländern höchste Priorität und fragen den Botschafter, ob alle Israelis wohlauf seien. Diesmal wurde jedoch kein Wort über die Israelis in Äthiopien gesagt. Ebenso wenig wurden die 14.000 Juden erwähnt, die sich im Hof der Botschaft gesammelt hatten, um auf ihre Ausreise nach Israel zu warten.

Bis dahin erhielten lediglich 200 äthiopische Juden pro Monat eine Ausreisegenehmigung. Ausländische Medien berichteten über einen Waffen-

handel zwischen dem kommunistischen Diktator Mengistu Haile Mariam und Israel im Tausch gegen Ausreisevisa für die äthiopischen Juden. Der amerikanische Präsident habe in dieser humanitären Angelegenheit sogar einen Senator nach Äthiopien geschickt, um mit den Rebellen und der Regierung zu verhandeln.

Am Freitag Abend meldete der Rundfunk, dass Ministerpräsident Jitzhak Schamir ein Telefongespräch mit dem amerikanischen Präsidenten Bush geführt habe. Schamir habe sich für die amerikanischen Bemühungen um eine Nahostlösung bedankt und Außenminister James Baker gelobt. Dieses Telefongespräch am Sabbat wäre geeignet gewesen, eine Koalitionskrise mit den Ultraorthodoxen heraufzubeschwören. Hinzu kam, dass Schamir eigentlich keinen Grund hatte, ausgerechnet jetzt die amerikanische Führung zu loben. Bush und Außenminister James Baker hatten die israelische Regierung erst kurz zuvor wegen ihrer Siedlungspolitik ganz erheblich kritisiert.

Was also mag Schamir dazu veranlasst haben, ausgerechnet am heiligen Sabbat den amerikanischen Präsidenten anzurufen?

Am Samstag Morgen war in den Rundfunknachrichten immer noch nichts zu hören. Als ich meinen Hund ausführte, begegnete ich Jankale, meinem Nachbarn und Leiter der Fotoabteilung des Presseamtes: »Was, du bist nicht am Flughafen?« Ich fragte ihn, was denn los sei. »Die haben alle Äthiopier nach Israel gebracht und die Luftbrücke geht noch weiter.« Meine Frau und Fotografin stieg mit mir ins Auto und wir rasten zum Flughafen. Ohne diesen Hinweis hätten wir die Ankunft der Äthiopier glatt verpasst.

Alle EL AL-Flugzeuge waren zum Wochenende vom israelischen Militär eingezogen worden und vollgetankt nach Addis Abeba geschickt worden. Alle halbe Stunde landeten jeweils drei Flugzeuge ohne Sitze, nur mit Matratzen ausgelegt. Innerhalb von Minuten wurden hunderte Juden in die Flugzeuge gesetzt und nach Israel ausgeflogen. Insgesamt gab es 40 Flüge, die zunächst niemand bemerkte. EL AL musste nicht einmal den Flugplan ändern, denn die nationale israelische Fluggesellschaft fliegt am Sabbat nicht.

Dreißig Stunden dauerte die streng geheim gehaltene Luftbrücke. Die Israelis hatten auf dem Flughafen von Addis Abeba ein Militärlager errichtet, zur Absicherung ihrer Operation. Der erste Pilot, der in Addis Abeba landete, war Doron Dvir, ein Veteran der Operation Entebbe. Alles funktionierte ohne jede Panne.

Am Freitag Morgen flog der stellvertretende Generalstabschef Amnon Lipkin-Schachak im ersten Flugzeug mit einigen Offizieren und einem Kommandostand nach Addis Abeba. Genau 33 Stunden und 27 Minuten später war die Operation mit der Landung des letzten Flugzeugs in Tel Aviv abgeschlossen.

Generalstabschef Ehud Barak sagte später bei einer Pressekonferenz, dass rund 14.000 Menschen mit 41 Flügen nach Israel gebracht worden seien. 35 Flugzeuge seien an der Aktion beteiligt gewesen, sie hätten zwischen 200 und 1.135 Passagiere an Bord genommen. Der Jumbo-Jet mit 1.135 Passagieren stellte einen Weltrekord auf und landete übrigens in Tel Aviv mit 1.137 Passagieren. Während des Fluges gab es zwei Geburten an Bord.

Auf dem Flughafen sahen wir die glücklichen Neu-Einwanderer. Kleine

Kinder, teils ohne Hose, barfuß, in bunt gestickte Lumpen gehüllt, die mal schneeweiß waren. Sie lächelten jeden an, winkten und sagten »Schalom«. Manche konnten auf Hebräisch bis zehn zählen. Zwölf bis dreizehn Jahre alte Mütter trugen ihr Baby auf den Rücken geschnallt. Andere reichten ihren Kindern die Brust. Ein alter Mann hielt seinen Fliegenbesen in der Hand, seinen einzigen Besitz außer den Kleidern, die er am Leibe trug. Die Einwanderer mussten alle Souvenirs aus der äthiopischen Heimat zurücklassen, weil kein Platz für Gepäck war. Was die Soldaten, Freiwilligen und Beamte am meisten beeindruckte, war die stoische Ruhe, mit der diese Menschen alles über sich ergehen ließen.

Wir standen in einem Militärlager nahe dem Flughafen von Tel Aviv, als ein Bus mit der Nummer 187 ankam mit 76 Äthiopiern an Bord. Jeder trug die Nummer 187 am Kleid oder auf der Stirn. Bei der »Erfrischungsstation« standen Soldaten bereit, den Einwanderern zu helfen sich zu waschen, Feldtoiletten zu benutzen und ein paar Kekse zu knabbern. Die Kinder erhielten Bonbons. Sanitäter versorgten Menschen, die sich bei der Landung verletzt hatten, weil keiner angeschnallt war. Der Soldat Noach, Sohn irakischer Einwanderer, war mit einer Klopapierrolle bewaffnet und hatte die ehrenvolle Aufgabe, den Kleinkindern die Rotznasen zu putzen. Das war die dreißigste Busladung, die Noah an diesem Tag abgefertigte. Dem Soldaten standen die Tränen in den Augen, vor Aufregung und Mitgefühl. »Das ist der wahre Exodus der Kinder Israels. Es ist ein echtes Epos. Diese Äthiopier fühlen sich viel jüdischer als die sowjetischen Einwanderer.«

Der Soldat Eitan wollte einem Kes, einem äthiopischen Stammesrabbiner, eine Tasse Kaffee reichen. Der würdevolle Mann im weißen Umhang lehnte ab: »Es ist doch Sabbat heute.« Den frischen Kaffee lehnte er ab, aber mit Bus und Flugzeug fuhr er, obgleich auch das von der Religion her verboten ist: »Das ist heute erlaubt, weil es der Rettung von Menschenleben dient. Das setzt alle Religionsgesetze außer Kraft.«

Wir begegnen Sahalu Maru Teblia, einem älteren Mann, und seiner Frau. Ein gutes Dutzend Kinder scheint auch zu ihm zu gehören. »Man hat uns gesagt, dass wir in den Bus steigen sollten, um geimpft zu werden«, erzählt er mit Hilfe eines Dolmetschers, eines Soldaten, der schon vor einem Jahr aus Äthiopien eingewandert war. Einen Pass besitzt er nicht, auch keinen Personalausweis. Sein Reisedokument ist ein winziger Zettel, auf dem in Hebräisch der Name, seine Nummer bei der Jewish Agency und der Vermerk steht: »Er hat seine Papiere verloren, deshalb darf er einwandern.«

Die Äthiopier werden in Auffanglager gebracht, umfunktionierte Hotels. Im Jerusalemer »Diplomat-Hotel« hängen noch Schilder in Russisch von der vorigen Einwanderungswelle im Jahr 1990. Fremdartig wirkten die üppigen, aber zerschlissenen Ledersofas, auf denen sich die frisch aus Afrika eingeflogenen Familien niederlassen, ehe sie auf die Zimmer verteilt werden. Wodo Abraham zittert vor Schreck. Angstschweiß steht auf ihrer Stirn, sobald sich hinter ihr die Tür des Fahrstuhls schließt und sich der Metallkäfig in Bewegung setzt. Am Zimmer angekommen, weiß sie nichts mit dem Metallstück anzufangen, dem Schlüssel. Erst nach geduldigen Erklärungen kapiert sie, dass man an einem eigentümlichen Griff drehen müsse, damit – oh Wunder – im Waschbecken Wasser fließt.

Auch im Speisesaal mangelt es nicht an Überraschungen. Die Israe-

Der Nasenputzer vom Dienst

lis hatten in Plastikgeschirr Brot, Tomaten, Gurken und Oliven auf die Tische gestellt. Das rote und grüne Gemüse rührten die Äthiopier nicht an. Ebenso blieben alle Oliven auf den Tellern. Als man ihnen erklärte, dass die hartgekochten Eier erst einmal geklopft und geschält werden müssten, waren sie begeistert. Sie wollten mehr und mehr dieser weißen Kugeln, die sie noch nie gesehen hatten.

Jerusalems Bürgermeister Teddy Kollek kam vorbei, um nach dem Rechten zu schauen. »Das ist das schönste Geburtstagsgeschenk, das ich mir vorstellen kann,« sagte der 80-Jährige, der am Sonntag feiern wollte. »Jetzt sind sie hier, aber die wahren Probleme kommen erst noch auf sie zu: Wohnungen und Beschäftigung.« Als die Jerusalemer Stadtverwaltung bemerkt, dass einiges fehlte, schicken palästinensische Großhändler aus Bethlehem Decken, Seife und Windeln zum Diplomat-Hotel. An über tausend Einwanderer wurden Nachttöpfe, Kleidung und Spielzeug verteilt.

Kurz nach Ankunft der äthiopischen Juden wird beschlossen, ein Radioprogramm in amharischer Sprache einzurichten. Die schwarze Ansagerin Saga Malako, vor drei Jahren eingewandert, erzählt, dass man die Namen der angekommenen Familien verlesen wolle. Brüder und Schwestern, Eltern und Kinder seien auseinandergerissen worden und könnten sich so schneller wiederfinden. Auch Saga war ein Opfer des Durcheinanders in Äthiopien geworden. In den Einwanderungszentren suchte sie fieberhaft nach ihren Eltern.

Als der israelische Rundfunk in der Botschaft in Addis Abeba anruft, um sich nach der Lage in Äthiopien nach der »Operation Salomon« zu erkundigen, gibt es eine Überraschung. In der Botschaft hält sich der verzweifelte Vater von Saga auf. Er hatte sich zurück in sein Haus in Addis

77
187

Abeba begeben, um Familienangehörige und noch ein paar Habseligkeiten einzusammeln. Zum Flughafen zurückgekehrt, war kein israelisches Flugzeug mehr zu sehen. Sie waren ohne ihn abgeflogen.

Live im Rundfunk kann nun ganz Israel mithören, wie Saga und ihr Vater zum ersten Mal nach drei Jahren miteinander reden. Sie wissen nicht, wann sie sich wieder in die Arme schließen können.

Noch tragischer ist das Schicksal von Edna Adami. »Alle haben ihre Eltern wieder, nur ich nicht. Und meine Brüder und Schwestern, sie wurden alle zurückgewiesen. Sie durften nicht mitfliegen«, schluchzt sie. »Wie werde ich sie jemals wiederfinden?« Auf ihrer Stirn ist ein Kreuz eintätowiert. Sie lebte in einer fernen Gegend in Äthiopien, unter feindseligen Christen. Die Juden hatten Angst vor ihnen. Deshalb tätowierten sie sich ein Kreuz auf die Stirn. Sie wollten nicht als »Falaschen« erkannt werden. Sie und ihre Familie hätten sich jedoch nicht taufen lassen, schwört Edna Adami. Dennoch: Uri Gordon, Leiter der israelischen Einwanderungsbehörde, hält sich an das sogenannte »Rückkehrer-Gesetz«. Das erlaubt nur Juden die Einwanderung nach Israel, also solchen, die eine jüdische Mutter nachweisen können und nicht zu einer anderen Religion konvertiert sind. Etwa 3.000 äthiopische Juden seien zwangsgetauft worden. Die Beamten der Einwanderungsbehörde bleiben hart. Sie reißen Familien auseinander.

Während sich die Einwanderungsbeamten »päpstlicher als der Papst« verhalten, bekommen die Oberrabbiner Israels kalte Füße. Sie erinnern sich noch gut an die Demonstrationen gegen das Oberrabbinat drei Jahre zuvor. Die Oberrabbiner wollten alle äthiopischen Juden zu einer symbolischen Zwangsbeschneidung und einer jüdischen Taufe zwingen. Sie wollten ganz sicher gehen, dass diese »Schwarzen« wirklich echte Juden seien. »Sonst droht dem jüdischen Volk Gefahr, durch Mischehen seine Reinheit zu verlieren«, argumentierten sie.

Die israelische Bevölkerung lehnte sich gegen diesen offenen Rassismus der Orthodoxen auf. Das Oberrabbinat musste nachgeben. Die Äthiopier wurden als »koschere« Juden akzeptiert. Weitere Erniedrigungen durch die »Gottesfürchtigen« blieben ihnen erspart. Gewirkt hat wohl die Tatsache, dass die Mehrheit der äthiopischen Juden fromm war und das politische Lager der Orthodoxen stärkte.

Die Eingliederung der zunächst 1991 mit der »Operation Salomon« und dann 1994 über Sudan im Rahmen der »Operation Moses« per Flugzeug ins Land gebrachten äthiopischen Juden gestaltet sich schwieriger als erwartet. Die Selbstmordrate unter diesen sanftmütigen und immer freundlichen Juden aus Afrika ist hoch. Die israelische Orthodoxie polnischer Färbung zwingt die Äthiopier, ihre 2.400 Jahre alten Riten abzulegen. Das empfinden die Äthiopier als Erniedrigung. Viele Jahre wurde in Israel dafür gekämpft, damit die Orthodoxie sie überhaupt als Juden anerkenne.

Schon seit Jahrhunderten begehen die äthiopischen Juden 50 Tage nach dem Yom Kippur (Versöhnungstag) das »Sigd«-Fest mit Gebeten und Fasten. Sie gedenken dabei der Übergabe der Tora (Fünf Bücher Mose) durch Moses auf dem Sinai. Seit den achtziger Jahren feiern die nach Israel eingewanderten Äthiopier das Fest an der Haas-Promenade südlich der Altstadt Jerusalems mit einem Panorama-Blick auf den ehemaligen Tempelberg. Hunderte Äthiopier erscheinen zu dem Fest, in weiße Kleider gehüllt und mit bunten Sonnenschirmen. An einer Gedenkstätte wird der rund 6.000 im Sudan getöteten äthiopischen Juden bei der Hauptstraße von Jerusalem nach Bethlehem gedacht. Die Knesset (Parlament) anerkannte im Juli 2008 das Sigd-Fest der Äthiopier. Es erhielt so den gleichen Status wie das Maimuna-Fest der Marokkaner zum Abschluss des einwöchigen Passahfestes oder der »Jerusalem-Tag« zum Gedenken an die Wiedervereinigung der geteilten Stadt 1967. Entsprechend einem Gesetz zu derartigen halboffiziellen Festen in Israel sind Arbeitgeber angehalten, ihren Mitarbeitern auf Wunsch einen freien Arbeitstag zu gewähren.

»Operation Salomon« steht symbolisch für das Selbstverständnis des jüdischen Staates. Israel wurde geschaffen, verfolgten Juden eine sichere Heimstätte zu bieten: erst den Überlebenden des Holocaust, dann in den fünfziger Jahren 900.000 Juden aus den arabischen Ländern und jetzt den sowjetischen und äthiopischen Juden.

Österreichische Gedenkfeier auf dem Ölberg

Die durch die Jahrhunderte gewachsenen jüdischen Wurzeln in fast allen europäischen und vielen außereuropäischen Ländern sind der Grund für so manche Kontakte und Traditionen, die auf den ersten Blick überraschend erscheinen.

Die Kompanie österreichischer Veteranen vom Ersatzregiment 54 aus Graz in ordensgeschmückter grüner Uniform singt das alte Kriegslied aus voller Kehle. Ultraorthodoxe Juden im Kaftan, mit Schläfenlocken und langen Bärten schauen erstaunt zu, wie mitten auf dem 3.000 Jahre alten jüdischen Friedhof auf Jerusalems Ölberg junge österreichische Soldaten mit blauen Baretts der UNO-Truppen von den Golanhöhen drei Kränze auf ein Grab legen und stramm stehend salutieren.

Die Zeremonie findet im November 2007 fern der Öffentlichkeit statt. Der Genealogieforscher Norbert Schwake hat das Schicksal der im Heiligen Land gefallenen deutschen und österreichischen Soldaten in der Zeit der Osmanen erforscht und in dem einzigartigen Buch *Deutsche Soldatengräber in Israel* veröffentlicht. Er ist mit mir seit Jahren befreundet und gab mir den entscheidenden Tipp. So wurde ich Zeuge der wohl eigentümlichsten Gedenkfeier, die es jemals auf dem Jerusalemer Ölberg gegeben hat.

K.u.k. Vormeister Nissim Behmoiras

Österreichs Botschafter Michael Rendi spricht einige Worte zum Gedenken an den vor 90 Jahren bei Gaza gefallenen Soldaten Nissim Behmoiras. Ein Vertreter der ungarischen Botschaft steht neben ihm. In Jerusalem ist halt k.u.k. Österreich-Ungarn noch längst nicht Vergangenheit. »Die Stille dieses jüdischen Friedhofs kann nicht die Tatsache verdecken, dass junge Männer und Frauen aller Glaubensrichtungen und Religionen ihr Leben bei Kämpfen im Heiligen Land geopfert haben«, sagt der Botschafter. Er trägt eine schwarze jüdische Kippa auf dem Hinterkopf: »Es ist unsere Aufgabe, dem Frieden eine Chance zu geben, damit bewaffnete Konflikte nicht weiter so vielen jungen Menschen das Leben nehmen.«

Das österreichische schwarze Kreuz, die Kriegsgräberfürsorge, hatte das Projekt finanziert. Und jetzt, am Sonntag, sind Veteranen aus Graz, österreichische Soldaten von den Golanhöhen und sogar der israelische Botschafter in Jordanien, Jacob Rosen, gekommen, um an der Gedenkfeier teilzunehmen. »In Palästina liegen noch weitere österreichische Soldaten, in Ramle auf einem britischen Friedhof und in Nazareth auf dem deutschen Kriegerfriedhof«, sagt Oberst Wolfgang Wildberger. Er leitet die Zeremonie. Und weil sogar der Befehlshaber der UNO Entflechtungs-Beobachterkräfte (UNDOF), der österreichische General-Major Wolfgang Jilke, extra aus Damaskus gekommen ist, fehlt auch nicht ein israelischer Verbindungsoffizier. Der spricht das traditionelle jüdische Totengebet »El Male Rahamim« (Gott, sei voller Erbarmen).

Abwechselnd, mal in Jerusalem und mal in Nazareth, gedenken bis heute am Volkstrauertag europäische Militärattachés mit allen militärischen Ehren ihrer Gefallenen im Heiligen Land. Deutsche und österreichische Soldaten haben während des Ersten Weltkriegs auf Seiten der Türken gegen die Briten gekämpft.

Zu der Suche nach dem Grab des Soldaten Behmoiras erzählt Schwake: »Den Namen Nissim Behmoiras hatte ich bei meinen Recherchen nach deutschen und österreichischen Gefallenen des ersten Weltkriegs an der Palästinafront in verschiedenen Versionen gefunden. Er ist registriert in der Akte »Todesfälle in der Türkei« im Österreichischen Kriegsarchiv. Die Akte durfte ich allerdings aus Datenschutzgründen nicht einsehen.«

Die Lage des Grabes auf dem Ölberg war der ultraorthodoxen Beerdigungsgesellschaft »Chevra Kadischa« bekannt. Die ursprüngliche Grabplatte war während der 19-jährigen jordanischen Besatzung zwischen 1948 und 1967 verschwunden. Wie andere Grabplatten des 3.000 Jahre alten jüdischen Friedhofs, darunter die der Dichterin Else Lasker-Schüler, ist sie wohl für als Baumaterial missbraucht worden. »Vor der Bestellung eines neuen Grabsteins wollte ich erst einmal wissen, wie der richtige Name lautete«, erzählt Schwake. »Irgendwo hatte ich gelesen, dass Nissim aus Brünn (Brno) stammte. Ich wandte mich an das dortige Stadtarchiv.

Nach mehreren erfolglosen Recherchen (wegen der falsch geschriebenen Namen) fand man dort die ganze Familie. Es war eine jüdische Familie aus Adrianopel (Edirne) in der Türkei.« Mit dem richtigen Namen ausgestattet, entdeckte Schwake sogar eine Familien-Website mit den verschiedenen Schreibweisen: »Behmoiram, Behmuaras, Behmoaras, Behmoaram, Bemoras«. Es handelt sich um eine hoch angesehene sephardische Rabbiner-Familie. Der bei Gaza gefallene Soldat scheint mit seiner Familie von Edirne nach Brünn ausgewandert zu sein, wurde eingezogen und diente dank seiner Türkisch-Kenntnisse als Übersetzer.

Nachdem Schwake alle Details gesammelt hatte, wandte er sich an das Österreichische Schwarze Kreuz. Spenden wurden für einen neuen Grabstein gesammelt. Rechtzeitig zum neunzigsten Todestag wurde die Steinplatte im Juli 2007 auf das Grab gesetzt. Ein Jahr später veranstaltet die weltweit verstreute Behmoiras-Familie ihr jährliches Familientreffen in Jerusalem und sucht dabei das Grab des Nissim auf.

Bürokratische Hürden hätten das Grab-Projekt fast zum Scheitern gebracht. Das Österreichische Schwarze Kreuz bestand auf einer zweisprachigen, deutsch-hebräischen Inschrift. Aber die jüdischen Totengräber legten ein Veto ein. So steht heute auf dem Grabstein in bester jüdischer Tradition allein auf Hebräisch: Hier liegt begraben der Soldat Nissim Behmoiras, Sohn des Jakob und der Grazia (aus dem Hause Ben Bassat), Gefreiter des österreichisch-ungarischen Expeditionskorps, Geboren in Adrianopel am 6. Elul 5657 (1897), Gefallen am 7. Av 5677 (1917).

Vor 90 Jahren war die k.u.k. 10 cm-Kanonenbatterie an der Verteidigung der Halbinsel Gallipoli beteiligt und lieferte sich dann noch an der Front von Gaza »artillerische Störfeuer« mit dem britischen Feind. Mehrere Kugeln aus einem Maschinengewehr trafen den jungen Nissim Behmoiras. »Der Übereifer in der Ausübung seines Dienstes war es, der unseren Glaubensbruder Nissim Behmoiras, einen bei unseren schweren Mörsern an der Gazafront dienenden, nicht ausgebildeten Soldaten zu dem vorgeschobenen Beobachtungsposten geführt hat«, heißt es in einer zeitgenössischen Beschreibung. K.u.k. Vormeister Nissim Behmoiras wurde bewusstlos in das kaiserlich-deutsche Lazarett in Beth Hanoun im Norden des heutigen Gazastreifens gebracht, wo »er am Donnerstag vom Tod erlöst wurde«. Im Alter von nur 21 Jahren verstarb er am 25. Juli 1917 und wurde auf dem Jerusalemer Ölberg im Beisein des Oberrabbiners Horowitz begraben.

Beth Hanoun ist die Ortschaft im Norden des Gazastreifens, von wo die meisten Kassamraketen der islamistischen Hamas auf Sderot in Israel abgeschossen wurden. Die Kriegsparteien haben seit 1917 unzählige Male gewechselt, aber der Krieg geht weiter.

Die Saga des Absalomgrabes

»Wie nennt man das?«, fragte die Archäologiestudentin den Jerusalemer Anthropologen Joe Zias. Die Schwarz-Weiß-Aufnahme zeigte einen Kreis über der steinernen Tür zum Grab des Absalom, dem schönsten und wohl besterforschten Grabmonument des Heiligen Landes. Es steht seit 2.000 Jahren im Jehoschafat-Tal zu Füßen des Ölbergs, gegenüber dem Tempelberg.

»Das nennt sich Kranz«, antwortete Zias. Plötzlich stockte ihm der Atem. Neben dem Kranz bemerkte er ein griechisches Alpha und dann ein Delta. Gab es da etwa eine Inschrift? Zias prüfte Pilgerberichte und Stiche aus den letzten Jahrhunderten. Selbst die historischen Aufnahmen des Felix Bonfils, der vor fast 150 Jahren alle Monumente des Heiligen Landes mit seiner Kamera dokumentiert hatte, brachten keine Inschrift zum Vorschein.

Zias begab sich zu dem 3.000 Jahre alten jüdischen Friedhof am Ölberg und beobachtete das in den Felsen gehauene Grabmal bei aufgehender Sonne und im Abendlicht, im Winter und im Sommer. »Vor wenigen Jahren wurde das Grabmal gründlich renoviert und erneut von Forschern untersucht. Die sahen nichts, weil sie nachmittags um drei Uhr Feierabend machten«, erzählt Zias. »Die Spuren der Inschrift sind mit bloßem Auge nur im Sommer bei untergehender Sonne zu erkennen.«

»Jad Absalom«, das Denkmal des Absalom, wurde mutmaßlich von einem sehr reichen, aber namentlich unbekannten Hohen Priester des Tempels errichtet, etwa zu Lebzeiten Jesu. Der mit ionischen Säulen verzierte Unterbau wurde in den Felsen geschlagen. Darüber erhebt sich im modischen ägyptischen Stil eine runde Pyramide, gekrönt von einer Lotusblüte. Auf arabisch heißt das Monument *Tantoor Fwraoun (Tiara des Pharao).* Ähnliche Grabanlagen im »ägyptischen Stil« haben die Nabatäer im jordanischen Petra in den roten Fels geschlagen.

In der Nachbarschaft stehen weitere Felsbauten. Ein Grabtempel gehörte laut hebräischer Inschrift der Priesterfamilie Ben Chezir. Sie wird schon in der Bibel erwähnt: 1 Chronik 24 und Nehemias 10, 20. Dann gibt es das Zacharias-Grab mit einer Pyramide als Dach. Dieser Zacharias war vermutlich ein reicher Mann, dem bei einem Schauprozess keine Schuld nachgewiesen werden konnte. Er wurde kurzerhand von den Zinnen des

Zias mit dem Latex-Abdruck

Tempels heruntergeworfen. Oder war er vielleicht doch der Vater Johannes des Täufers? Außerbiblische Legenden vermischten sich mit historischen Angaben des römisch-jüdischen Historikers Flavius Josephus.

Unter dem Zacharias-Grab schlugen die Armenier im vierten Jahrhundert eine Höhle in den Felsen und richteten eine Kapelle ein. Die wurde erst im vorigen Jahrhundert wiederentdeckt, nachdem der Archäologe John Allegro hunderte jüdische Gräber und Schuttberge weggeräumt hatte.

Spätestens seit dem Mittelalter wurde Jad Absalom dem biblischen Verräter Absalom zugeschrieben in Anlehnung an die biblische Erzählung »Und Absalom hatte es unternommen und sich schon bei Lebzeiten ein Standmal gesetzt, das im Königstal steht, denn er dachte: ›Ich habe keinen Sohn, meinen Namen in Erinnerung zu bringen.‹ Und er nannte das Standmal nach seinem Namen; und man nennt es Jad Absalom bis auf den heutigen Tag.« (2. Samuel 18,18).

Dieser Sohn des Königs David, um das Jahr 1.000 v. Chr. in Hebron geboren, rebellierte wegen der Thronfolge gegen seinen Vater. Absaloms Ratgeber war ein gewisser Ahitopheles, dessen Name etwa bei Goethes Faust zu Mephisto (Teufel) mutierte. Bis heute spricht man im Hebräischen von einem »Rat des Ahitopheles«, um einen besonders teuflischen oder böswilligen Ratschlag zu beschreiben.

Jahrhunderte lang pilgerten Juden, Christen wie Moslems mit ihren Kindern zum Absalomgrab, um es mit Steinen zu bewerfen, als Erziehungsmaßnahme für die Kinder, damit die sich nicht gegen die Eltern auflehnen, wie es der biblische Absalom getan hat. »Die Intifada hat bei Jerusalemer Christen, Moslems und Juden alte Tradition«, mokiert sich Joe Zias.

Für die Archäologen war diese Sitte ein Segen, denn so wurde das anmutig gestaltete Grabmal unter den Steinchen »begraben« und blieb gut erhalten. Allerdings erzeugten die Steinwürfe am oberen Teil Pockennarben im geschliffenen Gestein, sodass die zahllosen Erforscher des Monuments die griechische Inschrift nicht bemerkten.

Zias ließ von Palästinensern ein klappriges Holzgerüst errichten, um mit Latex, wie es Zahnärzte für den Abdruck menschlicher Gebisse verwenden, eine Kopie der Fläche zu machen, Er brachte ihn in die Ecole Biblique in Jerusalem zum Paläographen Emile Puech. Erst rubbelten sie den Abdruck mit Filterpapier ab, dann rieben sie mit roter Kreide die Erhöhungen. Schließlich stopften sie mit gefärbtem Klopapier die millimetertiefen Kerben und Löcher. »Je primitiver unsere Methoden waren, desto eher kam die komplette Inschrift zum Vorschein«, erzählt Zias. Am Ende konnte Puech 47 Buchstaben auf 1,2 Metern Länge entziffern: »Dies ist das Grabmal von Zacharias dem Märtyrer, dem frommen Priester, Vater des Johannes.« Seine Expertise stärkte die Glaubwürdigkeit der Hypothese erheblich.

Gemäß dem Reisebericht des »Pilgers von Bordeaux« aus dem Jahr 333 wurden die Brüder Jesu, Jakob und Simon und Zacharias, der Vater Johannes des Täufers, zusammen begraben. Wie die jetzt »in situ« entdeckte Inschrift beweist, verehrten Christen im vierten Jahrhundert ausgerechnet das »Grab des Absalom« als Ruhestätte der ersten christlichen Märtyrer. Zias sagte mir, dass dies die älteste in Stein gehauene Inschrift mit einem vollständigen Vers aus dem Neuen Testament sei. In seiner Wohnung hatte er auf einem Gipsabdruck die griechischen Buchstaben mit schwarzer Tinte nachgezeichnet. Er bat mich, nicht die ganze Inschrift zu fotografieren, da er sie noch nicht veröffentlicht habe. Er wollte nicht, dass ich ihm zuvorkomme. Ich ließ nicht locker, zumal er mir auch Bilder des Eingangs übergab, wo er die Inschrift gefunden und abgenommen hatte. Ich versprach ihm, kein Schindluder mit seiner Entdeckung zu treiben, sagte ihm aber, dass ich ganz gut mit Photoshop im Computer umgehen könnte. Wie wäre es, seine Kopie der Inschrift als Photomontage über das Bild des Eingangs zu legen? Das reizte Zias.

Meine Fotomontage

Er vertraute mir. Ich durfte die ganze Inschrift ablichten, ging nach Hause und machte mich an die Arbeit. Der noch gut sichtbare Kranz diente mir als Anker. Ich vergrößerte und verkleinerte die Inschrift, bis sie passte. Tatsächlich konnte man die Inschrift den kaum sichtbaren Spuren im Originalfelsen exakt anpassen. Ich schickte das Ergebnis meiner Mühen an Zias. Er war begeistert. Dieser kleine technische Trick machte seine Entdeckung sichtbar und noch glaubwürdiger. Die Inschrift über dem »Kranz« am Eingangsloch des Absalomgrabes ist zweifelsfrei echt. Deshalb überlegt man in der Jerusalemer Stadtverwaltung, das traditionelle jüdische »Heiligtum« des gesteinigten Verräters Absalom nach über 1600 Jahren wieder offiziell als christliches Heiligtum anzuerkennen.

Das älteste Grab der Welt

Das Absalom-Grab erinnert mich an ein anderes, an das »älteste Grab der Welt«, ganze 60.000 Jahre alt: Südlich von Haifa gibt es ein einzigartiges Tal. An keinem anderen Ort auf Erden haben sich angeblich die Neandertaler mit dem aus Afrika zugewanderten Homo Sapiens getroffen. Bekanntlich streiten sich die Gelehrten, ob wir nun die Nachkommen des Neandertalers oder des Homo Sapiens seien.

Israelische Zeitungen brachten vor einigen Jahren die Sensation, dass ausgerechnet in jenem Tal mit zahlreichen prähistorischen Funden das »älteste Grab« gefunden worden sei. Bis dahin seien die Verstorbenen einfach verscharrt oder der Natur überlassen worden. Rund um die Knochen einer jungen Frau, so der Befund, seien einige Steine gelegt worden.

Ich empfand diese Sensation als derart aufregend, dass ich die Meldung sogleich an eine große deutsche Zeitung weitergab, deren Auflage damals mit über 5 Millionen angegeben wurde. Die Redakteure waren begeistert. Doch wollten sie meine tolle Meldung nur drucken, falls ich nachweisen könnte, dass die Frau rothaarig gewesen sei. Nun begann eine weltweite Odyssee, dafür einen »Nachweis« zu finden. Der Londoner Korrespondent jenes Zeitungskonzerns wurde beauftragt, im British Museum nachzufragen. Ich selbst kontaktierte die Entdecker des Grabes. Die Israelis wollten natürlich »berühmt« werden. Aber sie hatten keine Haare der vor 60.000 Jahren verstorbenen Frau neben ihren Knochen gefunden. Sie konnten beim besten Willen nicht sagen, welche Haarfarbe sie gehabt haben könnte. Nach längerem Nachdenken kam der Forscher auf die Idee, dass die prähistorischen Damen doch sicherlich auch auf ihr Äußeres geachtet und deshalb vielleicht ihre Haare mit Henna rot gefärbt hätten. Henna dient im Orient sei eh und je zum Färben von Frauenhaaren – und von Bärten der Hamas-Islamisten.

Die Zeitungsredakteure in Hamburg ließen sich von dieser »Theorie« voll überzeugen und formulierten die entsprechende Balkenüberschrift.

Archäologische Räuberpistole

Die nachfolgende Meldung ging um die ganze Welt und versetzte die Christenheit in höchste Erregung. Doch dem folgte die entsprechende Enttäuschung.

Erster Beweis für Jesu Existenz (Oktober 2002)

Ein Jerusalemer Ossuarium (Knochenkasten) liefert möglicherweise den ersten physischen Beweis für die Existenz des Jesus von Nazareth. »Jakob, Sohn des Josef, Bruder des Jesus« steht nach Angaben der Biblical Archaeology Review auf dem steinernen Kasten »gekritzelt«. Ein unbekannter Sammler habe ihn vor 15 Jahren bei einem arabischen Antiquitätenhändler in Jerusalem erworben. Der katholische Forscher Andre Lemaire der französischen »Schule für höhere Studien« hatte die in den Kalkstein geritzten hebräischen Schriftzüge untersucht und für »echt befunden«. Die drei Namen auf dem jetzt erst von Wissenschaftlern »entdeckten« Ossuarium, das bei dem Jerusalemer Dorf Silwan von palästinensischen Grabräubern gefunden worden sei, waren zu Lebzeiten Jesu »sehr gängig«. So weiß man von mindestens zehn echten Knochenkästen aus dieser Zeit mit dem Namen »Jesus«. Es gibt sogar Kästen mit der Kombination »Jesus, Sohn des Josef und der Maria«. Höchst ungewöhnlich sei jedoch der Hinweis »Bruder des Jesus«. »Jakob« könnte durchaus der leibliche Bruder Jesu gewesen sein und der Leiter der ersten urchristlichen Gemeinde in Jerusalem. Dieser Jakob (auch »Jakobus« oder englisch »James« genannt) wurde nach Angaben des römisch-jüdischen Historikers Flavius Josephus im Jahr 62 gesteinigt, nachdem ihn der Hohe Priester Ananos zum Tode verurteilt hatte.

In der Epoche um Herodes und Jesus, bis zur Zerstörung Jerusalems im Jahre 70 durch die Römer war es bei den Juden üblich, die Toten in Leichentücher gehüllt in Grabkammern ein halbes Jahr verwesen zu lassen. Dann wurden die »trockenen Knochen« eingesammelt und in kleine Steinkästen verpackt. Diese Grabhöhlen mit mehreren »Liegeplätzen« wurden oft mit runden großen Steinen »versiegelt«. Da die Grabkammern zugänglich bleiben mussten, um neue Leichen hineinzulegen oder deren Knochen einzusammeln, konnte es auch passieren, dass eine Leiche »gestohlen« wurde oder aber im Falle einer »Wiederauferstehung von den Toten« aus der Grabkammer »verschwand«. Weil die Grabkammern zugänglich waren, erklärt sich, wieso römische Soldaten das Grab des gekreuzigten Jesus bewachten und wieso die Frauen das Verschwinden seines Leichnams so schnell bemerkten.

Die Knochenkästen, einige schmucklos und »billig«, andere wunderbar mit geometrischen Ornamenten geschmückt, wurden in einer vor einigen Jahren entdeckten »Fabrik« auf dem Skopusberg in Jerusalem hergestellt und verkauft. Je reicher die Familie, desto kostbarer war der Knochenkasten. Der Name des Toten wurde nachträglich mit einem scharfen Gegenstand und nicht sehr künstlerisch in den weichen Kalkstein »gekritzelt«. Neben Ossuarien mit Namen wie Matthäus, Jesus, Marta, Maria, Judas und Josef, gibt es einige Ossuarien mit den Knochen historisch bekannter Persönlichkeiten. Während des Golfkrieges 1991 entdeckten israelische Archäologen z.B. eine noch unberührte Grabkammer mit einem wunderschönen Ossuarium von »Joseph, Sohn des Kaifas«. Für die Archäologen besteht kein Zweifel, dass es sich um den berühmten Hohen Priester des Jerusalemer Tempels handelt, der Jesus den Römern übergab, um ihn vom römischen Prokurator Pontius Pilatus zum Tode verurteilen und am Kreuz hinrichten zu lassen. In einem anderen Ossuarium mit der Namensinschrift »Jochanan, Sohn des Hagkol« machten die Archäologen eine weitere sensationelle Entdeckung. Der Mann war gekreuzigt worden. In seinem Fußknöchel steckte noch ein dicker Eisennagel sowie ein Stückchen Holz. Weil sich der Nagel beim Einschlagen ins Kreuz verbogen hatte, musste

Das Ossuarium des Hohepriesters Kaiphas

er zusammen mit dem Toten begraben und sechs Monate später in den Knochenkasten gebettet werden. Obgleich die Hinrichtung per Kreuz im römischen Reich eine übliche Methode und tausende Male verübt wurde, ist dieser Knöchel mit Nagel und Holz eines etwa 20 Jahre alten jüdischen Zeitgenossen Jesu in Jerusalem der erste und bislang einzige archäologische Beweis für diese Hinrichtungsmethode.

Das Ossuarium mit der Aufschrift »Jakob, Sohn des Josef, Bruder des Jesus« wurde schließlich mit Genehmigung der israelischen Antikenbehörde nach Kanada geflogen, um im Royal Ontario Museum in Toronto zwischen dem 16. November und dem 29. Dezember 2002 ausgestellt zu werden.

Francisco Alvarez vom Royal Ontario Museum in Toronto bestätigte, dass der Steinkasten jetzt einen tiefen Riss aufweise, wobei ein mitgeschicktes Foto eher den Eindruck erweckt, als sei der Kasten in zwei Teile zerbrochen. Die Nahtstelle des Bruchs geht ausgerechnet mitten durch die wichtigste Stelle der Inschrift zwischen dem Wort »Josef« und den Wörtern »Bruder von Jesus«. Experten des Royal Ontario Museum schrieben in einer Presseerklärung, dass sie »Restaurierungsarbeiten« an dem wertvollen Kasten vornehmen wollten.

Alvarez bestätigte telefonisch, dass es berechtigte Zweifel an der Echtheit des »Sensationsfundes« gebe, zumal der Kasten nicht »in situ« von Archäologen entdeckt worden sei, sondern über den Antiquitätenhandel zu einem israelischen Sammler gelangt sei. »Unser Kurator wird den Kasten sehr genau untersuchen«, sagte Alvarez. Es sei in der Tat nicht erwiesen, dass es sich bei dem erwähnten Jesus um den historischen Jesus von Nazareth handle, obgleich der Knochenkasten »wie ein echtes Ossuarium aus dem ersten Jahrhundert« aussehe. Überraschend sei die Tatsache, dass der Knochenkasten viele Jahre lang bei dem israelischen Sammler lag und nicht entziffert worden sei, obgleich die Inschrift »klar und deutlich« zu erkennen war und in Israel »von jedem Kind« gelesen werden könne.

Die Sprecherin der israelischen Antikenbehörde, Osnat Goez, bestätigte mir, dass »schon einige Wochen vor der Veröffentlichung durch André Lemaire« die Genehmigung erteilt worden sei, das Ossuarium von Israel nach Toronto zu der Ausstellung zu schicken. Die Antikenbehörde habe »ein berechtigtes Interesse, dass möglichst viele Forscher den Fund sehen.« Das Ossuarium sei »nationales Eigentum«. Gleichwohl könne es seinem rechtmäßigen Besitzer laut israelischem Gesetz »nur für 90 Tage zwecks wissenschaftlicher Untersuchung« weggenommen werden. Das sei bisher nicht geschehen. Es könnte aber nach der Rückkehr des Ossuariums aus Toronto passieren. Eine Verschickung ins Ausland sei genehmigungspflichtig. Der Sammler habe sich an alle Gesetze gehalten und habe auch das Recht, auf Anonymität zu bestehen.

Goez bestätigte, dass es auch in der Antikenbehörde »Zweifel« an der Echtheit der Inschrift gebe. Die könne jedoch nicht öffentlich ausgesprochen werden, solange der Knochenkasten nicht eingehend untersucht worden sei. »Es kann sein, dass nur ein Teil der Inschrift echt ist«, spekulierte sie.

Der Basler Professor für Altertumskunde, Carsten Peter Thiede, schrieb mir: »Betonenswert scheint mir immer mehr, dass eine authentische Inschrift, die auf »unseren« Jesus verweist, im Jahre 63 n. Chr. nicht einfach nur »Yeshua« geschrieben hätte. 63 n. Chr. war »unser« Jakobus selbst eine bekannte Größe, der erste »Bischof«. (Martin Hengel nannte ihn mal in einem Aufsatz bewusst provozierend den ersten Papst.) Ihn durch den Hinweis auf »Jesus« zusätzlich zu identifizieren, wäre der damaligen Urgemeinde kaum in den Sinn gekommen. Wenn überhaupt, dann als ha-Maschiach, als Sohn Gottes, den Gesalbten, oder ähnlich, jedenfalls neben dem Namen mit der Titulatur, die er zu diesem Zeitpunkt längst hatte.« Weiter behauptete Thiede: »Wenn es keine neuere Fälschung ist, denn eben eher doch der Grabkasten von einer der (wie Lemaire zugibt) 20 anderen Jerusalemer Familien, in denen die Namenskombination Jakobus – Joseph – Jesus statistisch möglich war.«

Laut Thiede sei Patina, die sich in den Stein des Kastens und über die Inschrift »gefressen« habe, noch längst kein Beweis für das Alter der Inschrift: »Auch Patina kann man künstlich herstellen.« Er wundert sich über die »allzu sorgfältige« Inschrift der Namen. Denn selbst bei dem kostbaren und reich geschmückten Ossuar des »Josef Sohn des Kaiphas«, das möglicherweise dem berühmten Oberpriester gehörte, sei der Name eher nur flüchtig gekritzelt worden.

Der Archäologe der Universität Haifa, Ronni Reich, der 1991 das Kaiphas-Grab in Jerusalem entdeckt und untersucht hat, meldete ebenfalls »berechtigte Zweifel« an der Identität von Jakob, Josef und Jesus auf dem neu entdeckten Ossuarium an. »Eine statistische Erhebung aller Namen jener Zeit, wie sie in allen bekannten Texten erwähnt worden sind, ergab, dass Schimon der populärste Vorname war, gefolgt von Josef. Jesus befand sich an fünfter Stelle.« Unter den rund tausend in der Antikenbehörde aufbewahrten Knochenkästen mit Inschriften oder Steinschnitzereien gebe es zwei weitere mit der Erwähnung eines »Bruders«. Jener gleichwohl selten erwähnte Bruder, wobei ein Familienangehöriger gemeint sei, könnte »in der Familie, nicht aber in der Öffentlichkeit berühmt sein«, meinte Reich. Ossuarien habe es nur in einer Zeitspanne von etwa hundert Jahren gegeben, vom letzten Viertel des ersten vorchristlichen Jahrhunderts bis kurz nach dem Jahr 70, als die Römer Jerusalem zerstörten und so auch die allein auf Jerusalem beschränkte »Mode« dieser jüdischen Begräbnistechnik beendeten.

Trotz dieser Kritik bezeichnet Reich den Kasten als »wahrscheinlich authentisch«, wobei geprüft werden müsse, ob die Namen nicht von einem geschickten Fälscher eingeritzt worden seien. »Diese Möglichkeit besteht immer bei Fundstücken, die Grabräuber an den Antiquitätenhandel gegeben haben und die nicht in situ von Archäologen gefunden worden sind.«

»Hier im Saal sitzt der vielleicht genialste Fälscher der Welt oder der Besitzer des sensationellsten archäologischen Fundes seit 2000 Jahren.« Der große Saal der Cinemathek im »Höllental« Jerusalems war bis auf den letzten Platz gefüllt.

Der kanadische Filmregisseur Simcha Jacobovici, nach eigenen Angaben ein »orthodoxer Jude«, stellte seinen Film über die »Entdeckung« des Knochenkastens vor. »Es ist das früheste Zeugnis, bei dem Jesu Name nicht auf Pergament geschrieben erscheint, sondern in Stein gehauen.« Der 50 Minuten lange Film sei schon in 150 Ländern gelaufen. In Israel war es die Erstaufführung. »Zwei Milliarden Christen glauben an die Echtheit des Fundes«, behauptete der Regisseur mit wallendem Haar unter einem bunten Häubchen.

Im Saal herrschte angespannte Stimmung. In der ersten Reihe saß Oded Golan, ein Antiquitätensammler aus Tel Aviv. Neben ihm sein Anwalt. In der vergangenen Woche war Golan verhaftet worden. Er steht im Verdacht, nicht nur den ersten steinernen Beweis der Existenz des Jesus von Nazareth gefälscht zu haben. Für eine halbe Million Dollar habe er zudem gefälschte Antiquitäten an Museen und Sammler in alle Welt verkauft. Bei einer Razzia der Polizei wurde der kostbare, mit einer Million Dollar versicherte Knochenkasten auf der Toilette des Dachzimmers über der Wohnung des Sammlers gefunden. In dem auf der Klobrille abgestellten Ossuarium seien die sterblichen Überreste des im Jahr 66 gesteinigten und von den Zinnen des Tempels herabgeworfenen Herrenbruders Jakob, des Gründers der ersten Christengemeinde in Jerusalem, aufbewahrt worden. – Das Dachzimmer sei eine Fälscherwerkstatt, so die Polizei.

Im Film wurden (fast) alle Fragen zu der Authentizität des sensationellen Knochenkastens angesprochen, auch kritische Fragen zu der Schriftart und der Patina-Schicht aufgeworfen. Der Regisseur ließ offen, ob der Kasten aus dem Besitz des Oded Golan echt sei oder eine »geniale Fälschung«.

Ossuarium des »Bruders Jesu« auf dem Klo von Oded Golan

Zwecks Prüfung des Knochenkastens wurde erstmals in der Geschichte eine »Untersuchungskommission« von 14 Experten aus verschiedenen Forschungsbereichen einberufen. Der Todesstoß kam von Mitarbeitern des geologischen Instituts. Bei ersten chemischen Untersuchungen der Patina des Kastens bestimmten sie, dass das Objekt »echt« sei. Bei weiteren Prüfungen stellte sich heraus, dass die Patina in den eingeritzten Buchstaben des vermutlich echten Knochenkastens aus der Zeit Jesu mit »modernen Mitteln eingefügt worden sei«. Alle vierzehn Forscher der Antikenbehörde beschlossen »einstimmig«, dass es sich bei der Inschrift auf einem »echten« Knochenkasten einwandfrei um eine Fälschung handelte. Konfrontiert mit den Ergebnissen der Geologen, wonach die Patina in den Schriftzeichen auf Temperaturen erhitzt worden sei, die es in den vergangenen zweitausend Jahren in der Region von Jerusalem nicht gegeben habe, antwortete Golan: »Ich habe nie ein Geheimnis daraus gemacht, dass meine Putzfrau heißes Wasser verwendete, um die Inschrift zu säubern.« Der Saal lachte laut.

Peinliche Schreibfehler

»Erlösung Zions« oder »Fröhlicher Beischlaf«? Was steht genau auf der 10-Schekel-Münze, die seit Jahren im Umlauf ist? In aramäischer Quadratschrift, wie sie seit etwa 2000 Jahren verwendet wird und von jedem Israeli gelesen werden kann, steht da das Bibelwort: »Erlösung Zions«. Doch daneben, in althebräischer Schrift, wie sie zu Zeiten der Könige David und Salomon verbreitet war und heute nur noch von Experten entziffert werden kann, steht da »Fröhlicher Beischlaf«. Das bemerkte erst jetzt Zion Jasour, ein Experte für alte Schriften. Ein Teil der althebräischen Buchstaben sei »verwechselt« worden. Jasour gab die Münze anderen Forschern zur Überprüfung, und auch die stellten fest, dass der Buchstabe Jod (»i«) auf dem Kopf und quer liegend abgebildet sei. Von vier Buchstaben für das Wort »Zion« seien drei falsch dargestellt, sodass man »Sijun« (Beischlaf) lesen kann.

Nach Angaben der Zeitung *Jedijot Achronot* bestätigte der bekannte israelische Archäologe Gabi Barkai, dass die moderne Münze einem halben Schekel aus Bronze aus dem vierten Jahr des jüdischen Aufstands gegen die Römer vor fast 2000 Jahren nachgebildet worden sei. »Doch die Buchstaben sind auf der modernen Münze durcheinander geraten.« Barkai kritisierte Israels Staatsbank: »Die hätte die Münze erst einmal von einem Paläografen überprüfen lassen sollen, um die beste Buchstabenform zu finden.«

Ein Literaturforscher, Chaim Cohen, sagte der Zeitung, dass die Nationalbank möglicherweise eine gefälschte Münze als Vorlage verwendet hätte, was andere Experten aber ausschließen.

Die Staatsbank erwiderte auf Anfrage, dass die Vorlage von einem Gremium ausgewählt worden sei, dem Archäologen, Journalisten, Erzieher, Grafiker, Geschichtsforscher, Architekten, Numismatiker und Kenner des Landes Israel angehören. Die Vorlage für die 10-Schekel-Münze habe der verstorbene Professor Jakov Meschorer ausgewählt, »einer der größten Experten für alte jüdische Münzen«. Weiter erklärte die Bank: »Wir sehen kein Problem bei dessen Entscheidung, denn niemand zweifelt, dass die Worte »Erlösung Zions« auf alten Münzen vorkamen.« So kann man es auch sehen …

Wenn die Geschichte anders verlaufen wäre …

Wenn es durch die Zeiten hindurch keine Vertreibungen, Verfolgungen und Massenmorde an Juden gegeben hätte, dann könnte es heute in der Welt zwischen 500 und 800 Millionen Juden geben. Andererseits: Solche Behauptungen seien so sinnvoll wie schnelles Rechnen auf der Rückseite eines gebrauchten Briefumschlags, meint Professor Sergio Della Pergola, eine Autorität in Sachen jüdische Demographie. Genau so gut könnte man auch spekulieren, dass heute in der Welt etwa 120 Millionen Juden existieren müssten, wenn die Menschheitsgeschichte einen etwas anderen Verlauf genommen hätte, sagte er der Zeitung *Haaretz*: »Die Juden sollten sich nicht benachteiligt fühlen, denn viele ebenso nette Völkchen sind ebenfalls von der Erdoberfläche spurlos verschwunden.«

Della Pergola kommentierte eine neue Broschüre der »Jewish Agency«, die in jüdischen Schulen in aller Welt verteilt wurde und in der die demographische Entwicklung des jüdischen Volkes seit 3.000 Jahren nachgezeichnet wird.

Auf dem Höhepunkt des Königreichs unter Salomon, etwa im Jahr 1.000 vor der Zeitrechnung, lebten im Lande Israel etwa zwei Millionen Juden. In der Zeit Jesu, unmittelbar vor der Zerstörung Jerusalems durch die Römer, erreichte die Zahl der jüdischen Bewohner im Heiligen Land die Rekordzahl 4,5 Millionen. Es dauerte fast 2.000 Jahre, bis es im Lande Israel wieder so viele Einwohner gab, Ende des 19. Jahrhundert.

Während des Mittelalters, vom 6. Jahrhundert bis 17. Jahrhundert, ist die Zahl der Juden weltweit relativ konstant geblieben bei etwa einer Million. 1939, vor Beginn des Holocaust, gab es einen Rekord: 16,6 Millionen Juden weltweit. 1945 waren nur noch etwa 10 Millionen verblieben. Seit dem Zweiten Weltkrieg stieg die Zahl der Juden wieder und bleibt seit Jahrzehnten konstant bei etwa 13 Millionen weltweit. Die demographische Vermehrung der Juden in Israel gleicht den Rückgang der im Rest der Welt lebenden Juden aus.

Della Pergola sagt, dass die Zahlen für das Altertum unzuverlässige Schätzungen aufgrund schriftlicher Quellen seien. Die Bibel und römische Autoren, deren Zuverlässigkeit angezweifelt werden müsse, dienten ihm als Grundlage. So habe es vielleicht 600.000 Juden in der Zeit Mose beim Auszug aus Ägypten gegeben. Das berichtet die Bibel, aber manche Wissenschaftler zweifeln, ob es überhaupt jenen Exodus gegeben habe. Obgleich manche biblische Geschichten ins Reich der Mythen gehören, so Della Pergola, weise die Bibel insgesamt eine »innere statistische Logik« auf.

Der Experte verweist als Beispiel auf die Geschichte des Jakob, der zusammen mit 70 Männern nach Ägypten zog. 430 Jahre später seien nach Angaben der Bibel 600.000 Männer aus Ägypten ausgezogen. Bei einer durchschnittlichen Lebenserwartung von 40 Jahren und sechs Kindern pro Ehepaar könne die Zahl ungefähr stimmen.

Aus der Zeit Jesu gebe es eine Fülle von Informationen, etwa durch den Historiker Flavius Josephus und dank der römischen Volkszählungen. Im Mittelalter habe die Verbreitung von Juden der Ausbreitung des Islam entsprochen, vom heutigen Irak bis zur iberischen Halbinsel, dem heutigen Spanien. Erst ab dem 12. Jahrhundert hätten sich die Juden über Frankreich bis nach Deutschland ausgebreitet. Zwischen dem 16. und dem 20. Jahrhundert sei Osteuropa das größte jüdische Ballungsgebiet gewesen. Juden seien von Deutschland und über den Balkan nach Osteuropa gelangt und hätten sich »mit einer erstaunlichen Geschwindigkeit natürlich vermehrt«.

Nach dem Zweiten Weltkrieg sei Israel wieder zunehmend das demographische Zentrum der Juden in der Welt geworden und laufe schon bald den USA den Rang ab. Neuere Untersuchungen hätten ergeben, dass es in den USA mit heute 5,2 Millionen eine halbe Million weniger Juden gebe als erwartbar. Als Grund für den Rückgang der jüdischen Bevölkerung in den USA gibt Della Pergola »geringe Fruchtbarkeit und fast 50 Prozent Mischehen« an.

Andererseits könnte man aber auch von neun Millionen Juden in den USA reden, wenn man alle Personen mitrechnet, die in Haushalten mit mindestens einem Juden leben. Diese Zahl sei »minimalistisch«, wenn man versuche, die Zahl der zur Einwanderung nach Israel aufgrund des sogenannten »Rückkehrgesetz für Juden« berechtigten Amerikaner zu ermitteln. Danach können auch nichtjüdische Ehepartner und deren Kinder nach Israel einwandern.

Deutsche Nahost-Politik

Hintergrundgespräche

Es gibt Ereignisse, die von den Medien in Deutschland nicht wahrgenommen werden. Wenn etwas an einem Freitag Abend passiert, nach Redaktionsschluss, kann es frühestens am Montag in der Zeitung stehen. Das wäre dann der Schnee von vorvorgestern. Und wenn mitten im Sommer 2005 die halbe Schweiz wegen Regenfällen unter Wasser steht, dann interessiert es im Fernsehen niemanden mehr, dass Israel neben Siedlungen im Gazastreifen auch noch vier Siedlungen im Westjordanland räumt. Dabei war die Räumung des gesamten Nordens des Westjordanlandes politisch gesehen fast bedeutsamer als der komplette Abzug aus dem Gazastreifen. Dennoch blieb sie fast unbeachtet – aus »übergeordneten« Gründen.

Und dann gibt es natürlich Hintergrundgespräche mit Politikern, die aus ganz anderen Gründen niemals den Weg in die Zeitung finden. Vor ausgewählten Journalisten packen Politiker schon mal aus, aber eben nur »unter vier Augen«. Zu berichten, was Bundeskanzlerin Angela Merkel bei ihrem jüngsten Besuch in Israel fast zwei Stunden lang an persönlichen Eindrücken und Informationen mitgeteilt hat, würde bedeuten, dass man nie mehr zu solchen Treffen eingeladen würde. Einmal sagte sie bei einem Hintergrundgespräch: »Am liebsten würde ich wie ein Mäuschen unter dem Tisch sitzen und zuhören, wenn sich die Herrscher von … treffen und ihre Politik debattieren.« Genau davon träumen auch Journalisten. Ob freilich Frau Merkel oder andere Journalisten reinen Wein einschenken oder auch wieder nur mit diplomatischem Geschick ihre Interessen schön verpackt an die Presse weitergeben, lässt sich nicht immer entscheiden.

In einem Fall wusste ich jedoch genau Bescheid. Ich hatte den peinlichen Fehltritt eines deutschen Politikers bemerkt, dokumentiert und mit den entsprechenden Fotos nach Deutschland berichtet. Es handelte sich um einen ziemlich heftigen Affront gegen Israel. Aus welchen Gründen auch immer war ich der einzige Journalist, der die »Story« aufgegriffen hatte.

Nachdem mein Bericht veröffentlicht worden war, rief ich beim israelischen Außenministerium an, um eine »offizielle Reaktion« einzuholen. Eigentlich gehört es zum Handwerkzeug eines Journalisten, sich zu einem Vorfall Reaktionen möglichst »von beiden Seiten« einzuholen. Manchmal ist es aber auch ein Mittel, die »andere Seite« über etwas zu informieren, worüber sie nichts weiß. Das kann dann ein Selbstläufer und sogar ein Skandal werden.

In diesem Fall wusste der Sprecher des israelischen Außenministeriums tatsächlich von nichts. Er bat mich, ihm einen Internet-Link zu meiner Geschichte zuzuschicken. Mehrere Tage lang kam keinerlei Reaktion. Mir war klar, dass die Israelis keine diplomatische Kontroverse mit Berlin wünschten und deshalb auf eine öffentliche Reaktion verzichteten. Ich ahnte jedoch nicht, dass meine Entdeckung für die Israelis »gefundenes Fressen« war. Sie druckten sie aus und legten sie bei den Vorbereitungen zum offiziellen Besuch eines hochrangigen deutschen Gastes ihren deutschen Partnern vor. Der diplomatische Faux Pas brauchte nicht weiter erklärt werden. Er war selbsterklärend. Daraufhin beschloss der Staatsgast, jenen Politiker, der den Israelis nicht sonderlich wohl gesonnen war, bei diesem Besuch fernzuhalten.

Beim Hintergrundgespräch konnte ich es mir nicht verkneifen zu fragen, warum denn Herr X in der deutschen Delegation fehle, obgleich der doch eigentlich einen Vertrag unterschreiben sollte. Die Antwort: »Herr Sahm, es gibt Minister, deren Amtsbereiche sich überschneiden. Deshalb ist ein anderer Minister mitgereist.« Meine Frage war perfekt beantwortet worden. Aber nur der Staatsgast und ich wussten, dass die Wahrheit ganz woanders lag.

Einige Zufallstreffer habe ich aus Verantwortungsgefühl nicht veröffentlicht. Dazu gehört eine lange zurückliegende Begegnung mit Mosche Dajan. Vor etwa 30 Jahren war ich ausnahmsweise einmal eingekleidet wie ein deutscher Diplomat: mit Anzug, Schlips und schwarzen Schuhen.

In diesem Aufzug rutschte ich mitsamt einer deutschen Delegation zum Gespräch mit dem damaligen israelischen Außenminister Mosche Dajan in dessen Amtszimmer. Die übrigen Journalisten warteten vor der Tür. Weil die Geschichte schon dreißig Jahre zurückliegt und Dajan tot ist, wage ich es das Erlebte wiederzugeben.

Dajan wollte seinen Gästen zeigen, wie sehr er Deutschland vertraue und wie gut die Beziehungen seien. Und dann zündete er eine echte Bombe. Die Deutschen schluckten ungläubig, als der israelische Außenminister meinte, dass die Bundesrepublik, damals noch von Amerikanern, Briten und Franzosen besetzt im Westen des geteilten Deutschlands, das Zeug zu einer Großmacht habe. Die Bundesrepublik sollte mehr Einfluss in der Weltpolitik haben, sagte der Politiker mit der schwarzen Augenklappe. Zu diesem Zweck würde er, Dajan, befürworten, dass sich die Bonner Republik eine Atombombe zulege, um so ihre Bedeutung zu demonstrieren.

Die überraschten deutschen Gäste schwiegen. Nach dem Gespräch hieß es nur, dass sich das Gespräch um die »bilateralen Beziehungen« gedreht und in einer »offenen, freundschaftlichen Atmosphäre« stattgefunden habe. Die von Dajan vorgeschlagene deutsche Atombombe blieb unerwähnt. Eine Veröffentlichung damals hätte wohl zu einer weltweiten Krise mit unvorhersehbaren Folgen geführt.

Pressekonferenz unter palästinensischer Fahne

Sogar Bundeskanzlerin Angela Merkel erfuhr noch keine derart offen zur Schau gestellten Ehren wie die seinerzeitige Bundesministerin für wirtschaftliche Zusammenarbeit und Entwicklung, Heidi Wieczorek-Zeul, beim Besuch im Heiligen Land im Februar 2008. Drei deutsche Polizisten in voller Montur, mit grünen schusssicheren Jacken und aufgeklebten, leuchtend weißen Polizei-Lettern sowie einer Pistole im Halfter bieten ihr Personenschutz. Die Polizistin trägt zudem an ihrer grünen Jacke ein Metallabzeichen, das nicht zum Standard deutscher Uniformen zählt: überkreuzte Flaggen Deutschlands und Palästinas. »Bei unserem ersten Termin in Israel hatten wir vergessen, die Polizeischilder von Rücken und

Unter palästinensischer Flagge

Brust abzunehmen. Danach haben wir sie einfach draufgelassen«, erzählt sie. Das offene Tragen der Dienstwaffe sei »abgesprochen«. Nur bei einem Besuch in Pakistan seien sie und ihre Kollegen in ernsthafte Schwierigkeiten geraten. »Dort mussten wir die Waffe versteckt unter der Jacke tragen.« Die beiden Männer mit kurz geschorenen Haaren und die junge Frau sind als Polizisten mitgereist, während sich Personenschützer der Bundeskanzlerin oder des Außenministers bei ihren Israel- und Palästina-Besuchen mit ihren dunklen Anzügen unauffällig unter die Diplomaten und Beamten mischen können.

Ein vierter, unauffälliger Herr verneint, mitgereister Journalist zu sein. »Ich bin vom BKA.« Zur Frage, wieso er denn keine so auffällige schusssichere Jacke trage, klopfte er sich auf die Brust: »Die trage ich unter dem Hemd.«

Entsprechend wohlgeschützt begibt sich die Ministerin im gepanzerten Mercedes der deutschen diplomatischen Repräsentanz in Ramallah zum Jerusalemer Ambassador-Hotel. »Gestern habe ich Israel besucht«, beginnt die Ministerin. »Heute ist Palästina an der Reihe«, fährt sie fort, während hinter ihr die Flaggen Deutschlands, Europas und Palästinas auf-

Polizeischutz in Israel

gestellt sind. Die Bundesrepublik anerkennt zwar nicht die israelische Annexion des ehemals jordanischen Teils der Stadt Jerusalem. Aber noch gibt es keinen Staat Palästina mit Jerusalem als Hauptstadt. Unter dem Hoheitszeichen des künftigen Staates auf israelischem Territorium eine Pressekonferenz abzuhalten, zählt eigentlich nicht zu den üblichen diplomatischen Gepflogenheiten.

Die Ministerin erzählt, am Dienstag den israelischen Präsidenten Schimon Peres getroffen und die von Raketen der Hamas beschossene Stadt Sderot nahe dem Gazastreifen besucht zu haben. Doch im Zentrum ihres Besuches steht eher Palästina, wo sie im Flüchtlingslager Dschalasoun eine Mädchenschule und Entwicklungsprojekte besucht hat. Sie verkündet die Finanzierung palästinensischer »Reformprogramme« mit 200 Millionen Euro und hat 200.000 Euro für »Nahrungsmittelhilfe« der Flüchtlingshilfeorganisation UNWRA zu übergeben.

Zwar sagt sie, dass die Palästinenser die Sicherheit Israels respektieren müssten, aber die Ursachen für die Errichtung der Straßensperren wie des Sperrwalls mitsamt Zaun und Mauer lässt sie unerwähnt, nämlich palästinensische Terroranschläge. Vielmehr stellt sie eine bislang nicht gehörte Forderung in den Raum: Israel solle heute schon den Palästinensern die »Sicherung der Grenzen Palästinas« überlassen. – In solchen Momenten wird der Job als deutscher Nahost-Korrespondent ein wenig schwierig …

Fischers Rolle als Friedensengel

Manche Politiker haben mehr Einblick in das nahöstliche Geschehen als andere. Zu denen gehörte Joschka Fischer. Der hat während seiner Amtszeit unzählige Male den Nahen Osten besucht und zwischendurch regelmäßigen telefonischen Kontakt mit allen Hauptdarstellern gehalten, darunter Jassir Arafat und Ariel Scharon. Fischer traf sich bei jedem Besuch mit deutschen Journalisten, mal im Restaurant und mal am Kamin in der Bar des King David-Hotels. Er erwies sich als exzellenter Beobachter und vorzüglicher Kenner. Obgleich er mit einer offiziellen Limousine durch das Land gefahren wurde und kaum mal ungestört spazieren gehen konnte, sagt er: »Mir fällt auf, dass kaum Touristen im Land sind.« Das war auf dem Höhepunkt der Intifada. Ich frage ihn, wie er das festgestellt habe: »Ich sah, dass fast alle Schlüssel in ihren Fächern bei der Rezeption lagen. Also war mir klar, dass dieses Hotel leer steht.« Von Fischer erfuhren wir Details über das Zustandekommen der Intifada im September 2000, wie sie nirgendwo geschrieben standen. Ab Mai 2000, dem Rückzug Israels aus Südlibanon, seien Arafat und andere führende Palästinenser »dumb« und kaum mehr ansprechbar gewesen.

Bei einem solchen Essen im Restaurant wandte sich immer wieder ein Sicherheitsmann an Fischer und reichte ihm das Handy. »Herr Putin möchte Sie sprechen.« Wenige Minuten später meldete sich der Sicherheitsmann wieder. »Präsident Chirac ist in der Leitung.« Fischer wurde nervös und sagte dem Sicherheitsmann: »Es reicht, wenn sie mir das Handy geben ohne zu verkünden, wer in der Leitung ist.« – Wer weiß, vielleicht war es auch nur ein Spiel, um uns Journalisten zu zeigen, wie wichtig er war?

Bei einem späteren Besuch ist Fischer am Samstag Abend »todmüde« und »wie gerädert«. Im kleinen Kreis, bei orientalischen Vorspeisen in einem Jerusalemer Restaurant, fragt er ganz erstaunt: »Welcher Zufall hat mich eigentlich ausgerechnet jetzt in den Nahen Osten geführt?« Während im Nebenraum die Sicherheitsleute, die mitgereisten Referenten, Kofferträger und sonstiger Anhang der offiziellen deutschen Delegation speisen, sagt Fischer belustigt: »Mir ist es noch nie passiert, dass ich einen gut vorbereiteten offiziellen Besuch in einem fremden Land machte, bei dem alle Dokumente und Spickzettel für die politischen Gespräche unbeachtet in den Aktenkoffern blieben.« Der Grund dafür war folgender:

Am Freitag Abend, nach Fischers Ankunft und einem ersten Gespräch mit seinem israelischen Amtskollegen Schimon Peres hat Botschafter Rudolf Dreßler die deutsche Kolonie zu einem Empfang in der Residenz in Herzlija Pituach geladen. Es ist fast eine »private« Veranstaltung. Israelis sind wegen des jüdischen Sabbat nicht eingeladen worden und die Deutschen kennen einander gut. So bilden sich keine Trauben neugieriger Menschen um den Außenminister. Der kann, gemütlich in einen Sessel zurückgelehnt, private Gespräche mit alten Freunden führen. Undiplomatisch spät, gegen 23 Uhr, verlässt Fischer die Runde und fährt zum Dan-Hotel an der Strandpromenade von Tel Aviv. »Die Explosion selber habe ich nicht gehört«, erzählt er am nächsten Morgen. »Aber wir standen gerade in der Lobby, als Polizeisirenen heulten und sich die blinkenden Rotlichter der Ambulanzen auf der Yarkon Street mehrten.« Aus dem Fenster der Suite im 5. Stock kann Fischer sehen, wie innerhalb von Minuten Dutzende Krankenwagen beim Pacha-Club am Dolfinarium stoppen, um Tote und Verletzte des Anschlags eines Selbstmordattentäters zu evakuieren.

Am Morgen sind die roten Blutlachen von der Feuerwehr noch nicht weggewaschen. Mit einem Strauß weißer Lilien in der Hand geht Fischer durch die Absperrungen zum Eingang des Nachtklubs. Zwischen Nägeln und Schrauben, mit denen der Selbstmordattentäter die mörderische Wirkung seines Sprengsatzes verstärkt hatte, legt Fischer die Blumen nieder. Sichtlich erschüttert sagt er Worte des Mitgefühls. Seine Verurteilung des »sinnlosen Terrors« ist an diesem Ort keine leere diplomatische Floskel. Wenige Stunden zuvor lagen hier auf einem Haufen 17 tote Jugendliche herum.

»So etwas Schreckliches habe ich in meinem Leben noch nicht miterlebt. Es waren junge Menschen, die sich amüsieren wollten.« Fischer telefoniert mit Peres, drückt im Namen der deutschen Regierung sein Beileid aus und erfährt, dass für Israel das Maß nun voll sei. Fischer versteht, dass dieser Anschlag eine besondere Bedeutung hat, weil der Attentäter ausnahmsweise sehr erfolgreich war und weil es viele unschuldige Jugendliche getroffen hat. »Die Tatsache, dass der Anschlag an einem jüdischen Sabbat, mitten in Tel Aviv und nicht irgendwo in den besetzten Gebieten stattfand, verlieh ihm eine symbolische Bedeutung«, sagt er später.

Ihm ist klar, dass Ministerpräsident Scharon mit diesem mörderischen Spuk endgültig Schluss machen will. Im Januar hatte es in Israel Wahlen gegeben. Der linksgerichtete Ehud Barak erlitt eine schreckliche Niederlage. Zwar hatte er im Mai 2000 die israelische Armee aus dem Südlibanon herausgeholt. Aber trotz großzügiger Angebote an Arafat beim historischen Gipfel in Camp David hatte Barak mit seiner Politik daraufhin die blutige Intifada ausgelöst. Aus Sicht der israelischen Wähler hatte er den palästinensischen Gewaltausbruch nicht vorhergesehen oder verhindert. Und nachdem die Intifada ausgebrochen war, erwies sich Barak als unfähig, das Leben der Israelis zu schützen und die palästinensische Gewalt zu unterbinden. Er ordnete Bombardierungen an, die keinerlei Wirkung zeigten, während die Zahl der Toten auf beiden Seiten täglich anstieg. Für die Israelis galt Ariel Scharon als einzige Rettung. Der trug einen haushohen Wahlsieg davon. Doch mit seiner Amtübernahme drosch Scharon nicht – wie weltweit erwartet – willkürlich auf die Palästinenser ein, sondern verfügte einen »einseitigen« Waffenstillstand. Die Zahl der toten Palästinenser ging drastisch zurück, von heute auf morgen. Und während die israelische Armee Zurückhaltung übte, kam es immer häufiger zu palästinensischen Anschlägen im Kernland Israels. Im Sommer 2000 gibt es weder Mauer noch Zaun und nur wenige Straßensperren zwischen dem besetzten Westjordanland und Israel. Der Anschlag auf die Jugendlichen am Dolfinarium in Tel Aviv hat plötzlich eine neue Wirklichkeit geschaffen.

Dessen Zeuge Fischer hört offenbar von Scharon, dass der das Ende Arafats und der palästinensischen Autonomie beschlossen habe. Fischer bittet Scharon um 24 Stunden Aufschub, um wenigstens zu versuchen, Arafat von der Notwendigkeit eines Waffenstillstandes zu überzeugen. Ein israelischer Freund glaubt nicht an den Erfolg von Fischers Mission und sagt dem deutschen Außenminister: »Dann wirst du wohl der Letzte sein, der Arafat sieht.«

Ununterbrochen tagt derweil die israelische Regierung. Regierungssprecher machen Arafat persönlich verantwortlich, weil er den Terror befehle, dulde oder nicht unterbinde. Fischer ist der Ernst der Lage klar, er befürchtet das Schlimmste: keinen Vergeltungsschlag, wie ihn rechtsgerichtete Israelis als Rache forderten, sondern eher Israels Absicht, Arafat zu isolieren, die palästinensische Autonomieregierung auszuschalten und so dem Osloer Friedensprozess die Grundlage zu entziehen. Er erkennt die »historische Entscheidungssituation«.

In dem von Israel abgeriegelten und gesperrten Ramallah, in Arafats

Hauptquartier, steht kein überdimensionaler Blumenstrauß mit exotischen Pflanzen auf dem Tisch, sondern ein ziemlich mickriges Gebinde. Der Bundesaußenminister erscheint trotz der Hitzewelle mit 37 Grad im Dreiteiler und krempelt die Ärmel hoch. »Diesmal gab es nicht das übliche Ritual einer Arafat-Unterredung«, beschreibt Fischer später die ungewöhnliche Stimmung. »Mit aller Energie erklärte ich Arafat, dass er vor seiner letzten Chance stehe wieder an den Verhandlungstisch zurückzukehren. Anderenfalls vor einer tragischen Konfrontation.« Fischer kann Arafat überzeugen, dass die Palästinenser jetzt vor der Alternative »Krieg oder Frieden« stünden, wobei sie bei einem Krieg keine Chance hätten. »Arafat muss liefern, denn mit weniger wird die israelische Seite nicht zufrieden sein«, sagt Fischer später in einem Interview.

»Ich war nicht darauf vorbereitet, zwei Stunden lang mit Arafat zusammenzusitzen und ihm einen Aufruf zum Waffenstillstand in die Feder zu diktieren«, erzählt er. Der norwegische UNO-Sonderbeauftragte Terje Larsen stößt hinzu. Der war schon in Oslo dabei und kennt die Verhandlungsmethoden. »Larsen kam, weil er zufällig auch einen Termin bei Arafat hatte«, sagt Fischer. Das Papier nimmt Form an. Was Chirac, Albright, Clinton, Kofi Anan, Solana und Peres seit acht Monaten nicht geschafft haben, bringt »eher zufällig« der deutsche Außenminister zustande, »weil ich in einem kritischen Augenblick am richtigen Ort war«. Zum Erfolg beigetragen habe auch die Sonderrolle der Deutschen. Die Israelis haben großes Vertrauen in die Deutschen und bei den Palästinensern gilt Deutschland ebenfalls als zuverlässiger und neutraler Partner, der ihnen politisch wie wirtschaftlich immer wieder geholfen habe.

Noch im Beisein Fischers verliest dann Arafat auf Arabisch und auf Englisch den ausformulierten Text, damit er von den Palästinensern, den arabischen Ländern und der Welt gehört und verstanden werde. Seit Ausbruch der Intifada Anfang Oktober 2000 war Arafat immer wieder ultimativ aufgefordert worden, öffentlich der Gewalt eine Absage zu erteilen. Stets hatte er sich geweigert. Jetzt endlich tut er es. Dreimal wiederholte der Palästinenserführer den Kernsatz mit den vielen Adjektiven, an dem die deutschen Diplomaten intensiv gefeilt hatten: Bei den Bemühungen, das Blutvergießen unseres Volkes und des israelischen Volkes zu beenden, »werden wir alles tun, um einen sofortigen, bedingungslosen, realen und effektiven Waffenstillstand« durchzusetzen.

Die Israelis reagieren misstrauisch. »Die Formulierungen reichen nicht aus«, klagt Außenminister Schimon Peres. »Sprüche haben wir von Arafat schon viele gehört«, sagt ein hochrangiger israelischer Diplomat und selbst der amerikanische Außenminister Colin Powell meinte: »Nicht Worte, nur Taten zählen.«

Die israelische Regierung setzt zunächst ein erstes »Paket« mit kleinen, aber schmerzhaften Maßnahmen gegen die Palästinenser um, verzichtet jedoch auf einen spektakulären Vergeltungsschlag. Um sich vor potenziellen Terroristen zu schützen, werden die palästinensischen Gebiete hermetisch abgeriegelt. Es wird keine Rücksicht auf die wirtschaftlichen Nöte palästinensischer Arbeiter genommen. Keiner darf mehr in Israel arbeiten. Wegen der Schüsse auf Siedler gilt für Palästinenser ein striktes Verbot, auf den Straßen zwischen ihren Dörfern und Städten zu verkehren. Erstmals seit sieben Jahren wird Arafats Bewegungsfreiheit eingeschränkt. Der Flughafen in Gaza wird gesperrt, auch für Arafats Maschine. Die Außengrenzen zum Mittelmeer, nach Ägypten und Jordanien werden abgeriegelt. Der israelischen Armee wird grünes Licht gegeben, je nach Notwendigkeit auch in palästinensisches Gebiet einzudringen. Arafat und die Autonomiebehörde werden zum »Feind«, ein erster Schritt in Richtung Krieg. Doch amerikanischer und europäischer Druck erweicht die Israelis, Arafat noch eine letzte Chance zu geben: Das öffentlich nicht verkündete, aber über die Medien verbreitete »Ultimatum« an Arafat sei auf »wenige Stunden« befristet.

In den palästinensischen Gebieten bricht Panik aus. Dutzende Ausländer, bei der UNO-Flüchtlingshilfeorganisation oder als Diplomaten im Gazastreifen tätig, begeben sich fluchtartig in Sicherheit nach Israel. Air France streicht aus Furcht vor einem Kriegsausbruch Flüge nach Tel Aviv. Der palästinensische Rundfunk fordert die Bevölkerung auf, Nahrungsmittel zu hamstern, Wasser einzulagern und sich nicht in großen Gruppen zusammenzurotten.

Jetzt gilt es abzuwarten. Am Sonntag zeigt sich, dass Arafat offenbar mehr Kontrolle in seinen Gebieten hat, als bislang angenommen. Im Gazastreifen fällt zum ersten Mal seit Ausbruch der Intifada acht Monate zuvor kein einziger Schuss. Erst gegen Mitternacht explodieren zwei palästinensische Granaten bei einer Siedlung, ohne Schaden anzurichten. Auch im Westjordanland gibt es fast keine Zwischenfälle.

Der Krieg stoppt Friedensprojekte

Nach Konrad Adenauer, Heinrich Böll, Friedrich Ebert und Friedrich Naumann ist ab 2000 auch Rosa Luxemburg im Anmarsch. Geballten Friedenswillen und Millionenbudgets bringen die deutschen Stiftungen ins Heilige Land, um schlechtes Gewissen abzubauen, die Palästinenser deutsche Demokratievorstellungen zu lehren, Frauenrechte zu fördern oder per Theaterspiel gesellschaftskritische Botschaften bis ins entlegenste Beduinenzelt zu tragen. So versuchen die politischen Stiftungen von CDU, SPD, FDP und PDS den Frieden zu fördern. Die in imperialistischen Zeiten mit missionarischem Eifer gegründeten Schulen der deutschen Kirchen sind ebenfalls längst zu Kulturträgern ohne Mission und ohne Imperialismus geworden. Heute haben sie andere Sorgen.

»Die Friedensarbeit ist tot«, sagt der Leiter einer deutschen Stiftung in Ostjerusalem. »Der Friedensdialog wurde durch die Ereignisse vor zwei Monaten abgebrochen«, sagt der Direktor der deutschen Talitha Kumi-Schule im palästinensischen Beth Jala. Nur Georg Meiering von der Konrad Adenauer-Stiftung im palästinensischen Ramallah behauptet, in den Kriegszeiten die Arbeit seiner Stiftung sogar noch ausgeweitet zu haben. Im Gegensatz zu anderen Stiftungen, die sich bemühten grenzübergreifend gemeinsame Projekte mit Israelis und Palästinensern zu initiieren und deshalb durch die Kriegslage besonders schwer getroffen wurden, hat diese Stiftung seit 1986 zwei separate Büros im Heiligen Land. Für die Palästinenser zuständig ist das Büro in Ramallah, ausgestattet mit 1,2 Millionen Mark im Jahr. Ein zweites Büro in Westjerusalem unter der Leitung des ehemaligen Bundestagsabgeordneten Johannes Gerster ist mit 1,8 Millionen Mark ausgestattet und in Israel aktiv. »Wir helfen, palästinensische Institutionen aufzubauen, gesellschaftliche Systeme zu stärken und Interessengruppen zu fördern«, sagt Meiering. In Kooperation mit der Bir Zeit-Universität werden palästinensische Rechtsexperten mit dem deutschen Grundgesetz vertraut gemacht. Das könne zur Einhaltung der Menschenrechte und der Schaffung eines Rechtsstaates beigetragen. »Wir befolgen die Strategie der Indirektheit«, sagt Meiering in seiner frisch renovierten arabischen Villa fünf Meter von der alten Grenze zwischen dem jordanischen Ostjerusalem und dem israelischen Westjerusalem entfernt. Die von den Israelis verfügte totale Sperre in den palästinensischen

Gebieten schränke die Bewegungsfreiheit der arabischen Projektteilnehmer ein. Treffen seien schwer oder unmöglich geworden. Ab und zu aber schafft es doch mal ein Jurist aus Ramallah, sich auf Schleichwegen nach Nablus durchzuschlagen.

Andere Projekte, wie etwa die Schaffung einer Volltextdatenbank aller Rechtsregeln in den heutigen palästinensischen Gebieten, laufen jetzt sogar schneller: »Die palästinensischen Mitarbeiter haben nichts anderes zu tun und können sich voll auf die Arbeit stürzen.« In der Datenbank werden Gesetze und Regeln der Osmanen, der britischen Mandatsmacht, der Jordanier, der israelischen Besatzer und des nach den Osloer Verträgen geschaffenen palästinensischen Parlaments gesammelt. Bis heute gelten alle Gesetze in einem chaotischen Nebeneinander, zumal Palästina seit jeher von fremden Mächten besetzt war. Für den künftigen palästinensischen Staat muss erst noch eine einheitliche gesetzliche Grundlage geschaffen werden.

Bescheidener und zugleich pessimistischer gibt sich Dr. Burckhard Blanke, Leiter der Friedrich Naumann-Stiftung in seinem Büro im Ost-Jerusalemer Diplomatenviertel Scheich Jerrach. »Als die Unruhen ausbrachen, krachte es hier im Büro.« Da arbeiten jüdische Israelis, muslimische und christliche Palästinenser sowie Deutsche in vier Räumen mit vernetzten Computern zusammen. Als Palästinenser und Israelis einander bekriegten, sei es auch unter den Mitarbeitern bei dieser friedensstiftenden deutschen Institution zu »unerträglichen Spannungen« gekommen. »Wir hatten hier richtig Zoff«, sagt Blanke. Er musste mehrere Projekte stoppen, »weil wir von unseren Mitarbeitern nicht erwarten können, dass sie sich in Lebensgefahr begeben, indem sie über Schleichwege israelische Sperren umgehen, um zu den Partnern in den abgesperrten Dörfern zu gelangen«.

Vom Dach in Ramallah aus beobachtete Blanke, wie sich das »Ritual« der Kämpfe zwischen jugendlichen Palästinensern und israelischen Soldaten abspielt. Mittags ziehen sie mit Steinen und Molotowcocktails ordentlich gefüllte Getränkekästen aus Plastik zu den üblichen Reibungsstellen. Bis Einbruch der Dunkelheit haben sie sich ausgetobt. Dann übernehmen die bewaffneten Kämpfer und schießen scharf. »Wenn wir doch nur einen Fußballplatz in Ramallah einrichten könnten, einen Bodybuilding-Klub oder ein Schwimmbad, dann könnten wir diese Kinder von der Straße wegholen und ihre Energien in positivere Bahnen lenken«, meint Blanke.

Die jugendlichen Palästinenser hätten »weder eine richtige Disko noch ein vernünftiges Kino«.

Geringste Summen seien notwendig, um den Palästinensern zu helfen. So habe die Naumann-Stiftung ein Laientheater ins Leben gerufen. Die jungen Schauspieler »tingeln« von Dorf zu Dorf mit selbstgemalten Kulissen, bis in die Wüste zu den Beduinen, »wie Pole Poppenspäler vor 200 Jahren in Deutschland«. Thema ist die Geschichte eines muslimischen Mädchens, das sich gegen seinen Vater auflehnt – politisch neutral, aber gesellschaftlich brisant in der konservativen palästinensischen Gesellschaft. Weil es Theater ist, dürfen auch die Frauen kommen und schauen. Ein Dialog entsteht. Gesellschaftliche Botschaften werden unter die Leute gebracht »besser und direkter als jedes aufwändige Videoprojekt«, schwärmt Blanke.

Doch andere Projekte bleiben auf der Strecke. »Frauenrechte können warten, bis wir unsere Unabhängigkeit erkämpft haben«, hätten ihm Palästinenser gesagt. Alle »People to people«-Projekte, bei denen von »Mensch zu Mensch« Israelis und Palästinenser zusammengebracht werden, seien derzeit auf Eis gelegt. »Kein Palästinenser ist mehr fähig, einem Israeli in die Augen zu schauen«, sagt Blanke. Die Palästinenser bezeichnen Israel nur noch als das »1948-Land« oder als die »Zionistische Einheit« – wie in den Zeiten, als der jüdische Staat ein weißes Loch auf arabischen Landkarten war. Selbst im Norden Israels, in Galiläa, wo Araber mit israelischer Staatsangehörigkeit leben, sei fast alles »tot«. Ein Dialog zwischen jüdischen und arabischen Israelis sei unmöglich geworden. Als völlig absurd betrachtet Blanke eine Absage von Palästinensern, die mit deutschen Mitteln zu einer Menschenrechts-Konferenz in Marokko geflogen werden sollten. Die Palästinenser aus den autonomen palästinensischen Gebieten hatten gehört, dass auch »Israelis« zu der Konferenz kämen. Sofort sagten sie ab. »Dabei handelte es sich um Palästinenser mit israelischer Staatsbürgerschaft. Aber selbst das wurde nicht akzeptiert«, sagt Blanke.

Einen Abbruch fast aller Beziehungen musste auch Wilhelm Goller hinnehmen, Direktor der Talitha Kumi-Schule, die von der evangelischen Kirche Deutschlands mitgetragen wird. Schon vor Beginn der Unruhen scheiterte die Partnerschaft mit einer Tel Aviver Schule fast an den Auflagen israelischer Militärbehörden. Den palästinensischen Schülern wurden keine Passierscheine nach Israel genehmigt und israelische Schüler durften aus »Sicherheitsgründen« nicht ins palästinensische Gebiet. Mit Tricks und

Privatinitiativen kam es doch zu fruchtbaren Treffen, gemeinsamen Unternehmungen, Diskussionen und Ausflügen. Mit Ausbruch der Unruhen brach alles ab. Talitha Kumi wurde ausgesperrt. Die Schüler aus Bethlehem gelangen nur noch durch ein »Loch in der Mauer« zu ihrer Schule. Goller nutzte seine Kontakte mit Israelis und palästinensischen Parteien, um das »kirchliche Gelände mit einem Mädcheninternat« aus dem Kriegsgeschehen herauszuhalten, trotz der Nähe eines militärischen Verbindungsbüros. Nach Einbruch der Dunkelheit »wird hier aus drei Richtungen geschossen«, erzählt Goller, während Israelis und Palästinenser beim gar nicht so fernen Rachelsgrab lautstarke Gefechte mit Waffen ungleicher Kaliber austragen. Nachdem der deutsche Chiropraktiker Harald Fischer in Beth Jala durch eine israelische Granate zerfetzt worden war, der erste tote Ausländer in diesem Krieg, kam es zu einer erneuten Kontaktaufnahme zwischen den Schülern aus Tel Aviv und ihren ehemaligen Freunden in den belagerten palästinensischen Gebieten. Die Israelis lasen in der Zeitung von dem getöteten Deutschen und erinnerten sich an Daniel, dessen 17 Jahre alten Sohn. Voller Entsetzen schickten sie E-Mails und telefonierten, um ihr Beileid auszusprechen.

Die deutschen Stiftungen kämpften um ihre Existenzberechtigung, nachdem ein vorhersehbarer Ausbruch blinder Gewalt die Arbeit von Jahrzehnten zunichte machte.

Seither ist die Arbeit der Stiftungen nicht einfacher geworden. Es gibt weiterhin Kooperationsprojekte zwischen Israelis und Palästinensern. Aber weil Israelis nicht mehr in die palästinensischen Gebiete fahren dürfen und Palästinenser nur in Ausnahmefällen eine Genehmigung für die Einreise nach Israel erhalten, werden manche Treffen ins Ausland verlegt, nach Malta, in die Türkei oder nach Jordanien.

Bischöfe und Pröpste

Die nachfolgende Geschichte klingt wie eine persönliche Fehde. Doch sie veranschaulicht sehr schön, dass es bei den mittelalterlich anmutenden Intrigen, persönlichen Missverständnissen, kirchenpolitischen Schach-

Christliches Kreuz und islamischer Halbmond über Bethlehem

zügen und Jerusalemer Status-Fragen auch um das Ende einer vor über hundert Jahren imperialistischen Politik Deutschlands geht, von der nur wenige etwas wissen.

Um 1850 besannen sich deutsche Protestanten auf das Heilige Land. Württembergische Templer kamen, errichteten »Kolonien«, brachten moderne landwirtschaftliche Technologien mit und schufen durch Straßenbau eine Infrastruktur, die es in der unter den Osmanen verkommenen Provinz Südsyrien nicht gab. In ihrem Gefolge kamen die ersten Juden, sogenannte Zionisten, nach »Palästina«, und begannen, von Großgrundbesitzern mit Sitz in Beirut oder Damaskus Land aufzukaufen.

1898 besuchte Kaiser Wilhelm II. das Heilige Land. Bis zur überraschenden Visite des ägyptischen Präsidenten Anwar el Sadat 1977, der einen ersten Frieden zwischen Israel und dem größten arabischen Land einläutete, gab es dort in Jahrhunderten keinen anderen derart wichtigen Staatsbesuch. Kaiser Wilhelm II. weihte die Eisenbahnstrecke zwischen Jaffa und Jerusalem ein. Er weihte auch die Erlöserkirche mitten in der Altstadt gleich neben der Grabeskirche ein, legte auf einem vom Sultan in Konstantinopel geschenkten Grundstück den Grundstein für die Dormitio-Abtei auf dem Zionsberg und ließ zugleich auf dem Ölberg die von ihm selbst mitsamt alles überragendem rheinischem Glockenturm entworfene Auguste Viktoria-Kirche mit angeschlossenem Pilgerhospiz errichten. Seitdem beherrschen drei deutsche Kirchen das Panorama der Heiligen Stadt.

Die imperialen Gelüste Deutschlands im Heiligen Land sind allerdings von einer langen Pechsträhne begleitet, seit Wilhelm II. hoch zu Ross in Kreuzfahreruniform anno 1898 durch das eigens für ihn eingerissene Jaffator in die Altstadt Jerusalems einritt. So teutsch die Bauten waren in Baustil und Innenausstattung, spätestens mit Ausbruch des Ersten Weltkriegs war es vorbei mit dem deutschen Imperialismus. Nachdem die Briten 1917 das Heilige Land den Türken abgenommen hatten, beschlagnahmten sie das Hospiz und verwandelten es in ein Lazarett. 1927 wurde es bei einem Erdbeben schwer beschädigt. 1939 richtete die britische Armee darin ihr Hauptquartier ein. 1949, unter jordanischer Verwaltung, wurde es in ein Krankenhaus für palästinensische Flüchtlinge umfunktioniert. Die Dormitio-Abtei lag nach 1949 an der Front zwischen Israel und Jordanien, sodass sie von der israelischen Armee als Stellung verwendet wurde. Der riesige Auguste Viktoria-Komplex lag fortan in Jordanien, grenzte aber an israelische Schützengräben zur Universitätsenklave auf dem Skopusberg. 1967 traf eine Granate ihr Dach.

Die Erlöserkirche blieb ohne Unterbrechung in deutscher Hand. Nur das angeschlossene Hospiz wurde zeitweilig von den Briten beschlagnahmt. Während der 19-jährigen jordanischen Besatzung Ostjerusalems blieb die Erlöserkirche mitten in der Altstadt für Besucher aus Israel unerreichbar. Seit dem Sechs-Tage-Krieg 1967 stehen all diese Institutionen im von Israel annektierten »Groß-Jerusalem«.

Die Wiedervereinigung brachte Segen für die kirchlichen Einrichtungen. Dormitio wurde renoviert und wieder den Dominikanern übergeben. Auguste Viktoria blieb Hospital für Flüchtlinge. Die Kirche mit Fresken und Mosaiken, wie sie sonst nur noch in der zerstörten Kaiser-Wilhelm-Gedächtniskirche am Berliner Kudamm zu sehen sind, wurde 1989 mit deutschen Spenden für acht Millionen Mark renoviert und vor dem Verfall bewahrt. Die Erlöserkirche mit ihrem Kreuzgang aus der Kreuzfahrerzeit wurde zu einem der beliebtesten ökumenischen Zentren, wo sich unbekümmert Juden, Christen und Moslems, Deutsche, Israelis und Palästinenser bei Konzerten und Kulturveranstaltungen treffen.

Die politischen Entwicklungen ab 1987, seit der ersten Intifada, trafen zuerst das Flüchtlingshospital. Straßensperren entstanden und zunehmend wurde es für Palästinenser schwer, das Hospital zu erreichen. Mangels Patienten zahlte die UNO-Flüchtlingshilfeorganisation UNRWA nicht mehr. Auguste Viktoria drohte der Konkurs.

Zeitgleich wurde eine »Palästinensierung« der christlichen Kirchen vorangetrieben. Die Autonomiebehörde förderte diese Entwicklung aus Eigeninteresse. Jassir Arafat pflegte die Beziehungen zu den ihm genehmen Christen und nutzte geschickt deren Kontakte zur »christlichen Welt«. Andererseits wurden die Christen Israels in Jaffa, Nazareth oder Haifa sträflich ignoriert. In dieser Zeit wurde das Religionsministerium abgeschafft und damit auch die »Christenabteilung«, die wichtigste Anlaufstelle für Christen, die mit der israelischen Bürokratie zu kämpfen hatten. Viele Israelis setzten Christen gleich »Palästinenser«, obgleich es nicht einen einzigen christlichen Selbstmordattentäter gegeben hat. Scharfe anti-israelische Verlautbarungen aus dem lateinischen Patriarchat, einseitige Verurteilungen Israels durch Kirchenführer und andere lautstarke christliche Kritik an Israels Politik, die den palästinensischen Terror unerwähnt ließ, hatten zur Folge, dass bei den Israelis Jahrhunderte alte Vorbehalte gegen »die Christen« wieder wach wurden. In der Kriegssituation seit Ausbruch der Intifada im September 2000 waren nur noch wenige Israelis fähig und bereit zu differenzieren.

Während die Katholiken in Israel durch den Vatikan repräsentiert sind und sich ihre Rechte mit diplomatischen Verhandlungen erfechten können, stehen die deutschen Lutheraner auf verlorenem Posten. Infolge weltgeschichtlicher Wirren wurde das riesige Areal auf dem Ölberg mitsamt Hospiz und Himmelfahrtskirche dem Lutherischen Weltbund übergeben, um es vor einer Übernahme der Jordanier und vermeintlichen »Rachegelüsten der Juden« zu bewahren.

In der Erlöserkirche mitten in der Altstadt Jerusalems entstand daraufhin die arabische »Evangelisch-Lutherische Kirche in Jordanien« (ELCJ). Ihr Chef wurde am 5. Januar 1998 zum Bischof geweiht, während der deutsche Kirchenchef, der wahre Hausherr, weiterhin den im Orient unbekannten Titel »Propst« trägt. Das Protokoll ist bei den Kirchen in Jerusalem strikt und altmodisch. Weder das politische Gewicht eines Kirchenmannes noch sein Einfluss gelten etwas bei Prozessionen und Empfängen, sondern allein der Titel. Diese Verhältnisse kennend, wurde dem Pastor der kleinen arabischen Gemeinde in der Jerusalemer Erlöserkirche schon 1998 die Bischofswürde verliehen. Dadurch wollte man ihm zur Gleichberechtigung unter seinen arabischen Amtskollegen verhelfen. Diese Gefälligkeit führt inzwischen zu peinlichen Vorfällen. Statt seinem eigentlichen Chef, dem deutschen Propst, den Vortritt zu lassen, lud Bischof Munib Younan evangelische Geistliche zu einem Gespräch über aktuelle Themen in das Lutherische Hospiz ein. Selbstverständlich werden arabische Bischöfe an erster Stelle auf der Liste der Eingeladenen erwähnt. Sogar ein arabischer »Evangelist« und ein Vikar werden noch vor dem Propst angeführt. Zusammen mit anderen deutschen Pastoren ist der eigentliche Gastgeber im Hospiz nur unter »ferner liefen« erwähnt. Weil bei einem früheren Treffen dieser Art der arabische Bischof ungefragt auch noch die Rechnung für die Mahlzeiten dem Propst geschickt hatte, vermerkte Bischof Younan diesmal auf der Einladung: »Mittagessen wird serviert, jeder zahlt seine eigene Rechnung.«

Bischofsweihe von Munib Younan

Deutsche Wurzeln

Schindlers Liste in meinem Wohnzimmer

Mitte November 1999 erhielt ich einen überraschenden Telefonanruf vom Chefredakteur der Stuttgarter Zeitung, Uwe Vorkötter. »Können Sie uns einen Gefallen tun?«, fragte er. Mieter hätten auf dem Dachboden der Wohnung der letzten Geliebten Schindlers in Hildesheim einen Samsonite-Koffer voll mit Dokumenten entdeckt. Das ganze Material wurde einem Mitarbeiter der Stuttgarter Zeitung übergeben und dann dem Bundesarchiv in Koblenz überreicht, um die Papiere zu prüfen und fachgerecht zu verpacken. Nun sollte alles der Jerusalemer Holocaust-Gedenkstätte Yad Vaschem übergeben werden. Ob ich bereit sei, diese Aufgabe zu übernehmen?

Kurz zuvor hatte der Film »Schindlers Liste« von Steven Spielberg weltweites Aufsehen erregt. Vorkötter erzählte, dass man in dem Koffer unter anderem Originale der berühmten Liste gefunden habe. Seine Bitte war ein Angebot, das ich schon aus persönlicher Neugier nicht ausschlagen konnte.

Während mir die Stuttgarter Zeitung mitteilte, dass der Koffer mit der Lufthansa am Sabbat in Tel Aviv landen werde, brach in Deutschland ein großer Skandal aus. Emilie, Schindlers Witwe, hatte erfahren, dass der Koffer ihres Mannes der Stuttgarter Zeitung in die Hände gefallen sei und nach Jerusalem gebracht werden solle. Sie erhob Einspruch und verlangte die Herausgabe des Koffers samt Inhalt. Es kam zu einer polizeilichen Durchsuchung der Redaktionsräume. Doch der Koffer befand sich zu dem Zeitpunkt längst im Frachtbereich der Lufthansa, adressiert an Ulrich Sahm in Jerusalem. Die Polizei wusste das nicht und konnte den Koffer samt Inhalt nicht mehr rechtzeitig beschlagnahmen, ehe er deutschen Boden verlassen hatte.

Während die Polizei in Stuttgart nichts fand, teilte mir Maman, die Frachtgesellschaft des Ben Gurion-Flughafens, mit, dass ein Paket für mich angekommen sei. Die VIC-Fracht (Very important Cargo) wurde fast so gewichtig behandelt wie eine VIP (Very important person). Ich wollte sie sofort, also am Sabbat, abholen. »Enthält Ihr Paket eine frische Leber oder Niere oder Medikamente?«, fragte der diensthabende Zöllner. Meine Angabe, dass es sich um »historische Dokumente« handle, reichte ihm nicht, um am Sabbat eine außergewöhnliche Dienstleistung zu vollziehen. »Wertlose Papiere können bis morgen warten. Das sind die Vorschriften«, bemerkte der unfreundliche Zöllner und hängte auf.

Am Sonntag mussten wir bei Lufthansa Cargo erst einmal rund 50 Euro für die »Sonderbehandlung« der »Sicherheitsfracht« entrichten. Ein Panzerwagen habe die Pakete am Flugzeug abgeholt und zum Panzerschrank im Maman-Cargo-Gebäude gebracht. Der Zoll begnügte sich mit einer eidesstattlichen Erklärung. »Historische Dokumente für die Holocaustgedenkstätte Yad Vaschem«, überzeugte die Beamtin, nachdem sie ein halbstündiges Telefongespräch mit einer Freundin beendet hatte und die Warteschlange immer länger geworden war. Im Sicherheitstrakt von Maman fragte der Beamte, wie in Israel üblich: »Sind Sie bewaffnet?« Im Tausch gegen meinen deutschen Reisepass erhielt ich ein Schildchen mit der Aufschrift »Beschränkter Besucher« an die Brust gehängt (gemeint ist, dass ich nur »beschränkte« Bereiche betreten durfte). Zwei große Verbotsschilder klebten an der elektrischen Panzertür, eines mit einer Pistole im roten Kreis und eines mit einem durchgekreuzten Fotoapparat. Zwei schwere Gitter dienten als Sicherheitsschleusen zum Panzerschrank, den nur der Sicherheitsbeamte hinter Gittern betreten durfte.

Nach wenigen Minuten stand ich mit einem großen, leichten und einem kleineren, schweren Paket im Flur. In der leichten Kiste war nur der leere, hellblaue Samsonite-Koffer mit dem Schildchen »Oskar Schindler«. In der schweren Kiste befanden sich alle Dokumente aus dem Koffer, die zwei Jahre lang im Bundesarchiv in Koblenz gesichtet, geprüft, sortiert, erforscht und in säurenfreie Mappen verstaut worden waren.

Einen Tag lang nutzte ich die Gelegenheit, die Namenslisten zu studieren, die in Steven Spielbergs Film eine Hauptrolle spielten. Der Buchhal-

Mit Schindlers Liste in meinem Wohnzimmer

ter Isak Stern, 1901 geboren, wurde unter der Nummer 659 geführt. Ein Hauch von Weltgeschichte lag in meinem Wohnzimmer. Am Montag rief ich in Yad Vaschem an, um die feierliche Übergabe des Koffers und seines Inhalts zu verabreden. Nach Absprache mit der Stuttgarter Zeitung und n-tv bestellte ich ein Team, um meine »exklusive« Geschichte auch für das Fernsehen zu dokumentieren. Mit dem Kameramann fuhren wir auf den Zionsberg, um zuerst das Grab des Oskar Schindler zu filmen. Auf dem katholischen Friedhof entdeckten wir es mit Leichtigkeit. Unter dem handgeschmiedeten Kreuz lagen auf der Steinplatte gemäß jüdischer Sitte lauter kleine Steinchen und Reste von Gedenkkerzen mit hebräischer Aufschrift.

In Yad Vaschem filmten wir in der Allee der Gerechten den zu seinen Ehren gepflanzten Johannisbrotbaum und das zweisprachige Schildchen mit seinem Namen. Schindlers Baum ist einer der ersten in der Allee und so auch eine Attraktion für die Millionen Besucher in der Gedenkstätte

für mehr als 22.000 Nichtjuden aus 44 Ländern, die dafür geehrt werden, unter Einsatz ihres Lebens während des Holocaust Juden gerettet zu haben. Nur 455 Deutsche sind unter jenen, die Juden versteckten, wie Schindler in ihrer Fabrik beschäftigten oder beschützten wie Georg Ferdinand Duckwitz, der 1943 als Attaché an der deutschen Botschaft in Kopenhagen die dänischen Juden rechtzeitig über ihre bevorstehende Deportation informierte. Zum abgesprochenen Termin packten wir die beiden Kisten auf die Schulter und bestiegen im Verwaltungsgebäude die Stufen zum Büro des Vorsitzenden der Gedenkbehörde, Avner Schalev.

Als wir die Kisten auf den Tisch gestellt und geöffnet hatten, war der sprachlos. Für den Verwalter des größten Holocaustarchivs der Welt war es ein Erlebnis, einen ganzen Koffer voll echter Dokumente des wohl berühmtesten Judenretters während des Zweiten Weltkriegs überreicht zu bekommen. Aus Oskar Schindlers Koffer, über den in aller Welt mit großen Schlagzeilen berichtet worden war, holte Schalev »Schindlers Listen«. »Das ist für mich ein bewegender Augenblick«, sagte er. Schalev entdeckte eine vervielfältigte Sammlung mit Aufsätzen israelischer Schüler. Auf Hebräisch hatten die Kinder 1966 von ihrer Begegnung mit Schindler erzählt. »Schindler war deutscher Nationalität und Angehöriger der Rasse Mensch«, hatte da ein Mädchen formuliert. Schalev las den Satz laut vor. Die geheftete Sammlung war in Yad Vaschem hergestellt worden. »So kommt zu uns zurück, was von hier stammt«, meinte Schalev gerührt.

Mordechai Paldiel, Leiter der Abteilung für »Gerechte der Völker«, öffnete die nächste Mappe. Wie war Schindler in den Besitz von »Blanko«-Ehrenurkunden der Hebräischen Universität von Jerusalem gekommen – alle fertig unterschrieben, aber ohne Namen von Geehrten? Einer der Anwesenden erinnerte sich, dass Schindler die Jerusalemer Universität in Deutschland repräsentierte. Die Namen der Geehrten sollte er wohl selbst eintragen.

Die berühmten Listen fanden natürlich das größte Interesse. Zwei Archivare kamen und schauten sich die zum Teil bestens erhaltenen und zum Teil vergilbten und zerknitterten Namenslisten an. Rostspuren erinnerten an die Heftzwecken, die sie mal zusammengehalten hatten. Einige Durchschläge waren kaum noch lesbar. Avner Schalev wollte sofort erfahren, wie viele Namen in den Listen enthalten seien und ob die Durchschläge mit den Originalen identisch seien. Die Antworten zu diesen Fragen wird er von der Forschungsabteilung von Yad Vaschem erhalten, sowie die Dokumente wissenschaftlich aufgearbeitet und von den Experten der Gedenkstätte einzeln geprüft worden sind. Yad Vaschem hatte sich bis zu diesem Zeitpunkt mit einer Rekonstruktion der Namenslisten anhand von Zeugenaussagen der rund 1200 Überlebenden begnügen müssen, die Schindler gerettet hatte.

Schalev äußerte die Hoffnung, dass auch andere, Retter wie Gerettete, Dokumente in ihrem Besitz zur »ewigen Aufbewahrung« in Yad Vaschem abliefern mögen. Die Abteilung für »Gerechte der Völker« habe vor allem Zeugenberichte der Geretteten gesammelt, um zu entscheiden, ob einem Retter die höchste Auszeichnung der Gedenkstätte zustehe. Schindlers Koffer sei für Yad Vaschem ein sehr ungewöhnliches Dokument der Zeitgeschichte. So sei der Einblick in das Leben eines Retters nach dem Holocaust möglich.

Gelächter erzeugte eine Mappe mit Dokumenten zum Eröffnungsflug der Lufthansa. 1968 wurde der Linienverkehr zwischen Frankfurt und Tel Aviv eingeweiht. Botschafter Ascher Ben Natan hatte den Teilnehmern des Fluges eine Einladung geschickt. Einer der geladenen Honoratioren, der damalige Botschafter Dr. Ulrich Sahm (mein Vater), hatte nach seiner Rückkehr aus Israel im Familienkreis erzählt, dass Oskar Schindler während des Fluges nach Israel »ziemlich laut und offenbar angeheitert« gewesen sei. Der »Beweis« dafür lag in der Mappe. Oskar Schindler war offenbar mit dem Zug zum Flughafen gefahren und hatte im DSG-Speisewagen vier Schnaps und vier Biere bestellt. Vielleicht hat er aber nur die Hälfte davon selbst getrunken: Auf der Rückseite der historischen Rechnung ist der Name eines polnischen Juden und der Zusatz »Treblinka« handschriftlich notiert.

Holocaust-Überlebende sucht ihre Retter

»Haben Sie vielleicht Lust, einer alten Frau einen Herzenswunsch zu erfüllen?« Mit dieser Bitte tritt Ettie Polak, Redakteurin beim israelischen Rundfunk, an mich heran. Sie betreute die Sendung *Drei Wünsche*, die sich bemüht, drei Interviewpartnern einen Traum zu erfüllen.

Chaja Feigin erzählte vor dem offenen Mikrofon zum ersten Mal von ihren traumatischen Erlebnissen im Konzentrationslager Stutthof bei Danzig. Chaja Baran wurde am 27. September 1920 in Oschmiana bei Vilna in Polen geboren und gab sich während dieser Zeit als Polin mit dem Namen Hella Podhaiska aus. Am 4.3.1939 heiratete sie Jakob Feigenbaum. Mit ihm hatte sie einen Sohn namens Mordechai. Ihr Mann und der Sohn sind im Holocaust ums Leben gekommen. Nach dem Krieg verheiratete sie sich wieder, heißt jetzt Chaja Feigin und lebt in Jerusalem.

Seit 1945 hat sie über ihr grausames Schicksal geschwiegen. Sie wollte ihren Mann, ihre Kinder und Enkel nicht belasten. Nun sagt sie mir mit Tränen in den Augen: »Stutthof war ein Konzentrationslager, wo die eingelieferten Juden nicht einmal eine Nummer auf den Unterarm tätowiert bekamen. Sie wurden gleich nach der Ankunft ins Gas geschickt. Aber einige kräftige Frauen wurden für die Landwirtschaft in der Umgebung benötigt. Meine Mutter und ich wurden zur Arbeit geschickt. Das war 1944. Wir mussten Schützengräben für die Soldaten ausheben. Wir arbeiteten in Kolonnen, ganz schnell. Wer nicht schnell genug arbeitete, erhielt einen Bauchschuss. Aber wenn wir mit den Spitzhacken zu schnell arbeiteten, verletzten wir unseren Hintermann. Sowie die deutschen Wächter Blut sahen, war es aus. Sie ermordeten uns. Das waren richtige Massaker. Meine Mutter wurde auch verletzt. Ich war Krankenschwester und verband sie, so gut es ging. Die Deutschen bemerkten es nicht. Am nächsten Tag schleppte ich meine Mutter wieder zur Arbeit.«

Ende Januar 1945 befand sich Stutthof in einem Zustand der Auflösung. Die Front näherte sich.

»Es war am 27. Januar 1945. Appell. Die Deutschen riefen: Raus. Auf dem Hof standen nur Frauen. Das Tor war offen. Aber am Tor stand ein Wächter, der jeden erschoss, der schwächlich wirkte. Wir sollten aus dem Lager evakuiert werden. Da war eine weitere junge Frau. ›Sie haben auf mich geschossen und ich bin am Leben geblieben‹, erzählte sie. Wir waren also zu dritt, zusammen mit meiner verletzten Mutter. Als der Wächter gerade damit beschäftigt war, jemanden anderes umzubringen, passierten wir das Tor. Es war ein Wunder. Die Häftlinge wurden in Richtung Baltisches Meer getrieben, weil es kein Krematorium gab, wo man uns hätte töten und verbrennen können.«

Sie erreichten eine Chaussee mit vielen Bäumen. Die Mutter stürzte. Die anderen liefen an ihnen vorbei. Chaja glaubte, dass es ihr Ende sei. Es herrschten 27 Grad Kälte. »Ich konnte nichts tun und überlegte, wie wir am besten sterben könnten. Aber ich wusste nicht, wie man das macht.« Ein Soldat mit Gewehr im Anschlag kam. »Geh, deine Mutter ist doch schon tot. Willst du auch sterben?« Chaja wollte aber die noch lebende Mutter nicht verlassen. Der Soldat ließ die Frauen zurück: »Gut, bleiben Sie, ich hole Sie später.«

Zu dritt liefen sie im Schutze der Nacht zwei Kilometer weit durch den Schnee. Chaja schrie laut. Deutsche Bauern von einem großen Gutshof in der Ortschaft Steegen bei Elblong, nur zwei Kilometer von Stutthof entfernt, hörten sie und nahmen sie in ihr Haus auf, zusammen mit einem jungen, ebenfalls verletzten Mädchen namens Lutka. Die Gutsfamilie nähte Kleider, um die drei jüdischen Frauen neu einzukleiden. Sie erhielten etwas zu essen.

Anneliese Rogg umarmt Chaja Feigin in Yad Vaschems

»Es klopfte an die Tür. SS-Soldaten kamen und fragten die Frau: Haben Sie hier Juden versteckt? Wir standen hinter einer Brettertür und zitterten vor Angst. Aber die sehr breit gebaute Frau stellte sich vor die Brettertür, damit die Soldaten uns nicht sehen könnten. In ihrem Hause gebe es keine Juden, behauptete sie standhaft und ließ die SS-Leute unverrichteter Dinge wieder abziehen.«

Die Suchaktionen der SS wiederholten sich fünf Mal. Die Nazis verhängten die Todesstrafe gegen Deutsche, die Juden versteckten und ihnen so das Leben retteten. Die drei Frauen erholten sich und blieben bis Mai, also etwa vier Monate, auf dem Gutshof.

Chaja Feigin erinnerte sich nur noch an den Vornamen der blonden zwanzigjährigen Tochter des Hauses: Christl.

Mit diesen dürftigen Informationen ausgestattet, startete ich eine Suchaktion. Ich wandte mich an das Deutsche Rote Kreuz in Bonn. »Die Möglichkeiten des DRK-Suchdienstes sind wegen des fehlenden Familiennamens natürlich sehr gering«, funkte Bernd Hoffmann, Direktor der Bonner DRK-Zentrale, innerhalb weniger Stunden zurück. Das DRK übermittelte jedoch nützliche Ratschläge. So zum Beispiel, dass ich vielleicht in der

»Heimatortkartei – Abt. Danzig« in Lübeck fündig werden könne. Allerdings habe Steegen 2000 Einwohner gehabt. Ebenso kam der Ratschlag, in der Zeitschrift *Unser Danzig* eine Suchanzeige aufzugeben.

Hilfe leistete auch mein Vater. Er ist in Danzig aufgewachsen und erinnert sich noch daran, als Kind mit seinem großen Bruder in Steegen zur Jagd gegangen zu sein. Über Kontakte entdeckte er ein altes Telefonbuch aus Steegen. Unter der Telefonnummer 291 war da sogar das »SS-Sonderlager Stutthof« aufgelistet.

Schmidtke, Paul, Hauptlehrer, Bodenwinkel 2 87
Schneeberger, Fritz, Käserei, Kobbelkampe 2 13
Schulz, Otto, NSV, Grenzdorf B 2 41
Skowronski, Ewald, Landwirt, Groschkenkampe 2 02
SS-Sonderlager Stutthof 2 91
Stasch, Kurt, Bäckermstr. 2 50
Steinert, Emil, Dentist 2 39
Strandhalle Steegen 1 01
Strandhalle Stutthof 2 68

Der Durchbruch kam nach der Veröffentlichung eines kleinen Artikels über den Wunschtraum von Chaja Feigin in der Augsburger Allgemeinen Zeitung. Anneliese Rogg aus Börwang in Süddeutschland, 1944 in Steegen geboren, wurde stutzig, als sie ihren Geburtsort in der Zeitung erwähnt fand. Sie war aber damals noch zu klein, knapp ein Jahr alt, um sich selber zu erinnern. Sie rief ihre Eltern in Norddeutschland an und erzählte ihrer alten Mutter von dem Zeitungsartikel. Die Mutter – so stellte sich heraus – war ausgerechnet auf jenem Gutshof angestellt und erinnerte sich genau an die drei Jüdinnen, die dort versteckt gehalten wurden.

Der nächste Schritt war ein Telefongespräch mit Frau Roggs Mutter Netta Kiehl in Norddeutschland. »Ich war ja da immer wie zu Hause. Ich erinnere mich sehr gut an alles«, erzählte die alte Dame. Schnell waren die Namen und anderen Einzelheiten geklärt. Die Frau, die todesmutig beschloss, drei geflüchtete Jüdinnen bei sich zu verstecken, hieß Klara Gerbrandt. Wie der Zufall so spielt, ist sie die Patentante von Anneliese Rogg gewesen.

Das weitere Schicksal der Familie Gerbrandt war tragisch. 1945 wurden die deutschen Familien vertrieben. Sie flüchteten gen Westen. Frau Kiehl gelangte nach Norddeutschland und man verlor sich aus den Augen. Eines Tages trafen sie sich rein zufällig auf der Straße. Die Gerbrandts hatten den Verlust ihres Gutshofes niemals überwunden und lebten noch einige Jahre in großer Armut in Schleswig-Holstein. Die Familie ist in Sürop, nördlich von Flensburg, beerdigt. Dort liegt auch Christl. Sie ist von einem Pferd getreten worden und war ihr Leben lang behindert; inzwischen ist sie gestorben. Die eigentlichen Retter sind also tot.

Chaja Feigin hatte mir schon beim ersten Besuch gesagt: »Ich habe geschworen niemals deutschen Boden zu betreten.« Um aber ihre Retter wiederzusehen, sei sie bereit, diesen Schritt trotzdem zu tun. Nachdem es nun gelungen war, die aus dem Osten vertriebene deutsche Familie aufzuspüren, sollte es jetzt auch noch zu einem echten Wiedersehen kommen – der besonderen Umstände halber allerdings in Israel. An einem Mittwoch überbrachte ich Chaja Feigin die Zeitungsausschnitte der Suchaktion und die Nachricht, dass es mir tatsächlich gelungen ist ihre Lebensretter ausfindig zu machen. Sie schwieg. Ein Lächeln ging über ihr Gesicht. Kurz wischte sie sich eine Träne aus den Augen. »Ja, jetzt erinnere ich mich, Gerland, Girland, nein wirklich, sie hießen Gerbrandt. Natürlich sind sie es gewesen. Und die Frau hieß Klara, und ihre Schwester wurde doch Tante Maria genannt, nicht Mariechen.«

Per Tonbandgerät spielten wir Chaja Feigin mitgeschnittene Telefongespräche mit Anneliese Rogg und deren Mutter aus Norddeutschland vor. Immer wieder sprang Chaja auf. Erinnerungen kamen hoch. Mit zitternden Händen prüfte sie ein Foto der Eltern von Anneliese Rogg. »Ja, ich glaube, dass ich diesen Mann kenne. Er ist groß und schlank und immer ganz vornehm langsam geschritten«, sagte sie über den Vater.

»Klara Gerbrandt und Christl waren richtige Engel. Wenn es noch mehr so gute Menschen in dieser Welt gäbe, dann gäbe kein Leid und kein Verbrechen mehr.«

Chaja erinnerte sich, wie Klara Gerbrandt gelegentlich mit verweinten Augen zum Frühstück gekommen sei. Sie muss Angst gehabt haben, weil sie Juden versteckte. Chaja bot an den Gutshof zu verlassen. Daraufhin habe ihr Klara Gerbrandt gesagt: »Lisachen, wenn ich weiß, dass ich dich aus meiner Stube zum Leben entlasse, dann bitteschön, aber jetzt könnte ich dich doch nur zum Tod hinauslassen.«

Chaja Feigin beschloss: »Diesen guten Menschen muss ein Baum gepflanzt werden, in Yad Vaschem, der Holocaust-Gedenkstätte. Klara Gerbrandt und ihr Mann Gustav und auch die blonde Christl sind ja alle schon tot. Aber ihr Gedenken soll weiterleben. So gute Menschen wie diese gibt es heute nicht mehr.«

Der Sprecher der Holocaustgedenkstätte Yad Vaschem bestätigte, dass auch für verstorbene Lebensretter von Juden in der Allee der Gerechten ein immergrüner Baum gepflanzt werden könne.

Die Zeremonie begann im sogenannten »Zelt der Erinnerung«. Beim ewigen Feuer versammelten sich neben Frau Rogg, die die Ehrung entgegennahm, Chaja Feigin und Lutka Nitezka. Sie sind gerettet worden und haben überlebt. Nach dem Entzünden der Flamme und einer Kranzniederlegung wurde ein immergrüner Brotbaum gepflanzt. Die Gedenkbehörde hat schon ein schwarzes Schild vorbereitet, auf dem in Silberbuchstaben die Namen Gustav, Klara und Christl Gerbrandt standen.

Bevor Dr. Mordechai Paldiel von Yad Vaschem eine Urkunde überreichte, kam es zu einer tränenreichen Szene. Frau Rogg hatte eine Goldmünze aus der Zeit des Kaiser Wilhelm II. mitgebracht. »Die Gerbrandts haben sie bei ihrer Vertreibung aus Steegen mitgenommen. Es war das Einzige, was ihnen geblieben war, als sie in sehr ärmlichen Verhältnissen in Norddeutschland noch einige Jahre lebten. Kurz vor ihrem Tode haben sie die Goldmünzen meiner Mutter gegeben, als Dank für ihre Treue und Sorge. Vor einem Jahr habe ich nun die Münzen erhalten, weil meine Mutter sicher war, dass ich sie in Ehren halten würde. Jetzt will ich eine dieser Münzen Chaja Feigin überlassen.«

Auszüge aus meiner Rede in Yad Vaschem

Meine Damen und Herren,

als Journalist sollte man unbeteiligt sein und über ein Ereignis möglichst neutral berichten. Als sich vor fast einem Jahr Ettie Polak vom israelischen Rundfunk mit der Bitte an mich wandte, die deutschen Lebensretter von Chaja Feigin zu suchen, ahnte ich nicht, was mir bevorstehen würde. Anneliese Rogg las meine Suchanzeige in der Augsburger Allgemeinen. Das Ergebnis ist die Anerkennung der Familie Gerbrandt als Gerechte der Völker und diese Zeremonie.

Meine Familie war am 20. Juli 1944 direkt beteiligt. Ich trage den Namen meines Onkels Ulrich Wilhelm Graf Schwerin von Schwanenfeld, der 1944 in Plötzensee gehängt worden ist. Widerstand gegen Hitler und sein mörderisches Regime hat in meiner Familie ebenso Tradition wie das Bekenntnis zu einem Deutschland mit moralischen und demokratischen Werten.

Als deutscher Journalist habe ich es gerade hier in Israel stets als eine Pflicht betrachtet, mich mit der deutschen Vergangenheit und dem Holocaust auseinander zu setzen. Ich habe mich in Israel nie geschämt Deutscher zu sein und es auch nicht verheimlicht. Im Gegenteil. Ich habe es als eine Herausforderung aufgefasst. Umso mehr halte ich es für wichtig, dass zwei Tage nach den ersten freien Wahlen in der DDR und vielleicht wenige Wochen vor der Wiedervereinigung eine ganz andere Form des Widerstandes gegen Hitlers Regime hervorgehoben wird. Die Familie Gerbrandt, wahrscheinlich ganz einfache Leute, normale Deutsche und mit Sicherheit keine Regierungskritiker oder gar Putschisten im Offiziersrang, hat es gewagt, nur vier Kilometer von dem Vernichtungslager Stutthof entfernt drei jüdische Frauen bei sich aufzunehmen und monatelang vor SS-Schergen zu verstecken. Auch das ist Widerstand gegen Hitler gewesen. Es beweist, dass es in Deutschland damals anständige Menschen gegeben hat.

Ich möchte mich hier ganz herzlich bei jenen bedanken, die ein Zustandekommen dieser Zeremonie ermöglicht haben. Besonders hervorheben möchte ich den deutschen Botschafter Wilhelm Haas und Herrn Dieter Gerber von der Lufthansa. Die spontane Hilfe dieser beiden Repräsentanten der Bundesrepublik zeigt, dass heute wirklich ein anderer Geist in Deutschland weht.

Übrigens wird es bei den Gerbrandts allein nicht bleiben. Unsere Aktionen, die Sendungen im israelischen Rundfunk und die Zeitungsartikel in Deutschland und Israel haben geradezu eine Lawine des Erinnerns ausgelöst. Viele Juden, Israelis, schämen sich plötzlich nicht mehr, ausgerechnet von Deutschen gerettet worden zu sein. Manche Deutsche fragten bei mir an, ob ich vielleicht die Adresse von Juden herausfinden könnte, denen sie damals das Leben gerettet haben. Ganz besonders rühren mich Briefe von Menschen aus der DDR, die über die Familie Gerbrandt gelesen haben, und jetzt den Kontakt zu Yad Vaschem suchen, um ihren »Gerechten der Völker« zu danken. Es befriedigt mich, dass das Schreiben von Zeitungsartikeln auch mal spürbare Ergebnisse nach sich ziehen kann.

Gustav Gerbrandt verstarb 1954, seine Frau Clara 1962. Die Angestellten aus Steegen, die Eltern von Anneliese Rogg, haben die Gerbrandts in Sürop nahe der dänischen Grenze zu Grabe getragen, da die Familie sonst keine Verwandte hatte. Die Tochter Christl, nach der Flucht von einem Pferd getreten und zeitlebens schwer behindert, verstarb 1972 in einem Heim. Der Sohn Herbert ist wahrscheinlich Mitglied der SS oder SA gewesen. Er hat von den versteckten Jüdinnen in seinem Elternhaus gewusst und ihnen auch Essen gebracht. Er wurde jedoch von Yad Vaschem nicht in die Ehrung einbezogen, da unklar sei, wie er sich außerhalb seines Elternhauses verhalten habe. Herbert Gerbrandt ist 1945 von Polen im Gefängnis von Danzig zu Tode geprügelt worden.

Die Ehrung an die Familie kann also nur noch posthum vergeben werden. Anneliese Rogg soll im Namen jener Familie die Urkunde entgegennehmen und in Jerusalem einen Baum pflanzen.

Chaja Feigin bedankte sich bei Ettie Polak dafür, ihr einen Herzenswunsch und Lebenstraum erfüllt zu haben. Wenig später erhielt Polak einen Anruf von Feigins Tochter. Ihre Mutter sei kurz nach der Ehrung in Yad Vaschem an Alzheimer erkrankt, ins Krankenhaus eingeliefert worden und verstorben.

Ettie Polak hat sich ein weiteres Mal mit einer eher kuriosen Bitte an mich gewandt. Ein anderer Studiogast, Doron Erel, ein junger ambitionierter israelischer Bergsteiger träumte davon, den höchsten Berg Afrikas, den Kilimandscharo zu besteigen. Diesen Wunsch erfüllte ihm ein israelisches Reisebüro. Doch als Kind von Holocaust-Überlebenden hatte er noch einen schier unerfüllbaren Wunsch, zumindest in Israel: Er wollte einmal mit einem »echten Nazi« reden. Polak fragte, ob ich ihr vielleicht helfen könne. Natürlich müsse der Betreffende auch perfekt Hebräisch sprechen, um in ihrem Programm auftreten zu können. Nun kann man in Israel vermutlich alles finden. Aber einen echten Nazi?

Ich bot ihr daraufhin ein Kompromiss an. Keinen Nazi, sondern mich, einen Deutschen, der nach dem Krieg geboren ist und aus einer Familie von Nazigegnern stammt. Auch Erel akzeptierte das Angebot. Und so unterhielten wir uns angeregt über die deutsche Vergangenheit, wie ich sie sah und wie er sie empfand. Nun stand aber noch immer der Wunsch nach dem »echten Nazi« offen. Zu der Zeit lief im Jerusalemer Khan-Theater gerade ein Theaterstück nach dem Buch von Peter Sichrowski, der Kinder von Nazigrößen interviewt hatte. Wir beschlossen, es gemeinsam zu besuchen.

Ich muss an dieser Stelle etwas völlig Abwegiges einschieben. Ich habe immer schon gern gekocht. Einen Ofen haben wir uns aber nie geleistet. Eines Tages fragten mich Freunde, ob ich vielleicht ein uraltes Erbstück übernehmen wolle, einen Backofen aus den dreißiger Jahren, aus weißer Emaille und schrecklich primitiv. Meine Frau war ziemlich angeekelt. Wer weiß, was darin schon alles gebacken und gebrutzelt worden war. Aber ich ließ mich nicht beirren. Das gute Stück stand nun in unserer Küche und leistete mir gute Dienste.

Eines Tages, als ich gerade nicht zu Hause war, kam ein alter Araber in unserer Straße vorbei und rief auf Jiddisch »Alte Sachäään«, die Betonung auf der letzten Silbe. Das ist die israelische Methode des Sperrmülls. Meine Frau erkannte die Chance, sich des ekelhaften Küchengeräts zu entledigen, also meines geliebten Backofens. Der Araber schnallte den Ofen auf den Rücken und verschwand damit.

Soweit das Intermezzo.

Doron, Ettie, meine Frau Varda und ich gingen also wenig später ins Theater, um das Stück über die Nazikinder zu sehen. Die Bühne war schwarz und leer. In einer Ecke stand ein einziges Requisit, ein altmodischer Ofen aus Emaille. Die Schauspieler begaben sich während des Theaterspiels immer wieder zu diesem Ofen, in dem ein Messer lag. Der Ofen symbolisierte Auschwitz, die Krematorien, den Holocaust.

Ein weiterer Kommentar erübrigt sich. Während der Pause sprangen meine Frau und ich auf die Bühne. Wir schauten uns das Requisit genauer an, um absolut sicher zu sein. Als wir die Ofentür öffneten, schlug uns noch der süßliche Geruch der chinesischen Schweinerippchen entgegen, die ich als Letztes in ihm gebacken hatte …

Schaurige Pressekonferenz

Ein jüdischer Aktivist aus Wien, Eric Cohen, fragt, ob ich bereit sei, zu einer Pressekonferenz nach Tel Aviv zu kommen. Es gehe darum, die Äußerung eines Historikers auf Seite 365 seines Buches zu entkräften. In der vierten Zeile von unten hat der behauptet, dass die »Sonderkommandos« im KZ sich an den Leichen vergaster jüdischer Frauen vergangen hätten. Im Olive Room des Tel Aviver Hilton sitzen 16 Polen am Tisch, eine beeindruckende Matrone und eine schmächtige ältere Dame. Nachdem meine damalige Freundin (und jetzige Frau) und ich angekommen sind, erklärt Eric Cohen die Pressekonferenz für eröffnet, obgleich sonst kein Journalist anwesend ist. Zunächst geht es darum, ob wir auf Jiddisch, Hebräisch, Deutsch oder Englisch reden sollen. Nur bei Polnisch hätte ich nicht mithalten könne. Die 16 Herren beteuern, Mitglieder des Sonderkommandos in Auschwitz gewesen zu sein. Nach der Vergasung brachen sie Goldzähne aus den Leichen und suchten versteckte Diamanten in den Scheiden der Frauen. Sie hätten sich an den Leichen nicht vergangen, womit dem Anlass der Pressekonferenz Genüge getan ist. Die Matrone präsentiert sich als Geliebte Mengeles und die ältere Dame erzählt, wie sie dem Sonderkommando Sprengstoff für dessen Aufstand beschafft habe. Bemerkenswert an dieser Geschichte ist vor allem das Bedürfnis, allein und exklusiv einem deutschen Korrespondenten das Leid über die Falschinformation zu klagen.

Ärgerlich war ein Gespräch meiner Freundin mit der älteren Dame. Die stellte sich als Lehrerin vor. Sie erzähle israelischen Schulkindern als

Zeitzeugin von ihren Erlebnissen im KZ. Varda fragt, wie sie denn überlebt und wer sie gerettet habe. Die Lehrerin sagt, dass deutsche Nonnen ihr am Ende das Leben gerettet hätten. Ob sie das auch den Schülern erzähle? »Nein«, sagt die Lehrerin. »Das würde doch bei den Schülern einen falschen Eindruck über die Deutschen erwecken.« Es sei hier noch einmal angemerkt, dass der Staat in Yad Vaschem die höchste Ehre überhaupt Nicht-Juden zukommen lässt, die während des Holocaust unter Einsatz ihres eigenen Lebens Juden gerettet haben.

Verwunderlich auch der Ausspruch jener imposanten Matrone, die nach eigenen Angaben den Auschwitz-Arzt Joseph Mengele »ganz wunderbar« fand. Sie erzählt von einer Pritschennachbarin in ihrem Wohnblock in Auschwitz. Jene Frau, die heute angeblich in den USA lebe, habe ihr ein unter dem Kopfkissen verstecktes Stück Brot geklaut. »Wenn ich die wieder treffen sollte, würde ich die auf der Stelle umbringen.«

Aber vielleicht sollte man Menschen, die in einer Hölle der Unmoral überlebt haben, nicht mit moralischen Urteilen messen.

Aber der ist doch Jude

Befremdlich war ein Treffen mit einem Diplomaten der deutschen Botschaft in Tel Aviv. Es liegt einige Jahre zurück. Die Botschaft hatte bei Einladungen und Begegnungen mit deutschen Korrespondenten beschlossen, zwischen »Entsandten« und »Ortsansässigen« zu unterscheiden. Die Korrespondenten protestierten. Während der Diskussion kam die Frage auf, wieso denn Peter Finkelgrün, damals von der Deutschen Welle »entsandt«, ebenso nachteilig behandelt wurde wie die »Ortsansässigen«. Aus dem Diplomaten platzte heraus: »Aber der ist doch Jude.« Seitdem behandelt die deutsche Botschaft in Tel Aviv alle deutschen Korrespondenten ohne Unterscheidung zwischen Juden und Nicht-Juden.

Daniel Barenboim und der Klingelton

Die BZ in Berlin fragte 2001 an, ob ich die Kultursenatorin Adrienne Goehler, den Dirigenten Daniel Barenboim und die Berliner Staatskapelle bei ihrem Besuch in der Holocaustgedenkstätte Yad Vaschem begleiten und fotografieren könne.

Auf dem Weg zur Kranzniederlegung in Yad Vaschem »klingelt« mein Handy. Eher zufällig und gewiss nicht aus böser Absicht habe ich die Melodie von Richard Wagners Walküre ausgewählt. Als Kulturbanause muss ich gestehen, mich für den Klingelton entschieden zu haben, weil er mir gefiel, ohne zu wissen, dass Wagner ihn komponiert hat. Daniel Barenboim zuckt zusammen. Dann lacht er. »Also darf man offenbar in Israel doch Wagner spielen.«

Dieser Zwischenfall passiert am Freitag. Nach Debatten in der Knesset, Klagen beim Obersten Gericht und einem Beschluss der Leitung des Israel-Festivals war Barenboims Vorhaben Wagner zu spielen gerade endgültig abgelehnt worden. Darüber hatte ich berichtet:

> Daniel Barenboim und die Leitung des Israel-Festivals haben endgültig beschlossen, die *Walküre* von Richard Wagner nicht aufzuführen. Wagner ist in Israel immer noch tabu, weil er ein eingefleischter Antisemit und Lieblingskomponist Hitlers war. Barenboim hatte darauf bestanden, in Jerusalem die Walküre zu dirigieren, da Kunst und Politik nicht vermischt werden dürften. Doch Holocaustüberlebende und Politiker in Israel übten erheblichen Druck aus, was zu einem international beachteten Skandal führte. Jetzt ist der Beschluss, Wagner nicht aufzuführen, endgültig. Wegen der Programmänderung hat die Leitung des Festivals einen erheblichen Preisnachlass für jene angekündigt, die schon Karten zu dem umstrittenen Konzert erworben haben.

Am Samstag Nachmittag besuchen mich einige Musiker und Mitglieder des Orchestervorstandes. Sie wollen auf meiner Terrasse etwas über die politische Lage in Israel hören. Als das Taxi schon vor der Tür steht, um sie zum Konzertsaal zu bringen, fragt einer von ihnen: »Herr Sahm, wollen Sie übrigens Freikarten für das Konzert haben? Es könnte für Sie ganz interessant werden.« Ich frage erstaunt: »Wieso?« Der Herr von Berlins Staatskapelle meint nur: »Es könnte sein, dass Barenboim doch Wagner spielt. Die Noten haben wir mitgebracht. Wir haben sogar zwei Harfen nur für diesen Zweck nach Israel eingeflogen.«

Das ist ein brisantes Angebot. Ich ahne nicht, dass ich der einzige Journalist bin, dem das im Voraus verraten wird. Damit das historische Ereignis dokumentiert werde, rufe ich den ersten Kanal des israelischen Fernsehens an. Der verantwortliche Redakteur sagt: »Danke für den Hinweis. Aber wegen Sabbat haben wir kein freies Team.«

Beim Zweiten Kanal reagieren die Kollegen schon mit größerem Interesse. Erst später erfahre ich, dass sie bei der Festivalleitung bereits eine Drehgenehmigung beantragten, die ihnen jedoch strikt verweigert wurde. Also fragen sie mich, ob ich etwas dagegen hätte, eine Amateurkamera ins Konzert mitzunehmen. »Aber ich habe noch nie eine Videokamera in der Hand gehalten.« Die Kollegen meinen: »Dann wollen wir hoffen, dass es gut geht.«

Wie denn der geplante Ablauf sei, frage ich hinter den Kulissen ein Vorstandsmitglied der Staatskapelle. Der lächelt konspirativ und meint nur: »Sie kennen doch das Programm. Weshalb fragen Sie nach dem weiteren Ablauf?« Ich weiß nun, dass Barenboim die Entscheidung bis zuletzt offen lassen würde. Er wolle erst einmal die Stimmung im Saal prüfen und Wagner, wenn überhaupt, nur als zweite Zugabe spielen.

Das Konzert ist vorüber. Das Publikum applaudiert, nach Schumann und Strawinsky und Tschaikowskys Blumenwalzer als Zugabe. »Ich habe eine ganz private Angelegenheit mit Ihnen zu besprechen, etwas ganz Persönliches, nur zwischen Ihnen und mir«, sagt Barenboim dann auf Hebräisch zu den dreitausend Konzertbesuchern in der »Halle der Nationen« in Jerusalem. »Ich möchte Wagner spielen.« Im Saal erklingen erste Buh-Rufe und Applaus. »Ich möchte keine Gefühle verletzen. Ich verstehe, dass einige Menschen unfähig sind, Wagner zu hören. Die bitte ich jetzt, den Saal zu verlassen.« Aus dem Publikum kommen brausender Applaus und laute Protestrufe. Die lautstarke Diskussion dauert eine halbe Stunde: »Diese Halle gehört der Jewish Agency. Sie haben kein Recht, hier in einem Saal, der Eigentum des Staates Israels ist, die Musik dieses Nazi aufzufüh-

ren. Das ist kein privater Saal.« Ein anderer brüllt: »Ich habe hunderte Schekel für das Ticket bezahlt, aber nicht um Wagner zu hören.« Geduldig fordert Barenboim diesen Mann auf nach dem Konzert zu ihm zu kommen. Er werde ihm den kompletten Eintrittspreis erstatten. »Ich habe hier auf eine Gage verzichtet, weil dies mein Land ist«, erklärt er. Ein Mann mit einem Schlüsselbund in der Hand springt auf die Bühne und fordert von Barenboim, auf diese »Provokation« zu verzichten. Auf seinem Schlüsselanhänger ist ein Mercedesstern eingraviert. Einige Zwischenrufer verlassen unter Protest den Saal, andere gehen schweigend. Stille legt sich über das Publikum. Barenboim kehrt zum Dirigentenpult zurück und dreht dem Publikum den Rücken zu.

Bullige Sicherheitsleute begeben sich in Position, um den Dirigenten vor eventuellen Übergriffen zu schützen. Kaum erklingen die ersten Takte der Ouvertüre von Tristan und Isolde, da klappern lautstark die Türen des Konzertsaals. Barenboim lässt sich nicht irritieren. Ein Mann schreit kurz, aber das Konzert geht weiter. Meine Frau Varda macht Bilder, während ich fleißig zum ersten Mal in meinem Leben filme. Ein schwitzender Sicherheitsmann stürzt sich auf mich und wird handgreiflich. Während er sich auf meinen Schoß gesetzt hat, »ziele« ich, so gut es geht, an ihm vorbei und wippe mit dem Kopf zum Takt der Musik, damit unbemerkt bleibt, dass die Kamera weiter läuft …

Der historische Abend endet mit rauschendem Applaus. »Wieso bist du nicht rechtzeitig rausgegangen, wenn du das nicht aushältst?«, fragt ein französischer Jude seine verstörte Frau. Die bleibt ihm eine Antwort schuldig. Eine Professorin für Folkloristik, die auch deutsches Theater lehrt, weiß vom Verstand her, dass sie Wagner nicht boykottieren dürfe. Unter Schmerzen hört sie sich das Stück an. Doch als andere klatschen, bricht sie in Buhrufe aus.

Ich befürchte, dass man mir die Filmkassette abnehmen könnte. Also hänge ich meine Tasche mit der Kamera einem Diplomaten, dem Kulturattaché der deutschen Botschaft in Tel Aviv, über die Schulter und verlasse den Saal »mit leeren Händen«.

Für die jungen Musiker der Berliner Staatskapelle war es der erste Besuch in Israel. Sie verspüren viel Mitgefühl für die »historische Situation«, in die sie unfreiwillig hineingeraten sind. »Hoffentlich hat niemand mein Herzklopfen gehört«, sagt Matthias Clander, Klarinette. Egbert Schimmelpfennig vom Orchestervorstand meint: »Wir hatten Lampenfieber wie bei unserem ersten öffentlichen Auftritt.« Carola Höhn, Opern- und Konzertsängerin, hat Tränen in den Augen und sagt: »Noch nie habe ich ein Konzert mit so vielen Spannungen erlebt.«

Nach dem Konzert begleiten Sicherheitsleute den Maestro zum benachbarten Hotel. Barenboim wird von einigen Musikern umarmt. »Ich muss euch danken, dass ihr mitgespielt habt und den Mut hattet«, sagt er bescheiden. »Hör mal gut zu. Der Wagner rotiert dreißig Mal im Grabe, wenn er wüsste, dass diese verdammten Juden ihn trotzdem in Jerusalem aufgeführt haben. Wir Juden sollten den Nazis nicht im Nachhinein einen Sieg gönnen, indem wir Wagner boykottieren, nur weil Hitler seine Musik mochte.« Es habe viele Antisemiten unter den Komponisten gegeben. Die Musikgeschichte des zwanzigsten Jahrhunderts sei ohne Wagner nicht zu verstehen. Ohne Wagner hätte es weder Mahler noch Schönberg geben können, »übrigens beide Juden«.

Mitten in der Nacht, wenige Stunden vor seinem Rückflug nach Berlin, stellt sich Barenboim einem Interview im israelischen Rundfunk. »Ich habe nur dann ein Tabu gebrochen, wenn jetzt auch die Jerusalemer Symphoniker es wagen, Wagner aufzuführen. Wenn nicht, dann wird meine Initiative eine Episode bleiben.«

Daniel Barenboim mit Teddy Kollek

Barenboims Coup blieb nicht ohne Folgen. Jüdische Organisationen in Israel und in der Welt riefen zu seinem Boykott auf. Staatspräsident Mosche Katzav beschuldigt ihn eines »unlauteren Überholungsmanövers«, während Ministerpräsident Ariel Scharon behauptet, dass es wohl immer noch zu früh für Wagner in Israel sei. »Das hätte nicht passieren dürfen. Es leben unter uns immer noch viele Menschen, die Wagner nicht hören können, wegen der Vergangenheit.« Jerusalems Bürgermeister Ehud Olmert ist »wütend« über Barenboims »Chuzpe«. Barenboim weigert sich bei einer Begegnung ihm die Hand zu drücken. Während Altbürgermeister Teddy Kollek vor dem Konzert Barenboim aufgefordert hatte, doch trotz der Widerstände Wagner zu spielen, sagt Olmert nach dem Auftritt: »Kein Zweifel, Barenboim ist ein großer Musiker, aber er ist ein kleiner Mensch.« In den israelischen Zeitungen liest man keine einzige Stimme, die Barenboims Schritt rechtfertigt oder begrüßt.

Zwei Jahre danach, im Dezember 2003, gibt es für die »provokative« Zugabe Barenboims ein Nachspiel. Dem international geachteten Dirigenten sollte »aus technischen Gründen« die feierliche Übergabe des ihm zuerkannten Wolf-Preises versagt bleiben. Der Wolf-Preis wird von einem jüdisch-kubanischen Geschäftsmann gestiftet, gilt als eine Art »israelischer Nobelpreis« und ist mit 50 000 Dollar dotiert. Die dreiköpfige Jury hatte beschlossen, Barenboim und den russischen Cellisten Mstislaw Rostropowitsch für ihr Lebenswerk auszuzeichnen. Erziehungsministerin Limor Livnat vom Likudblock redete jedoch plötzlich von einer »schrecklichen Panne«. Nachdem sie Barenboim über die geplante Ehrung informiert und zu der Feier in die Knesset eingeladen hatte, wurde sie daran erinnert, dass ein Knessetausschuss nach dem Wagnerkonzert vom Juli 2001 von Barenboim eine »offizielle Entschuldigung« verlangt hatte und ihm sogar die

Einreise nach Israel verweigern wollte. Livnat stand vor einem peinlichen Dilemma. Ohne Entschuldigung durfte Barenboim das Gebäude der Knesset nicht betreten. Gemäß den Statuten muss aber der Wolf-Preis vom israelischen Staatspräsidenten dort feierlich übergeben werden.

Von Berlin aus erklärt Barenboim in einem Interview im israelischen Rundfunk, dass es ihm »leid täte«, falls er die Gefühle »einer Person oder einer Gruppe« verletzt hätte. Das sei nie seine Absicht gewesen. Auf die Frage, ob er bereit sei, sich öffentlich zu entschuldigen, fragt er: »Wofür?« Wenig später meldet sich Livnat zu Wort. Sie sagt: »Wir werden seine Worte so darstellen, als habe er sich entschuldigt. Ich freue mich, dass die Dinge eine so positive Wende genommen haben.«

Barenboim lässt sich jedoch nicht einschüchtern. Bei der Preisverleihung in der Knesset provoziert er den nächsten Eklat. Nachdem er die hehren Grundsätze der Unabhängigkeitserklärung Israels von 1948 zitiert hat, sagt er: »In tiefer Trauer frage ich heute: Können wir, allen Errungenschaften zum Trotz, die unakzeptable Kluft zwischen den Absichten und den Realitäten Israels außer Acht lassen?« Barenboim redet weiter von Besatzung und Unterdrückung eines anderen Volkes sowie von der Missachtung der »fundamentalen Rechte der Nachbarn«. Er schließt mit der Ankündigung, das Preisgeld Projekten für Musikerziehung in Israel und im palästinensischen Ramallah stiften zu wollen.

Kapitalistischer Kibbuz als Friedensrezept

Steff Wertheimer scheut keine Kosten, seine Vorstellungen einer Friedenslösung für den Nahen Osten zu propagieren. Der selbsternannte »Friedenskämpfer« stellt sich nicht mit Plakaten an Straßenkreuzungen auf und wirft sich nicht demonstrativ vor Bulldozer. Er redet mit Politikern in aller Welt, präsentiert seine Ideen vor dem amerikanischen Kongress und einem Ausschuss des britischen Parlaments. Auch nach Deutschland pflegt er beste Kontakte. Wertheimer verteilt Hochglanzprospekte und lädt Journalisten zum Interview nach Tefen im Norden Israels ein. Doch mutet er ihnen nicht eine mehrstündige Autofahrt zu. Er fliegt sie per Helikopter ein und nimmt sich die Zeit, sie persönlich durch einen von fünf Industrieparks zu führen, die gemäß seinem Konzept in Israel entstanden sind.

Diese Industrieparks sind der Kern seiner Friedensidee und der Schlüssel zu seinem Erfolg als Geschäftsmann. »Die Berliner Mauer fiel wegen des Marshall-Plans«, hebt Wertheimer an. Der Blick aus seinem Büro geht auf die grüne Hügellandschaft des biblischen Galiläa. Kunstwerke schmücken seinen Schreibtisch. An der Wand hängen Luftaufnahmen seiner Industrieparks. »Wir brauchen auch für den Nahen Osten einen Marschallplan«, sagt er und zückt Grafiken. Nicht im »schmutzigen Geld« der Erdölvorkommen sieht Wertheimer die Erlösung, sondern in der Schaffung von Industrie, Arbeitsplätzen und Zukunftshoffnung für die Menschen. Mit vier Milliarden Dollar könne Jordanien saniert werden und mit acht Milliarden könne die Türkei zu einer wirtschaftlichen Erfolgsstory gemacht werden.

»Die Ölgelder erreichen nur die Reichen. Sie werden missbraucht für Waffeneinkäufe und politische Abenteuer«, meint Wertheimer. Ölstaaten wie Saudi-Arabien und Irak werden auf seinen bunten Grafiken als »arme Länder« dargestellt, auf einer Stufe mit wirtschaftlich darbenden Staaten wie Jordanien, Ägypten, Iran und den palästinensischen Gebieten. Ein hoher Bevölkerungsanteil von Jugendlichen unter 14, bei den Palästinensern sind es 47 Prozent und in Saudi-Arabien 43 Prozent, sowie eine Arbeitslosenrate von 40 Prozent bei den Palästinensern, 30 Prozent in Saudi-Arabien sowie 50 Prozent im Irak beweisen aus Sicht Wertheimers, wo die wahren Gefahren liegen.

»Wirtschaft ist eine Verteilung von Geld und Produktivität«, sagt er. Mit der Schaffung von Exportindustrie könne auch jenen Ländern des Nahen Ostens geholfen werden, wo kein Öl fließt.

Der erfolgreiche Kunstgriff des Marshall-Planes in Europa nach dem Zweiten Weltkrieg sei die Finanzierung von Infrastruktur, Eisenbahnen und des Aufbaus von Fabriken gewesen. »Entscheidend war, dass die Gelder nicht an die Regierungen geflossen sind«, sagt Wertheimer. Profitiert hätten alle, nicht nur die Menschen des durch Krieg zerstörten Deutschland, sondern auch die amerikanischen Geldgeber. Der Erfolg des Westens mit seiner blühenden Wirtschaft habe die politische Landschaft der Welt verändert. Die DDR sei wegen der Misswirtschaft verschwunden und die Sowjetunion sei zusammengebrochen, weil sie ein schlechtes Wirtschaftssystem gepflegt habe.

Wertheimer, 1926 in Deutschland im Dorf Kippenheim geboren, ist 1936 mit seinen Eltern aus Nazideutschland nach Palästina geflohen. Wertheimers Vater hatte im ersten Weltkrieg bei der Schlacht vor Verdun ein Bein verloren. Er war wütend auf Hitler, weil sich dessen Politik der Judenverfolgungen gegen »gute Deutsche« richtete.

Der junge Wertheimer diente in der »Palmach«, einem Vorläufer der israelischen Armee. Bei den Briten, vor der Gründung Israels, machte er seinen Pilotenschein in nur 20 Stunden. Seinen Erfolg als Geschäftsmann verdankt er dem französischen Präsidenten de Gaulle. Als Frankreich 1968 ein Waffenembargo gegen Israel verhängte, beschloss Wertheimer, die nun fehlenden Ersatzteile für Flugzeuge selbst herzustellen. Aber er schuf nicht nur Fabriken, sondern ein neues Konzept für »Industrieparks«, mit deren Hilfe er ganz persönlich zum Wirtschaftserfolg Israels entscheidend beigetragen hat. In den von ihm geschaffenen Parks werden Waren im Wert von 1,2 Milliarden Euro vor allem für den Export hergestellt, zehn Prozent der gesamten Industrieproduktion Israels. Auch ohne Erdöl habe sich der jüdische Staat einen guten Platz zwischen Italien und Spanien erkämpft. Gemessen am Pro-Kopf-Einkommen habe Israel fast alle arabischen und nahöstlichen Länder von der Türkei über Libanon, Syrien und Ägypten bis nach Marokko um ein Vielfaches geschlagen. Sogar das reiche Saudi-Arabien liegt unter der von Wertheimer gezogenen »Armutsgrenze«. Wenn die Europäer den Ölfluss absichern wollen, sei es höchste Zeit, auch in der arabischen Welt Wohlstand und gute Arbeitsplätze zu schaffen.

Wertheimer bricht seine theoretischen Diskurse ab, um den angereisten Journalisten sein Konzept eines »kapitalistischen Kibbuz« vorzuführen, mit dem er zunächst die Türkei und Jordanien, später auch Libanon und die palästinensischen Gebiete auf einen »Erfolgskurs« bringen will. Die Errichtung eines Industrieparks für die Palästinenser im Länderdreieck Ägypten, Israel und Gaza bei Rafa sei schon fertig ausgehandelt und unterschrieben gewesen. Die Finanzierung war gesichert, da brach im Herbst 2000 die Intifada aus und brachte das Projekt zum Erliegen. – Bis heute ist daran nicht mehr zu denken.

Dennoch kann man Wertheimers Ansatz nur beipflichten: »Nur wenn es unseren Nachbarn gut geht und die Menschen ein Ziel vor den Augen haben, kann auch Israel Frieden und Ruhe erwarten.«

Über einen gepflegten Rasen geht es in eine blitzsaubere Fabrikhalle.

Ein führerloser Roboter mit gelben Blinklichtern kommt angefahren und stoppt artig vor den Besuchern. Wohl damit es den gelben Maschinen in der Halle nicht langweilig wird, wenn sie vollautomatisch Kohlenstoffe zu winzigen Fräseblättern pressen, abstauben, auf Paletten stapeln, in die Öfen schieben und schließlich verpacken, plärren die Nachrichten aus einem Transistorradio auf dem Roboter. Da werden die täglichen Schreckensmeldungen eines weiteren Terroranschlags durchgegeben, die Debatten in der Knesset um die Sanierung der angeschlagenen Wirtschaft und den Nothaushalt, um die horrenden Kosten der »Operation Schutzschild« zu finanzieren. Da ist die Rede von Zerstörungen in den palästinensischen Gebieten und Absperrungen, die jeglichen Handel schier unmöglich machen. Diese Hiobsbotschaften wirken in der Fabrik in Tefen wie aus einer »anderen Welt«.

Wertheimer setzt die Tour fort. Moderne Skulpturen stehen vor den Eingängen der Fabrikhallen. Auf den Rasenflächen dazwischen weisen Schilder zu den in diesem Park angesiedelten Firmen. »Es müssen umweltfreundliche saubere Industrien sein. Ehe sie aufgenommen werden, müssen sie einen Geschäftsplan für die nächsten sechs Jahre vorlegen. Nur wenn ihr Erfolg garantiert ist, können sie sich in unseren Parks ansiedeln und erhalten Starthilfe.« Die Firmennamen lassen auf eine Vielfalt der hier hergestellten Produkte schließen: Micro Werkzeuge, Ethrog Biotechnologien, Holo-Licht, Albo Plastik Industrien, Motorola Halbleiter, Roshtow Software. Bei der »Pottery Nurit und Uri GmbH« wird Keramik künstlerisch gestaltet. Die Firma »Gewürze von Elana GmbH«, wo farbige Pfeffersorten bunt und lustig in dekorative Gläser gefüllt werden, ist in die High Tech-Umgebung gut integriert.

Zwischen den Produktionshallen hat Wertheimer auch Museen angesiedelt, denn »Kunst ist für mich der Inbegriff der Kreativität. Bei einer erfolgreichen Industrie geht es vor allem um Kreativität.« In einer Halle stehen alte Automobile. In einer anderen hängen Bilder an der Wand und dann hat Wertheimer sogar das erste »Jekkes-Museum« geschaffen, wie er es liebevoll nennt: ein Museum der deutschen Juden. In Vitrinen liegen da Poesiealben neben Pokalen jüdischer Sportler aus den dreißiger Jahren. An den Wänden hängen Porträts deutsch-jüdischer Nobelpreisträger und das berühmte Foto des Ehepaares Schlesinger, das in Berlin junge Soldaten hoch zu Ross auf dem Weg zur Front in den Ersten Weltkrieg verabschiedet. Der Holocaust kommt in dieser Dokumentation einer vergangenen Hochkultur nur symbolisch vor, durch einen gelben »Judenstern« mit der Aufschrift »Jude«.

Die gemeinsame Kantine für Mitarbeiter aller in Tefen angesiedelten Industriebetriebe gleicht eher einem besseren Restaurant mit Tischdecken und gefalteten Servietten. Zahlreiche Salate stehen auf dem Tisch und zum Abschluss gibt es eine liebevoll gestaltete Schüssel mit frischem Obst: »Wir sind eben ein kapitalistischer Kibbuz und wollen so Frieden schaffen.«

Vom Kriegsdienstverweigerer zum Zivildienstleistenden

Johannes Herwig-Lempp (47) kam als »Kriegsdienstverweigerer« nach Jerusalem. Sein Sohn Kasimir folgt ihm nun als »Zivildienstleistender«. Die Begriffe haben sich gewandelt, auch die Motivation, ein Jahr lang als Volontär bei der Aktion Sühnezeichen/Friedensdienste (ASF) in Jerusalem zu dienen. Der Vater, heute Professor für Sozialarbeit in Halle, hatte 1977 ein Jahr lang in einem Heim für schwer erziehbare Kinder gearbeitet. Der Sohn hilft Holocaust-Überlebenden.

Vater Johannes überlebte 1978 unverletzt einen Terroranschlag in Nablus. Palästinenser hatten eine Nagelbombe in einen gemieteten arabischen Bus geworfen, mit dem Freiwillige von ASF zu einer Erkundungstour durch die besetzten Gebiete gefahren waren. Zwei Deutsche wurden getötet, fünf schwer verletzt. »Eltern lernen, ihre Kinder ziehen zu lassen«, antwortet er lächelnd auf die Frage, wieso er den Sohn Kasimir freiwillig in jenes Land ziehen ließ, das heute wohl noch gefährlicher ist als damals. »Ich erlaube mir nicht, Angst zu haben. In Deutschland kann man mit dem Auto verunglücken.« Aber er gesteht: »Meine Frau hat mehr Sorge.«

Kasimir fühlt sich wegen der Sicherheitsauflagen von ASF in seiner Bewegungsfreiheit erheblich eingeschränkt. Er darf Ost-Jerusalem nicht besuchen, ganz zu schweigen von den palästinensischen oder besetzten Gebieten. »Ich bin nicht so frei wie in Europa«, meint Kasimir. Er könnte auf die ständigen Kontrollen, die Soldaten und das belastende Busfahren »gerne verzichten«.

Der Vater erzählt, vor fast dreißig Jahren »politisch interessiert und christlich engagiert« den Kriegsdienst verweigert zu haben. »Die politische Seite war immer präsent. Ich fand es ermüdend. Niemand sagte uns, wie wir darüber nachdenken sollten«, erinnert er sich. Den Anschlag auf den Bus in Nablus habe er weitgehend verdrängt. »Ich konnte lange nicht darüber reden.« So blieb als »schrecklichstes Erlebnis meines Lebens« eher, was er in einer israelischen Kaserne erlebte, wohin die Deutschen nach dem Anschlag gebracht wurden. »30 bis 40 Araber waren dort zusammengetrieben und wurden vor unseren Augen schikaniert.« Inzwischen weiser geworden, sagt Johannes: »Im Nachhinein empfinde ich es als schrecklich, wie altklug wir damals über den Anschlag redeten, etwa mit den Worten: Der Tod war nicht umsonst.« Heute glaubt er, beide Seiten, Israelis wie Palästinenser, besser verstehen zu können und hat erkannt: »Es gibt keine Lösung.« Konflikte zwischen Menschen könnten nicht einfach entschieden werden mit Sprüchen wie: »Der hat Recht.« Damals sei er naiv gewesen. Er habe geglaubt, dass Frieden erzwungen werden könne.

Sohn Kasimir »kannte« Israel dank seiner Familiengeschichte. Es habe ihn in die Ferne gezogen. ASF in Israel sei für ihn die »beste Option« gewesen, seinen Zivildienst zu leisten. »Sühne« spiele da keine Rolle, obgleich er sich des Holocaust »sehr bewusst« sei. Kasimir will den jungen Israelis zeigen, dass Deutsche heute »anders« seien. Dabei stellt er fest, dass die Israelis seiner Generation »wenig Interesse an der Schoah« zeigten. Deshalb gebe es keine Berührungsängste. »Die jungen Israelis interessieren sich viel mehr für ihre geplante Weltreise im Anschluss an den Militärdienst, nach Indien oder Südamerika.« Kasimir sagt, dass er seine Zeit als Zivildienstler »nicht einfach absitzt«. Es mache ihm so viel Spaß, dass er daran denke, den Vertrag zu verlängern. »Alles gefällt mir, das Land, die Leute, die unterschiedlichen Mentalitäten.« Vater Johannes, zu Besuch bei seinem Sohn, bestätigt: »Israel ist eben nicht nur ein Land, wo die Busse in die Luft fliegen.«

Johannes bewundert, wie die heutige Generation mit ihrem Zivildienst umgeht: »Die jungen Leute sind viel professioneller, als wir es damals waren.«

Gleichwohl: Wieso gehen ein Kriegsdienstverweigerer damals und ein Zivildienstleistender heute in ein Land »wo der Krieg einem nur so entgegenspringt«? Die Antworten sind unterschiedlich. Kasimir sagt, er habe »viel gelernt«. Der Vater meint: »Auch Soldaten sind Menschen und keine Ungeheuer.«

Heine, Heym und Federmann

> Wir sind unerwünschte, ungebetene Gäste.
> Fremde Bürger in dem eigenen Haus.
> Nach dem Feste reicht man uns die Reste.
> Und am Ende heißt es »Juden raus«.

Der 84 Jahre alte Yekutiel Federmann hat dieses Lied bis heute nicht vergessen. In Chemnitz hörte er es und summt es jetzt in seinem Büro im Tel Aviver Dan-Hotel. Der Familie Federmann gehören die Dan-Hotels, deren Flaggschiff das Jerusalemer King David-Hotel ist. Darin übernachteten Staatschefs von Anwar el Sadat über Bundeskanzler Helmut Kohl bis hin zu den amerikanischen Präsidenten. Die ebenfalls der Familie gehörende Hightech-Firma El-Op fertigt optische Geräte für militärische und zivile Zwecke. Die Federmanns entwickeln Drohnen für die Bundeswehr und die amerikanische Armee. Federmann ist einer der reichsten Männer Israels. Seit September 1995 ist er auch der erste israelische Unternehmer, der in Deutschland investiert. Seine Freiberger High Tech-Fabrik bedeutet für Federmann eine »Rückkehr in die Heimat«.

Alles begann 1911 mit einer Bäckerei in Chemnitz. Der Vater war 1910 vom polnischen Kattowitz ins deutsche Chemnitz übergesiedelt. »Mit

Kümmelbrot wurde mein Vater schnell bekannt. Es gab bald vier Filialen der Bäckerei." Die ostjüdischen Asylanten gelangten zu Ansehen und Wohlstand. Mit der Machtübernahme der Nazis veränderte sich das Leben. Zusammen mit Klassenkamerad Stefan Heym (»Der war liberal, kein Kommunist. Damals hieß er noch Helmut Flug.«) flog Yekutiel Federmann von der Schule, dem Reformgymnasium in Chemnitz. Stefan Heym habe Hindenburg beleidigt. Federmann wurde rausgeworfen, weil er Jude war. »Meine besten Freunde wurden über Nacht zu Feinden. Aus Angst oder vielleicht, weil sie Opfer einer Massenpsychose waren, erschienen sie plötzlich in brauner Uniform."

Federmann empfindet es als eigentümlich, dass seine deutschen Freunde den Mut hatten in den Krieg zu ziehen, obgleich sie wussten, dass sie sterben müssten. Gleichwohl habe niemand den Mut gehabt Hitler umzubringen, um den Krieg zu verhindern. Amüsiert erwähnt Federmann einen Brief von ehemaligen Klassenkameraden, vor sechs Jahren. »Im Geiste der alten Kameradschaft«, so hieß es in dem Brief aus Chemnitz, wolle man ein Klassentreffen organisieren. Auch Federmann sei eingeladen. Federmann schrieb zurück und fragte: »Was haben Sie zwischen 1933 und 1945 getan?« Er hörte nie wieder etwas von seinen ehemaligen »Kameraden«.

Die Schicksalswende kam für die Familie Federmann am 30. Januar 1933. Hitler wurde gewählt. In jener Nacht wurden die Fensterscheiben der vier Bäckereien eingeschlagen. Bis 1936 hielten sie es noch in Deutschland aus. »Wir wurden gezwungen, Straßen zu putzen. An unseren Läden hingen Schilder mit der Aufschrift: Kauft nicht bei Juden.« Als seine Mitschüler immer öfter das oben zitierte Lied sangen, wurde auch Yekutiel Federmann klar, dass er in Deutschland nicht bleiben könne. Vom Aachener Restaurant *Rote Erde* aus ließ er sich per Fahrrad über die Grenze nach Belgien schmuggeln. Ehe er 1940 nach Palästina zog, holte er zusammen mit Teddy Kollek jüdische Jugendliche aus Deutschland heraus. »Es war mein Glück, dass ich einen polnischen Pass besaß. Deutschland anerkannte ihn.«

Im Zweiten Weltkrieg versorgte er die britische Flotte im ägyptischen Alexandrien. So wurde er reich. Federmann besitzt auch noch seinen britischen Pilotenschein: »Berechtigt für alle fliegenden Maschinen.« Während des Unabhängigkeitskrieges Israels 1948 besorgte Federmann mit Kollek Waffen in der damaligen Tschechei.

Seinen neuen »Roman« mit der alten Heimat in Ostdeutschland begann Federmann nach dem Fall der Mauer. Eine Mischung von Heimatgefühlen und Geschäftssinn überzeugte ihn, als erster israelischer Unternehmer in Deutschland zu investieren. »VEB Spurenmetalle« in der ehemals reichsten Stadt Sachsens, Freiberg, wurde nach der Wende durch Großfirmen wie Daimler Benz, Siemens und die Bayer AG »abgewickelt«. Mit einer Investition von 65 Millionen Mark kaufte Federmann die Fabrik der »Freiberger Compound Materials« mit 120 Beschäftigten auf. Fast ohne Konkurrenz in der Welt wird dort aus Gallium-Arsenid ein Bauelement hergestellt, wie es in Handys, Computern, Verkehrsleitsystemen und in der Rüstungsindustrie in zunehmendem Maße benötigt wird.

Federmann überlässt die technischen Details seinen Mitarbeitern und redet lieber darüber, mit welchen Gefühlen er in seine alte Heimat zurückgekehrt ist. »Wir können nicht vergessen, aber man muss auch nicht jeden Tag darüber reden«, sagt er über die dunkle Vergangenheit. »Unheil ist immer leichter durchzuführen als das Gute.« Zum heute noch latenten Antisemitismus sagt Federmann: »In jedem Kasten gibt es ein paar angefaulte Äpfel.« Während seiner zahlreichen Besuche in Sachsen sei er Antisemitismus nicht begegnet. Eine pauschale Distanzierung von Deutschland lehnt er ab: »Wir sind gegen die Nazis, nicht gegen die Deutschen.« Federmann sagt weiter: »Wenn man mit Deutschen leben will, dann muss man auch mit ihnen arbeiten.« Israel besitze Hightech-Knowhow, mit dem Sachsen »in das Silicon Valley Europas« verwandelt werden könne.

Das Schicksal des Yekutiel Federmann, wie er es mir 1999 erzählte, ist typisch und steht symbolisch für die komplizierten Beziehungen zwischen Deutschen und Juden und heute Deutschen und Israelis. Heinrich Heine, Stefan Heym und dessen Klassenkamerad Yekutiel Federmann können durchaus in einem Atemzug aufgezählt werden, obwohl ihre Lebensläufe unterschiedlicher nicht sein könnten. Heine ist jener »unbekannte Dichter«, der nach Angaben der Nazis das »Volkslied« von der Loreley verfasste; der Schriftsteller Stephan Heym war nach einer Laufbahn als kommunistischer Politiker schließlich Alterspräsident des Bundestags; Federmann versorgt nach seiner Flucht aus Deutschland nun als erfolgreicher Geschäftsmann die Bundeswehr mit hoch gezüchteten israelischen Drohnen.

Im Gespräch mit ihm begegnete ich Stefan Heym zum ersten Mal. In der Realität stand ich ihm dann auf einem Heine-Kongress in Jerusalem gegenüber und berichtete darüber.

JERUSALEM. In Deutschland haben viele lange gebraucht, ehe sie sich mit Heine versöhnten. Nun – zum 204. Geburtstag des deutsch-jüdischen Dichters, der zum Christentum konvertierte und nach Frankreich auswanderte – überwindet sich Israel Heine zu würdigen. »Heine ist eine 200 Jahre andauernde Tragödie des jüdischen Volkes, weil er konvertierte. Heine war unser Kulturkampf«, sagt Michael Schilo, Leiter des Konrad Adenauer-Zentrums in Jerusalem. Hier soll ab dem 11. Dezember ein großer Heinrich-Heine-Kongress stattfinden. »Wir dachten, dass auch wir Juden mit dem größten jüdischen Dichter Frieden schließen sollten«, erklärt er die jahrelangen Vorbereitungen, bei denen es an politischen wie emotionalen Widerständen nicht mangelte. Vor 20 Jahren weigerte sich noch das israelische Fernsehen, einen Film über Heine auszustrahlen, »weil das die Gefühle orthodoxer Juden verletzen könnte«, wie sich der israelische Heine-Biograf Jigal Lossin erinnert. In Tel Aviv wurde 1942 eine Stadtverordnung verabschiedet, die es verbietet, Straßen nach getauften Juden zu benennen. Zwar gibt es inzwischen eine Heine-Straße in Tel Aviv, aber in Jerusalem mussten Anhänger Heines mit rechten und orthodoxen Stadtratsmitgliedern einen »politischen Deal« abschließen, um während des Kongresses einen bislang namenlosen Parkplatz vor der Montefiori-Windmühle oberhalb des Konrad Adenauer-Zentrums »Heine-Straße« taufen zu dürfen. Der Staat Israel beteiligt sich an der Versöhnung mit Heine durch die Herausgabe einer Briefmarke. »Das ist keine Selbstverständlichkeit. Dazu war ein Kabinettsbeschluss der Regierung notwendig«, sagt Schilo. Zu dem Kongress in Jerusalem werden Wissenschaftler aus Frankreich und Deutschland kommen. Wolf Biermann und Stefan Heym sind eingeladen; Julius Schoeps will kommen, doch der Heine-Fachmann Bernd Witte schrieb, dass seine Frau ihm »aus Angst« verboten habe, nach Israel zu fliegen. Der Kongress dürfte in jedem Fall Aufsehen erregen. In Zeitungen ultraorthodoxer Juden gab es schon eine Kampagne gegen den »Verräter« Heine. Proteste könnte es auch geben, wenn von Richard Wagner komponierte Heinelieder vorgetragen werden. Der exzentrische Bildhauer Yigael Tumarkin habe 14 »aggressive« Bilder zu »Deutschland, ein Wintermärchen« gemalt, »die gewiss einige Heine-Fans verletzen werden«, meint Schilo. Die Frage, wieso ausgerechnet jetzt die Zeit reif geworden sei, Heine auch in Israel zu würdigen, kann niemand so recht beantworten. Ein Grund mag Jigal Lossins Biografie *Das Doppelleben Heines* sein. Sie ist vor zwei Jahren erschienen. Heine sei im Alter von 26 Jahren zum Christentum übergetreten, heißt es dort, »weil er Jura studieren wollte. In Deutschland standen den Juden vor 200 Jahren nur die medizinischen Fakultäten offen.« Lossin schreibt, Heine sei der erste Jude gewesen, der sich offen gegen die jüdische Orthodoxie ausgesprochen habe. Heine habe die »irdischen Dinge im Judentum« gesucht und so ein Selbstverständnis entworfen, das heute für die Mehrheit der jüdischen Israelis gelte: wenig Verständnis für die Religion, aber ein Befolgen der Sitten und Gebräuche. (NRZ Essen, 2001)

Ein spannendes Thema eigentlich. Das interessiert aber nur solche Journalisten, denen auch ein gutes Feuilleton im hinteren Teil ihrer Zeitung zur Verfügung steht. Die elektronischen Medien, vor allem das Fernsehen, können mit derartigen »intellektuellen« Themen, bei denen es nur »Talking Heads« gibt, also redende Köpfe, relativ wenig anfangen. Für mich war Heine ein privates Steckenpferd und es reizte mich, Wolf Biermann und Stephan Heym persönlich zu begegnen. Zudem hatte ich mir kurz zuvor eine Canon-Filmkamera besorgt und wollte bei der Gelegenheit »üben«, einen kleinen Fernsehbericht selbst zu drehen. Mein erster Versuch bei Barenboims Wagner-Konzert war schließlich auf Anhieb ein »Welterfolg« geworden.

Das waren also die tieferen Gründe, weshalb ich zu jenem Heine-Kongress in Jerusalem pilgerte. Zum Abschluss gab es ein Gala-Dinner für alle Ehrengäste und einige geladene Journalisten. Biermann, Heym, Teddy Kollek, der alte Ex-Bürgermeister Jerusalems, Professoren wie Julius Schoeps und Schimon Sandbank sowie namhafte Künstler saßen da bei schummriger Beleuchtung fröhlich beisammen und lauschten Lesungen aus den Werken Heines auf Deutsch und Hebräisch.

Zum Glück sind die modernen digitalen Filmkameras so lichtstark, dass man auch im Halbdunkel wenigstens etwas »erkennen« kann. Ich stellte also mein Stativ mit Kamera vor Stephan Heym und »schoss« los:

Sahm: *Stefan Heym, Heinrich Heine ist eine Reise nach Jerusalem wert?*

Heym: Der ist noch viel mehr wert. Er ist auch eine Reise nach Paris wert. Und vor allem ist er wert, dass man seine Bücher liest. Das ist die Hauptsache. Damit man weiß, worüber er sich eigentlich Gedanken gemacht hat. Denn was er sich seinerzeit überlegt hat, das ist von unerhörter Aktualität auch für unsere Zeit, besonders jetzt. Ich meine damit Deutschland, Israel, ich meine auch Afghanistan. Ich meine Terrorismus. Das ist alles auch schon für Heine wichtig gewesen. Vor allem hat er sich auch beschäftigt mit der deutschen Reaktion. Die ist ja auch heute wieder ein Problem. Wenn ich mir überlege, dass die deutsche Polizei heute ausziehen muss um die Nazis zu beschützen, die wieder auf den Straßen demonstrieren, dann kann ich nur sagen: Wir müssen Heine noch mehr unterstützen als bisher.

Sahm: *Herr Heym, wie haben Sie Heine überhaupt kennengelernt?*

Heym: Eigentlich hat das auch etwas mit meiner Familie zu tun. Bei uns stand der im Bücherschrank. Und ich hab ihn mal rausgenommen und angefangen zu lesen, was er geschrieben hat. Dann haben wir eine kleine Familienfeier gehabt, mit Onkels und Tanten und so, da kam die Rede auf Heine, und da sagte meine Tante, die ältere Schwester meines Vaters, plötzlich: »Das ist ein guter Kerl, dieser Heine. Es ist einer von unseren Jungs.« Und da war natürlich ein besonderes Interesse, wenn er einer von unseren Jungs war. Ich war auch einer von unseren Jungs. Also war eine Verbindung da von mir zu Heine, über diese Familien-Lesegewohnheit hinaus. Erst später habe ich natürlich erfahren, wie tief Heine gedacht hat. Ich habe Heine und seine Gedanken und sein Werk benutzt, als ich dann meine Dissertation schreiben musste für den Magistergrad, an der Universität von Chicago. Da hab ich geschrieben über Heines Atta Troll, was ja seine Abrechnung war mit der falschen deutschen Romantik.

Sahm: *Da muss ich aber mal ganz peinlich fragen, wenn Sie sagen, der ist ja einer von unseren Jungs. Es gibt ja Leute, die ihn für sich beanspruchen, und andere Leute, die sagen, nein, der gehört ja gar nicht zu uns.*

Heym: Wie meinen Sie das?

Sahm: *Also die Juden sagen, er sei zum Christentum übergetreten. Die Deutschen sagen, er sei nach Frankreich ausgewandert, und die Christen meinen, er sei doch eigentlich Jude.*

Heym: Ja wissen Sie, ich bin auch weggegangen aus Deutschland. Weil ich musste. Und Heine musste sein Judentum aufgeben, wenn er studieren wollte und wenn er ein Rechtsanwalt werden wollte, was er in Preußen eigentlich wollte, dann aber nicht durchführen konnte, obwohl er konvertiert war. Sie können sich dann selber überlegen, wie die Zustände damals waren. Und dann kamen ja noch viel schlimmere Zeiten. Dann kam die Zeit, wo man das Heine-Gedicht von der Loreley gedruckt hat, mit der Autorenzeile: »Autor unbekannt«. Das war vielleicht eine böse Zeit in Deutschland. Ich hoffe nur, dass sie nicht wiederkommt. Aber wenn ich mir so überlege und ansehe, was jetzt passiert, dann hab ich meine Zweifel.

Am Tag darauf lief er, auf einen Gehstock gestützt, mit festen und energischen Schritten durch die Heine-Ausstellung. Dreimal bat ich ihn, auf den Heine-Schreibtisch zuzugehen und in den darauf liegenden Büchern zu blättern. Heym hatte Spaß am Schauspielern. Plötzlich reichte es ihm. Ungeduldig sagte er: »Ich bin etwas müde« und hüpfte schnellen Schrittes davon. Das hohe Alter war ihm trotz des krummen Rückens und der Tränensäcke unter den Augen nicht anzumerken. »Bitte schicken Sie uns doch den Film«, rief mir Heyms Frau Inge noch zu, ehe sie Richtung Totes Meer zu einem zweiwöchigen Urlaub abreisten.

Ich nutzte die Samstagsruhe, um meinen Filmbeitrag über den »Heine-Kongress« in Jerusalem zu schneiden. Es war gewiss kein Meisterwerk … Dennoch wagte ich am Sonntag, mein vier Minuten langes selbst gedrehtes Stück nach Berlin durchzugeben.

Mein Filmchen war gerade im Schaltraum von n-tv vollständig eingelaufen, als ich einen Anruf von Michael Schilo von Mischkenot Schaananim erhielt, dem Organisator des Heine-Kongresses. Heym sei tot, am Toten Meer gestorben. Fünfzehn Minuten später, zu den Nachrichten um »halb«, war ich schon bei n-tv auf Sendung. Erst eine dreiviertel Stunde später veröffentlichte dpa folgende Depesche:

Schriftsteller Stefan Heym gestorben

Tel Aviv/Hamburg (dpa) – Der deutsche Schriftsteller Stefan Heym ist im Alter von 88 Jahren gestorben. Er sei am Sonntag in Israel einem Herzversagen erlegen, bestätigte das Mishkenot-Shaananim-Kulturzentrum in Jerusalem am Sonntag Angaben des Fernsehsenders n-tv. Heym, der unter anderem mit den Werken *Collin* und *Fünf Tage im Juni* über den Volksaufstand in der damaligen DDR 1953 bekannt geworden ist, habe sich zur Teilnahme an einem Kongress über den Dichter Heinrich Heine in Israel aufgehalten. Wie der n-tv-Korrespondent Ulrich Sahm berichtete, war Heym in einer Hotelanlage am Toten Meer plötzlich zusammengebrochen. Kurz zuvor habe er ihn noch in guter Gesundheit angetroffen. »Er war derart rüstig und munter, er rannte herum, als sei er ein 40-Jähriger.«

Ich versuchte, am Ball zu bleiben und genauere Einzelheiten zu erhalten. Nachfolgend das Ergebnis, nach zahllosen Telefonaten: »I swallowed water (Ich schluckte Wasser)«. Dies waren die letzten Worte des deutschen Schriftstellers Stefan Heym, in der Badehose am Rand eines Schwimmbeckens liegend, vor israelischen Pensionären ausgestoßen. Qualvoll und überraschend schnell kam der Tod. In die Todesurkunde schrieb der Regionalarzt für die Spa-Hotels am Toten Meer, Dr. Romeo Buchetta, dass Heym an einem »Herz-Ereignis« verstorben sei. Für die Polizei fügte er hinzu, dass er keine äußerlichen Zeichen von Gewaltanwendung oder typische Spuren von Ertrinken entdecken konnte.

Ich sprach später mit ihm. Früher, als man die Gefahr des Wasser aus dem Toten Meeres noch nicht so recht gekannt habe, seien jedes Jahr zwischen 20 und 30 Menschen »ertrunken«. Da sei es passiert, dass jemand versehentlich das Wasser geschluckt habe, aber noch wohlauf war. Niemand habe verstanden, wieso der eine halbe Stunde später tot aufgefunden wurde. Das Wasser des Salzmeeres an der tiefsten Stelle dieser Erde könne schon innerhalb von 15 Minuten tödlich wirken. Michael Benjamini erzählt, dass von dem Schrei ungeheuren Schmerzes, den Heym ausgestoßen habe, bis zu seinem qualvollen Tod etwa diese Zeit vergangen sei. Das Wasser verätzte ihn und zerfraß binnen Minuten seine Lunge. Der Arzt habe nur noch seinen Tod feststellen können.

Weihnachten mal ganz anders

Es war wenige Tage vor Weihnachten. Unser »Punchermacher«, wie auf Hebräisch in einer Mischung aus Englisch und Jiddisch die Reparaturwerkstätten für Autoreifen genannt werden, war aufgeregt. Am 24. Dezember werde er im Industrieviertel Talpiot im Süden Jerusalems den ersten Stripteaseclub in der Heiligen Stadt eröffnen. Ob auch wir zu der »tollen Show« kommen wollten. Für die Bedenken wegen des Weihnachtsbaumes im Familienkreis hatte Ben Chamo kein Verständnis. Für Juden in Israel ist das Fest der Christen am 24. Dezember nicht viel mehr als die letzte »bunte« Meldung in den Fernsehnachrichten, vor dem Wetterbericht. Mit einem aus Deutschland importierten Päckchen Spekulatiusplätzchen in der Tasche begab ich mich also trotz Festtag zu jenem Stripteaselokal, das früher mal eine Diskothek für Dreizehnjährige war. Das Publikum bestand aus grölenden Arabern. Auf der Bühne traten frisch aus Russland importierte Damen auf. Fernsehteams aus aller Welt hielten die »internationale Sensation« fest. Jerusalem ist immer gut für »News«, vor allem, wenn die herkömmlichen Klischees zur Heiligen Stadt über den Haufen geworfen oder aber Vorurteile gefestigt werden.

Jerusalems Nachtleben existiert durchaus, auch wenn sonst in der Heiligen Stadt »die Bürgersteige am Abend hochgeklappt werden«. Der Stripteaseclub des Ben Chamo überlebte allerdings nicht lange. An finsteren Ecken und einschlägigen Lokalen mangelt es dennoch nicht.

Das Bedürfnis, in treudeutscher Tradition Heiligabend zu feiern und Kindheitserinnerungen zu pflegen, verliert sich auch nicht nach einem langen und fast ständigen Aufenthalt in einem Land, wo es zwar eine winzige christliche Minderheit gibt, wo aber die Mehrheit das Weihnachtsfest etwa so wahrnimmt, wie die Deutschen Id el Fidr oder Yom Kippur beachten.

Ins düstere Bethlehem zu ziehen, sich erst an Straßensperren vorbeizuquälen und dann durch ausgebrannte Hotelruinen an den Konflikt erinnert zu werden, passt nicht recht zur deutschen Weihnachtstradition. Auch die Anwesenheit der zahlreichen Soldaten, Polizisten und bewaffneten Männer – früher waren es israelische, heute sind es palästinensische – verderben eher die Festtagsstimmung. Die Alternative wären Besuche in den Gottesdiensten der deutschen Kirchen in der Altstadt Jerusalems oder auf dem Zionsberg. »O Tannenbaum« auf Arabisch oder Hebräisch klingt zwar genau so wie das deutsche Original, aber irgendwie fehlt auch da der heimelige Geruch von Spekulatius und Zimtgebäck.

Bei den Keksen beginnt schon das Problem. Entweder verzichtet man auf Stollen und Lebkuchen oder man bäckt selbst. Die Förmchen für Spekulatius sind zwar nirgendwo erhältlich, aber das Endprodukt schmeckt fast genau so nach Zimt, Kardamom und Nelken, wie das, was man in Deutschland in jedem Supermarkt erhält, ohne sich große Gedanken zu machen. Heimweh erzeugen immer die lächerlichen Kleinigkeiten, wenn sie fehlen.

Weihnachtsbäume werden vom Staat Israel kostenlos verteilt. Doch wie kann man Weihnachten richtig feiern, wenn die enge Familie nur aus drei Personen, zwei Hunden und einer Katze besteht, während alle anderen in Deutschland sind. Man muss eben »Fremde« einladen, die besten Freunde. Doch was tun? Es sind entweder Moslems oder Juden. Einer ist in der Schweiz aufgewachsen, eine stammt aus Dänemark. Der Moslem in der Runde hat in Berlin studiert und sich als Weihnachtsmann ein Taschengeld verdient. Nicht einer von ihnen hat zuvor jemals ein echtes familiäres Weihnachtsfest erlebt.

»Ich kenne das nur aus Filmen«, meinte der »Schweizer« Zahnarzt. Und die »dänische« Journalistin sagte: »Wir Juden haben in Kopenhagen an Heiligabend zwar Freunde zum Essen eingeladen. Wir haben auch gefeiert, aber absolut keine Ahnung gehabt, was die Christen eigentlich in ihren Heimen taten.« So sehen sie zum ersten Mal einen geschmückten Weihnachtsbaum und lassen mit viel Lachen und gleichzeitiger Neugier die ganze Zeremonie über sich ergehen.

Es beginnt natürlich mit einer Lesung aus dem Lukasevangelium. Nicht die ganze Weihnachtsgeschichte und nicht in einer Sprache, die alle verstehen, also Englisch oder Hebräisch, sondern auf Jiddisch. Diese fast ausgestorbene, dem Deutschen sehr nahe Sprache mit hebräischen Einsprengseln klingt merkwürdig. Um nicht in den wenig ernst gemeinten »Verdacht« zu geraten, missionieren zu wollen, wird danach ein Text aus einer mittelalterlichen jüdischen Streitschrift verlesen. Es existieren köstliche jüdische Parodien auf das Neue Testament. So etwa ein Text des berühmten Rabbi Radak. Bei allen Tieren, so sagt er, sei es so, dass das Neugeborene da herauskomme, wo der Samen hineingegangen sei. Wenn also der Engel Gabriel der Maria verkündet habe, dass sie schwanger sei, so müsse man davon ausgehen, dass wohl das Jesuskind durch das Ohr Marias auf die Welt gekommen sei, »da wo der Heilige Geist mit den Worten des Engels in sie eingedrungen sind«.

Ein völlig neues Lebensgefühl, das auch die jüdischen und muslimischen Gäste in kleine Kinder verwandelt, erzeugt die Zeremonie des Geschenke-Verteilens. Jeder war zuvor aufgefordert worden, seinen Kindern oder Partnern eingepackte Geschenke mitzubringen. Eines der Kinder verteilte sie nun. Selbstverständlich mussten sie vor allen Anwesenden ausgepackt und bewundert werden. So kann man mit den kleinen Tricks des weihnachtlichen Zeremoniells eine Stimmung schaffen, wie sie in deutschen Heimen selbstverständlich ist.

Eine jung verheiratete Jüdin war mit ihrem Mann und Kleinkind gekommen. Sie forderte: »Ich will jetzt jedes Jahr zu Weihnachten eingeladen werden. So etwas Tolles hab ich noch nicht erlebt.« Angesichts des Weihnachtsbratens aus dem für Moslems verbotenen und den Juden unkoscheren Schwein, meinte sie: »Ich hatte noch nie die Gelegenheit, das zu probieren. Es soll nicht schlecht schmecken.« Der strafende Blick ihrer ein klein wenig frommen Mutter stört sie nicht weiter. »Es ist doch Weihnachten …« lachte sie.

Unser Weihnachtsbaum steht also da in aller Pracht und blinkt kräftig mit den aus Bethlehem besorgten bunten Lichterketten »made in China«. Etwas unerwartet klingelt es an der Haustür. Eine Fata Morgana verlangt lächelnd Einlass: unser Freund Jankale im schwarzen Kaftan, mit Gamaschenhosen und Pejes (Schläfenlocken). Artig nimmt er seinen großen schwarzen Hut ab und begrüßt alle. Aus verständlichen Gründen bittet er darum nicht fotografiert zu werden. Er setzt sich auf einen Hocker und ich renne zur Toilette und bringe ihm eine frische Rolle Klopapier mitsamt einem Papierkorb. Jankale hat Humor. Er nimmt die Rolle und reißt ein Blatt nach dem anderen ab, während er den reichlich erstaunten Gästen, Juden, Christen wie Moslems erzählt, dass ausgerechnet im ultraorthodoxen Viertel Mea Schearim Jerusalems auch Weihnachten »gefeiert« werde, aber etwas »anders« als gewohnt.

Aahron Dontscho, Touristenführer und Erforscher von Sitten und Gebräuchen im Heiligen Land, erzählte im Radio von einem »Weihnachtsfest«, wie es in den Hochburgen der jüdischen Orthodoxie begangen wird: »An Heiligabend vertreiben sich die Talmudschüler die Zeit mit Schach- und Kartenspiel. Sie lesen weltliche Zeitungen, was ihnen sonst verboten ist.«

Es bedurfte mühseliger Recherchen, bis ich mehr über dieses in Osteuropa erfundene Anti-Fest herausfand. Es heißt »Nital« oder »Nittel«. Der

Heiligabend in Jerusalem

Begriff könnte vom lateinischen »natalis« (Geburt) stammen, woraus das französische »Noel« entstand, aus dem jiddischen »Nit« für »Nichts« oder vielleicht gar vom hebräischen Wort »Nitlah« (gehängt), zumal orthodoxe Juden von Jesus als dem »Nitlah«, dem Aufgehängten, reden.

Elieser Segal, der das jüdische »Nittel« erforscht hat, bezeichnet den ultraorthodoxen Brauch, an Heiligabend nicht die frommen Schriften zu studieren, als »pathologisch«. Da verzichte eine Gruppe auf die eigene spirituelle Erbauung, nur um anderen den religiösen Glauben zu versagen, schrieb Segal. Solche Engstirnigkeit sei vielleicht in mittelalterlichen Ghettos nachvollziehbar gewesen, doch diese Sitte auch heute noch weiterzuführen, sei weltfremd.

Die ältesten Erwähnungen dieses jüdischen Anti-Weihnachten stammen von Konvertiten des 17. Jahrhunderts. Die jüdische Volksseele hielt Jesus für einen Anti-Heiligen, der an Heiligabend aus Abwasserrohren gekrochen komme, um Ketzer zu bestrafen und Kinder zu ängstigen. Um das zu verhindern, müssten fromme Juden wachsam sein und dürften sich nicht durch das Studium ihrer Heiligen Schriften ablenken lassen. Der Frankfurter Rabbi Nathan Adler (1742–1800) hielt das Lernverbot vielmehr für ein Zeichen der Trauer wegen des vom Christentum über die Juden gebrachten Unheils. Sein Schüler, Hatam Sofer von Pressburg, empfahl, dass die Juden nach Mitternacht wieder das Torastudium aufnehmen sollten, weil »der Himmel« sie sonst mit gläubigen Christen verwechseln könnte.

Die fromme israelische Zeitung *Hamodia* berichtete über eine weitere Unsitte an diesem »Unfest«. Während die Christen feiern, zerreißt der größte Admor (Rabbi) Klopapierrollen in einzelne Blätter. So schafft er Vorrat für das ganze Jahr, denn am Sabbat ist es frommen Juden verboten, Papier zu zerreißen. Dahinter stecke die kabbalistische Vorstellung, dass das Christentum »vom Körper des Judentums ausgestoßen worden sei«. Dank kommerziell für den orthodoxen Markt in Israel produziertem »Einzelblatt-Klopapier« sei diese Sitte heute nicht mehr üblich. Anders Aahron Dontscho. Er habe von dieser noch lebendigen Sitte gehört: »Sie tun es, um jeden Sabbat daran erinnert zu werden, wann sie die Papiere zerrissen haben.«

Unser Freund Jankale bestätigt, dass der Brauch auch heute noch in Mea Schearim lebendig sei, während er unter unserem Weihnachtsbaum sitzt und belustigt die Klopapierrolle in Einzelblätter zerlegt. »Wir trinken da Wodka und spucken auf den Boden.«

»Weihnachten ist ein katholisches Fest und deshalb ruft Premierminister Scharon nur die katholischen Kirchenführer an und nicht die evangelischen«, sagt Regierungssprecher Raanan Gissin auf Anfrage, weshalb Premierminister Ariel Scharon denn 2005 nur katholischen und nicht evangelischen Kirchenführern ein schönes Weihnachtsfest gewünscht habe. Die Messe an Weihnachten sei nun mal ein katholisches Ereignis, sagte der Sprecher. »Rantzinger [!] wünscht dort [in Rom] fröhliche Weihnachten und Scharon tut es hier«, sagte der Sprecher wörtlich. Die Protestanten, wie etwa die Presbyterianer und Evangelisten, »die uns unterstützen«, erhielten separate Festtagsgrüße. Da sie aber keine Gemeinden in Israel hätten, sondern nur Vertretungen ihrer Kirchen im Ausland, gebe es keinen Anlass für den Premierminister, sie anzurufen. »Die Protestanten müssen zudem separat behandelt werden. Denn schließlich gibt es Streit in der Kirche, zwischen Katholiken und Protestanten. In diesen inneren Streit will sich der Staat Israel nicht einmischen.«

Der evangelisch-lutherische Propst Martin Reyer bedauert, von Scharon nicht angerufen worden zu sein. »Es hätte mich sehr geehrt und ich hätte seine Weihnachtswünsche sogleich an die 27 Millionen protestantischen Deutschen weitergeleitet. Zudem haben wir hier durchaus eine Gemeinde«, sagte Reyer, nachdem ich ihm die Reaktion aus dem Ministerpräsidentenamt vorgelesen hatte.

Scharons Berater scheinen auch sonst schlecht informiert zu sein. In der offiziellen Erklärung des Ministerpräsidentenamtes über die Telefonate des Premierministers mit den Vertretern der katholischen Kirche wurde der lateinische Patriarch Michel Sabah als »Kardinal« bezeichnet, während Emil Shofani zum »Greek Catholic Archbishop« befördert wurde, obgleich er »nur« Generalvikar ist.

Aber auch israelische Oberrabbiner leiden an Unwissen. So hatte der ehemalige Oberrabbiner Israel Meir Lau bei einer Pressekonferenz erläutert, wieso das Oberrabbinat verboten habe, Weihnachtsbäume in Hotellobbys aufzustellen: »Weil Christen sich vor den Bäumen niederwerfen und sie anbeten.«

Kulinarisches

Identitätssuche mit dem Kochlöffel

»Es gibt keine israelische Küche«, behaupteten immer wieder Chefs und Experten bei einem Kongress zum Thema *Geschmack des Mittelmeeres* im Jerusalemer Konrad Adenauer-Zentrum. Köche, Kochbuchautoren und Forscher aus aller Welt haben sich eingefunden, um über die Eigenarten der mediterranen Küche zu beraten. Tova Dickstein vom Neot Hakikar-Institut für die Erforschung der biblischen Umwelt widerspricht. »Mit der Zerstreuung in die Diaspora haben die Juden zwar ihre kulinarische Identität verloren, aber es gibt durchaus eine alteingesessene Küche. Die können wir aus der Bibel und anderen alten Texten rekonstruieren.« Anders als römische Autoren, die viele Informationen über das tägliche Leben schriftlich festgehalten und so der Nachwelt überliefert haben, konzentrierten sich die Autoren der Heiligen Schriften eher auf geistige Dinge. Es gibt das Kochbuch des römischen Lebemannes Apicius, aber nichts Vergleichbares aus jüdischer Quelle. »Weder die Bibel noch der Talmud sind ein Kochbuch. Sie haben keine Rezepte überliefert.«

Gleichwohl können Forscher auf umständlichen Wegen aus den Diskussionen über Religionsgesetze einige Rezepte erahnen. In der Mischna und dem Talmud, den Gesetzeskompendien mit unzähligen Diskussionen von Rabbinern aus der Zeit zwischen dem Abschluss des Bibel-Kanons bis zum 2. Jahrhundert n. Chr., werden auch unbekannte oder vergessene Begriffe aus der Bibel erläutert. So wird im Hohen Lied Salomos und im Jerusalemer Talmud eine Delikatesse namens »Aschischim« erwähnt. Im Jerusalemer Talmud erklärt ein Rabbi Jassa, dass es sich um geröstete und gemahlene Linsen, vermischt mit Honig, handle. Dickstein erzählt, im

Rahmen ihrer Forschungen aufgrund dieser dürren Angaben jene Speise rekonstruiert zu haben, die offenbar tausend Jahre lang im Heiligen Land beliebt war und dann in Vergessenheit geriet. Sie stellte allerdings fest, dass ein Bindemittel fehlte. Sie fügte sie Eier und Mehl bei sowie ein paar Sesamkörner und das Ergebnis waren »durchaus leckere Pralinen«.

Ein arabischer Hirte, der ihr einen besonders schmackhaften selbstgemachten Ricotta-Käse anbot, brachte sie auf die Frage, wie in biblischer Zeit etwa bei Hiob »Käse« hergestellt worden sein könnte. Das schon bei den Römern verwandte Enzym aus dem Magen eines neugeborenen Kalbes zum Gerinnen der Milch konnte wegen des Verbots, Milch und Fleisch zu vermengen, nicht verwendet werden. Es stellt sich heraus, dass ein paar Tropfen des Harzes aus dem abgeschnittenen Zweig eines Feigenbaumes ein exzellenter »Starter« für das Gerinnen der Milch und die Herstellung von Käse nach biblischer Art ist. Die Samaritaner, die sich schon in biblischer Zeit von den Juden abgetrennt haben, verwenden bis heute Färberdisteln (Wildsafran).

Dickstein sagt, dass in biblischer Zeit die meisten Menschen nur viermal im Jahr, an Festtagen, Fleisch gegessen hätten, weil sie es sich öfter nicht leisten konnten. Nur Hirten hätten Milchspeisen und Käse gekannt. Honig und Feigen dienten als Süßmittel. Ansonsten standen wohl oft Linsen auf dem Speisezettel zusammen mit »Früchten der Erde«, wie frisches Gemüse genannt wird. Getreidekörner, Dattelkerne und natürlich Olivenöl waren ein fester Bestandteil der Ernährung. Dazu gab es Wein, dessen Geschmack wohl zu wünschen übrig ließ wegen der damaligen Herstellungsmethoden. Der Traubensaft wurde nach der Gärung gekocht und gesüßt, damit er nicht »umkippte«.

Was heute als »Nationalspeise« der Palästinenser und inzwischen auch der Israelis gilt, Hummous (Kichererbsenbrei), scheint es in biblischer Zeit nicht gegeben zu haben. In der Bibel wird jedoch eine ähnliche Speise erwähnt. Gries wurde mit viel Knoblauch und Öl gerührt und am Ende mit Minzblättern gewürzt.

Erst mit den Kreuzfahrern sind aus der Türkei stammende Kichererbsen im Heiligen Land heimisch geworden. Pilzbefall vernichtete zunächst die Ernten. Als man aber auf die Idee kam, Kichererbsen im Winter zu säen und im Frühling zu ernten, konnte der Hummous seinen nahöstlichen Siegeszug beginnen. Ich erkläre mich hiermit zum totalen Fan dieser Israelis

Jemenitisches Sabbatbrot und Eier nach 12 Stunden im Ofen

und Palästinenser verbindenden Nationalspeise. Gemäß den Regeln der noch unkorrigierten PLO-Charta bin ich mit einer palästinensischen Frau verheiratet. Die Charta gibt vor: Jüdische Israelis, deren Vorfahren schon vor 1917 in Palästina lebten, gelten als Palästinenser und dürfen im Lande bleiben, während alle später eingewanderten Juden dort nichts zu suchen haben. Wegen ihrer orientalischen Herkunft kritisiert meine Frau nicht nur meine eigenen, europäisch inspirierten Kochkünste, sondern tischt mir wie selbstverständlich zum Frühstück einen Hummous auf.

Trotz aller bekannten politischen Differenzen sehe ich im Kulinarischen eine entscheidende Brücke zum Frieden, auch wenn es wegen Hummous schon zu aktenkundigen Streitigkeiten gekommen ist. Der palästinensische Landwirtschaftsminister beschwerte sich bei einer Konferenz der Welternährungsorganisation in Kairo, dass die Israelis im Rahmen ihrer Besatzungs- und Unterdrückungspolitik den Palästinensern sogar deren Nationalspeise, den Hummous, »rauben«, indem sie ihn (mitsamt dem ebenfalls aus Kichererbsen hergestellten Felafel) zu ihrer eigenen Nationalspeise erklärt hätten. Das ist natürlich ein verabscheuenswürdiges Verbrechen, ändert aber nichts an der Tatsache, dass jene Israelis, die wirklich etwas von Hummous verstehen, sogar unter Gefährdung ihres Lebens weiterhin zu palästinensischen Hummous-Lokalen pilgern. Sie sind – wie ich – der Meinung, dass nur Palästinenser fähig seien, den wahren, echten und wirklich guten Hummous zu produzieren.

Ist das auch »koscher«?

»Kommen Sie gut gefrühstückt nach Israel und reisen Sie möglichst vor dem Mittagessen wieder ab«, lautet ein guter Rat für Israel-Reisende. Die kulinarischen Künste israelischer Küchenchefs sind vielleicht nicht so schlimm wie ihr Ruf. Doch die jeweils nur drei Monate gültige schmuddelige Urkunde an der Eingangstür vieler Restaurants im jüdischen Staat ist auf jeden Fall ein deutlicher Hinweis auf Schuhsohlen anstelle von Steaks und Weißmacher anstelle von Milch im Kaffee. Sie bestätigt, dass »koscher« gekocht wird.

Ein schwarz gekleideter Herr mit langem Bart lungert in der Küche herum. Er achtet darauf, dass allem Fleisch in einer Salzlake jegliche Säfte entzogen werden und dass »milchiges« Geschirr sich nicht versehentlich in die »fleischige« Ecke der Küche verirrt. Der Herr steht in den Diensten des Rabbinats. Die Restaurants zahlen ihm (un)willig ein fürstliches Gehalt, denn nur wenn seine Urkunde an der Eingangstür hängt, wagt die fromme jüdische Klientel den Schritt über die Schwelle.

Wer zum ersten Mal nach Israel kommt, verbindet mit dem Begriff »koscher« vermutlich also zunächst nur die Tatsache, dass die Steaks trocken und versalzen sind. Dass ein Cordon bleu gar nicht erst auf der Speisekarte steht und dass das Wiener Schnitzel aus Hühnchenbrust gemacht wird, fällt vielleicht nicht auf. Die eigentliche Überraschung kommt vor der gesalzenen Rechnung. Einen »Milchkaffee« gibt es nicht. »Unser Restaurant ist doch koscher«, sagt entrüstet der Kellner und schüttelt den Kopf zu der Provokation seiner Gäste. Nach einem Steak wird weder Milch zum Kaffee noch ein Nachtisch aus einem Milchprodukt gereicht.

»Koscher« entspricht ganz dem modernen Trend der sogenannten Trennkost. Die strikte Trennung von allem »Milchigen« und »Fleischigem« führt zunächst dazu, dass es in Küchen koscherer Restaurants und frommer Juden zwei Waschbecken sowie doppeltes Geschirr und Besteck gibt.

»Koscher« bedeutet wörtlich »entsprechend den Regeln«. In der Bibel ist nachzulesen, was koscher ist und was nicht. Wiederkäuende Doppelhufer wie Kühe und Lämmer sind ebenso erlaubt wie Geflügel, solange das entsprechend den Regeln geschlachtet wurde. Das Tier muss »geschächtet« werden. Mit einem scharfen Messer ohne jede »Kerbe« muss ihm die Halsschlagader durchgeschnitten werden, damit es ausbluten kann. Auch die Regeln für die Zubereitung von Speisen stehen schon in der Bibel. Entsprechend der jüdischen Tradition wurden diese Regeln vor über dreitausend Jahren von Gott dem Moses auf dem Berg Sinai mitgegeben.

Shrimps und anderes Meeresgetier sind generell verboten. In der Bibel steht, dass lediglich Fische mit Schuppen erlaubt seien. Aale sind deshalb ebenso ausgeschlossen wie der in Japan beliebte Walfisch. Einem israelischen Forschungsinstitut ist es gelungen, dem beliebten Karpfen die Schuppen wegzuzüchten, damit es die Hausfrauen leichter hätten. Als nun der schuppenfreie Karpfen auf den Markt kam, meldeten die Rabbis dagegen Protest an und die Züchtung wurde wieder rückgängig gemacht. Schuppen sind halt eine Prinzipienfrage. Um »Irrtümer« auszuschließen, lässt man in Kenia sicherheitshalber ein paar Fetzen Haut mit Schuppen an den Filets der »Nil-Prinzessin«, die nach Israel exportiert werden.

Da die Juden sich an den Buchstaben des Gesetzes halten, haben die Rabbis zum Beispiel nichts gegen Shrimps- oder Speckersatz einzuwenden. Der Nahrungsmittelhersteller Tivol hat großen Erfolg mit koscheren Shrimps. Das ist kein Widerspruch, sondern ein japanischer Fisch mit neutralem Geschmack, dessen Fleisch sich leicht in Form pressen lässt und der tiefgefroren als Shrimps oder Calamari-Ringe verkauft wird. In Supermärkten gibt es sogar Räucherspeck und alle Arten von Wurst. Anstelle von Schweinefleisch werden Hühnchen oder Puten mit künstlichen Aromastoffen versetzt, um dem verbotenen Original-Schinken möglichst nahe zu kommen.

Kaum bekannt, aber für viele nicht fromme jüdische Israelis eine geschätzte Delikatesse sind Schinken und Schnitzel vom echten Schwein. In Tel Aviv ist es eher schwer, ein wirklich koscheres Restaurant zu finden. Gleichwohl wird Schwein fast nirgendwo angeboten, sondern lediglich »weißes Fleisch«. Aber jeder weiß, was gemeint ist.

Schweine werden in Israel in mehreren Kibbuzim und christlichen Dörfern gezüchtet. In Kibbuzim wie Mizra wurde für die Schweine eine Art Empore aus Beton gebaut. Denn der Kibbuz steht auf »jüdischem« Boden auf dem dürfen so unkoschere Tiere wie das Schwein nicht stehen. So kam man auf die Idee, die Tiere »über« dem Boden stehen zu lassen. Anders in dem christlichen Dorf Iblin, das das Opfer des neuesten »Schweineskandals« geworden ist. Täglich würden da zehntausend Schweine geschlachtet, im Jahr seien es 200.000, hieß es in den Medien. Die Schweinezucht dort gehe nicht mit rechten Dingen zu, denn das Blut der geschlachteten Tiere werde in ein offenes Becken geleitet, versickere ungeklärt in den Boden und gerate so ins Grundwasser. Ein Reporter sprach von einer »tickenden biologischen Bombe« und dankte der Umweltministerin, sofort eine Überprüfung der Missstände veranlasst zu haben.

Das Schwein als solches erregt in Israel verständliche Emotionen, weil es strikt unkoscher ist. Eine viel schlimmere Verseuchung der Bäche und Flüsse in Israel verursachen freilich die koscheren Schlachthäuser. Tonnenweise wird da Salz auf das frisch geschlachtete Fleisch gestreut, um ihm jegliche Flüssigkeit zu entziehen, vor allem Blut, dessen Genuss den (frommen) Juden verboten ist. In koscheren Restaurants ist es ziemlich normal, anstelle eines saftigen Steak eine versalzene Schuhsohle vorgesetzt zu bekommen.

Das Salz für das Koschern von Fleisch bedeutet gemäß anderen Berichten eine in der Welt einzigartige Belastung für Grund- und Trinkwasser. Doch niemand käme in Israel auf die Idee, das »Koschern« zu verbieten, nur weil es die Flüsse verseucht.

Es sei hier angemerkt, dass Deutschlands Fleischer den Israelis wohltuende Entwicklungshilfe angedeihen lassen könnten. Obgleich der Genuss von Schweinefleisch dank der russischen Einwanderung eine Million zusätzliche Abnehmer gefunden hat, gibt es in Israel immer noch so gut wie keine guten Würste. Wenn sich jemand fände, die Schweinebauern von Iblin in die Geheimnisse der Herstellung einer wohlschmeckenden

Blutwurst einzuweihen, wäre Israel um eine kulinarische Neuheit reicher. Zudem wäre so eine »tickende Bombe« entschärft.

Von hunderten jüdischen Speisegesetzen hat sich der Verbot des Schweinefleisches auch in den Islam hinübergerettet. Das Christentum hingegen zog in seiner frühen Phase einen Schlussstrich unter die Gesetze des Judentums. Die Einschränkungen auf dem Speiseplan, die das »koschere« Essen ausmachen, wurden aufgehoben – später allerdings durch neue Einschränkungen und Bräuche wie »kein Fleisch am Freitag« ersetzt.

Kulturhistoriker behaupten, dass die Juden als Volk nur überlebt hätten, weil sie sich so strikt an ihre Speisegesetze hielten. Die koschere Küche habe Mischehen und ein Zusammenwohnen mit »Fremden« verhindert. Außerdem sei sie ausgesprochen »gesund«. Die uralten jüdischen Regeln ersetzen im modernen Israel zum Teil die Aufgaben des amtlichen Veterinärs.

In endlosen gelehrten Diskussionen, wie sie der Talmud überliefert, versuchten die Rabbis in der Zeit Jesu zu ergründen, weshalb in den Fünf Büchern des Moses, also der Thora, gleich dreimal der Vers vorkomme: »Du sollst das Zicklein nicht in der Milch seiner Mutter kochen.« Bibelwissenschaftler sind sich heute einig, dass die Speisegesetze das Volk Israel von den Gebräuchen und Anschauungen der umliegenden Völker, vor allem von den Baal-Anbetern im Libanon abgrenzen sollten. Als »Zaun« wurde deshalb das im Libanon noch heute beliebte rituelle Gericht des in Milch gekochten Lammes verboten. Nicht einmal jüdische Reiseführer, die ihre Gruppen durch die arabischen Basare führen, kennen das Geheimnis der Herstellung dieser uralten »Götterspeise«.

Bei den arabischen Gewürzhändlern werden steinharte, weiße, tennisball-große Kugeln angeboten. Sie riechen nach Parmesankäse, wenn man an ihnen kratzt. In Wirklichkeit handelt es sich um getrocknete Ziegenmilch, die einen konzentrierten Gestank entwickelt, wenn man diese Steinbälle über Nacht eingeweicht und zerbröselt hat, um in ihnen dann mit Kardamom vorgekochtes Lammfleisch in eine einzigartige und in Europa unbekannte Delikatesse zu verwandeln. In biblischer Zeit wurde dieses Gericht den Göttern dargeboten, heute wird es bei Hochzeiten und nach Fasten genossen.

Die ursprüngliche Begründung für das Gebot, Fleisch nicht mit Milch in Verbindung zu bringen, irritierte aber schon vor zweitausend Jahren den Rabbi Jossi aus Galiläa. Er fragte, wieso denn auch Hühnchen unter das Verbot fielen. Deren Fleisch könne doch beim besten Willen nicht in der »Milch seiner Mutter« gekocht werden. Die Antwort gilt bis heute: »Um Verwechslungen auszuschließen.« So wurde Eier legendes Geflügel der Gattung der Säugetiere zugeschlagen.

»Koscher bedeutet nicht unbedingt schlechtes Essen«, sagt Schalom Kadosch, einer der berühmtesten Köche Israels. »Wir können natürlich nicht die großen Gerichte der französischen Küche nachkochen, wo Fleisch mit Sahne angemacht wird. Aber Not macht erfinderisch.« Ganz so optimistisch ist der Freiheit liebende Israel Aahroni nicht. Er wagte es als Erster, seine Kochbücher in einer koscheren und einer nicht koscheren Ausgabe drucken zu lassen. Für israelische Verhältnisse kam das einer Kulturrevolution gleich. »Die jüdischen Speisegesetze sind kein Grund, schlecht zu kochen. Aber die vielen Einschränkungen lassen einem schnell die Lust vergehen. Die typisch jüdische Küche hat zwar einige international anerkannte Gerichte hervorgebracht, aber sie kann es nicht zu Ruhm bringen wie die chinesische Küche, die kaum Tabus kennt, oder die französische Kochkunst.«

Ultraorthodoxe Juden: ein expandierender Markt

Ultraorthodoxe Juden stellen in Israel eine Minderheit von 15 bis 20 Prozent der Bevölkerung. Sie leben »wie im Mittelalter«, so ein gängiges Vorurteil, und kleiden sich gemäß der »letzten« Mode aus dem Polen des 19. Jahrhunderts. Die Männer fallen auf durch schwarze Hüte, Kaftan, Bart und Schläfenlocken. Verheiratete Frauen tragen altmodische Potthüte oder Kopftuch. Die unverheirateten Mädchen tragen sogar im heißen Sommer Wollstrümpfe, karierte Kleidchen wie »Heidi auf der Alm« und lange Zöpfe.

Eine Jerusalemer Lokalzeitung berichtet allerdings von einer Konferenz, bei der festgestellt wurde, dass die altmodischen Ultraorthodoxen zwar gemäß 3.000 Jahre alten biblischen Gesetzen leben, aber durchaus moderner seien, als vermutet. Und die Ultraorthodoxen haben Zulauf: 1996 gab es nur 30 ultrafromme Männer bei einem akademischen berufsausbildenden Seminar unter der Leitung des Rabbiners Jeheskel Fogel.

Inzwischen haben sich bis zu 3.000 ultraorthodoxe Studenten eingetragen. Die Ultraorthodoxen stellen in Israel eine separate Wirtschaftsmacht dar, die jährlich 7 Milliarden Schekel (1,3 Milliarden Euro) umsetzt. Davon wollen auch nicht so fromme Geschäftsleute profitieren.

Wegen der Religionsgesetze haben die Ultraorthodoxen eine eigene »strikt koschere« Nahrungsmittelindustrie aufgebaut. Dieser Sektor ist in wenigen Jahren von 13 Prozent des Nahrungsmittelmarktes auf 25 Prozent angestiegen.

Für die Ultraorthodoxen wird zum Beispiel Gemüse so gezogen, dass kein Ungeziefer zwischen die Salatblätter gerät. Der Salat wird auf sterilem Sand in hermetisch geschlossenen Gewächshäusern angebaut. Die Pflanzen nähren sich von genau berechneter Tröpfchenbewässerung mit exakt dosiertem Dünger. Ebenso achten die Frommen darauf, dass kein Gemüse von Feldern stammt, die alle sieben Jahre brach liegen müssen. Da diese Regel für jüdische Bauern gilt, importieren die Ultraorthodoxen Frischgemüse aus Jordanien, wo man sich darüber freut.

Die Ausweitung des orthodoxen Nahrungsmittelmarktes ist allerdings nicht nur mit der natürlichen Vermehrung der Ultraorthodoxen zu erklären, die dreimal höher ist als bei weltlichen Juden. 12 Kinder sind pro Familie keine Seltenheit, während sich weltliche Israelis eher an den europäischen Standard halten. Es kommen auch immer mehr Menschen einfach deshalb in die orthodoxen Supermärkte, weil dort die Waren preiswerter sind. Da gibt es weder Reklame noch Auswahl, also nur ein namenloses Waschmittel und eine Sorte Thunfisch in der Büchse. Die Märkte wirken lieblos, aber das drückt den Preis. Ein weiterer Grund für die Beliebtheit ist der »religiöse Lebenswandel« von etwa 45 Prozent der israelischen Bevölkerung. Hierbei handelt es sich um »Fromme«, aber keineswegs Ultraorthodoxe, die koscher essen.

Bei der Konferenz zerplatzten verbreitete Vorurteile. So lebt etwa ein Viertel der Ultraorthodoxen sehr »spartanisch« und fällt deshalb in der Öffentlichkeit gar nicht auf. Man bewegt sich im eigenen »Ghetto« und studiert in eigenen Institutionen. Etwa die Hälfte konsumiert ausschließlich orthodoxe Medien, wie 40 Zeitungen, die allein für sie erscheinen. Ein Viertel der Ultraorthodoxen werden als »offen« definiert. In 55 Prozent aller ultraorthodoxen Haushalte steht ein Computer. Während sich vor einigen Jahren noch 60 Prozent aller ultraorthodoxen Männer ausschließlich dem Talmud-Studium widmeten, seien es heute nur noch 30 Prozent.

Die Revolution, so heißt es, werde von den Frauen vorangetrieben, vor allem bei der Kindererziehung. Früher galt der biblische Spruch »Wer mit dem Stock spart, hasst seinen Sohn« (Sprüche 13,24). Inzwischen sind »modernere« Erziehungsmethoden ohne körperliche Züchtigung verbreitet. Ein weiterer Wandel betrifft das zunehmende Bewusstsein für Gesundheit, Diät und richtige Ernährung.

Seit zehn Jahren, so der auf Reklame unter Ultraorthodoxen spezialisierte PR-Mann Arie Frenkel, streben immer mehr Ultraorthodoxe nach einem akademischen Titel, um am allgemeinen Arbeitsmarkt teilzuhaben. Die Ultraorthodoxen seien auch markenbewusst. So verkaufe eine bekannte Windelfirma mehr Papierwindeln an dieses Käufersegment als an die allgemeine Bevölkerung in Israel. 36 Prozent der Ultraorthodoxen fahren in den Urlaub, 82 Prozent verfügen über ein Handy. Frenkel behauptet, eine bestimmte israelische Telefonfirma zum exklusiven Lieferanten von Handys für Ultraorthodoxe machen zu können, »sowie die Firma bereit ist, diesem Publikum ein attraktives Preispaket anzubieten«. Der Grund sei einfach: Um die Jugend nicht zu verderben, fordern die Orthodoxen Mobiltelefone »nur zum Telefonieren«, ohne verderblichen oder sündigen Schnickschnack wie Fotografieren oder Internet-Zugang.

Ein populärer orthodoxer Kinderbuchautor erzählt von Traumauflagen mit 100.000 Exemplaren für jedes seiner Bücher, während im weltlichen Israel Bestseller es nur auf einige tausend Exemplare bringen. Da mehr als die Hälfte der ultraorthodoxen Kinder noch nie ferngesehen hätten, gebe es für sie keine Alternative zu Büchern.

Nicht jedes Produkt hat auf diesem Markt Erfolgschancen. In Bnei Brak und Mea Schearim, den beiden Hochburgen ultraorthodoxer Juden in Israel, ist zum Beispiel kürzlich eine »Perücken-Panik« ausgebrochen, wie Eti Aflalo bestätigte, die »Beraterin des Ministerpräsidenten für ultraorthodoxe Angelegenheiten«. Im Rundfunk sagte sie: »Noch nie mussten am Samstag Abend, nach Sabbat-Ausgang, die Hut-Läden öffnen, um des Ansturms Herr zu werden.«

Rabbiner hatten nach mehrjähriger Prüfung und ausgiebigen Beratungen ein halachisches (religiöses) Urteil gefällt, wonach fromme jüdische Frauen keine Perücken tragen dürften, die mit natürlichem Menschenhaar aus Indien hergestellt worden seien. Die Rabbiner erfuhren von israelischen Reisenden, die aus Indien zurückkehrten und zu jüdischer Frömmigkeit konvertiert waren, dass in indischen Tempeln Menschenhaar im Rahmen »heidnischer Riten« gesammelt und nach Israel verkauft werde, wo der Bedarf an Perücken besonders groß ist. Experten der Tel Aviver

Universität erklärten, dass in vielen Tempeln Indiens Frauen ihr Haar scheren lassen, weil das die »billigste Gabe für die Götter« sei. Von Armut geplagte indische Frauen hätten nicht das Geld für Früchte oder Blumen, die sonst den Götzenbildern von Schiwa oder Vischnu dargeboten würden. Die Rabbiner entschieden daraufhin, dass jüdische Frauen keinen Kopfschmuck tragen dürften, der im Rahmen von »Götzendienst« hergestellt worden sei.

Für fromme Jüdinnen bedeutet dieser Beschluss eine unerträgliche Ausgabe und eine umgehende Änderung ihrer Gewohnheiten. Statt Perücke mit echtem Haar müssen sie ihre altmodischen Hüte und Kopftücher wieder aus dem Kleiderschrank hervorholen.

Verheiratete Jüdinnen dürfen gemäß dem Religionsgesetz ihr Haupthaar nicht zeigen. Ganz besonders fromme Frauen rasieren gar den Schädel und bedecken ihn mit einem dünnen Kopftuch. Andere behalten zwar ihr Haar, tragen aber ständig einen Hut. Bei vielen bürgerte sich freilich stattdessen die Sitte ein, eine Perücke zu tragen. Das ist erlaubt, da das eigene Haar versteckt bleibt. Perücken aus Kunsthaar sind schon für umgerechnet 40 Euro zu haben. In weiten Kreisen beliebte Perücken aus indischem Menschenhaar kosten immerhin um die 500 Euro, während nur wirklich reiche Frauen sich die fast tausend Euro teuren Perücken aus europäischem Menschenhaar leisten können. Eine Perücke hält etwa zwei Jahre. Im ärmlichen Bnei Brak bei Tel Aviv bedeutet der Richtspruch der Rabbiner eine »gesellschaftliche Katastrophe«.

Frenkel sagt auch klar, es sei »sinnlos«, weltweit bei der Jugend beliebte Sportschuhe anzubieten, weil die Eltern auf der klassischen altmodischen Bekleidung ihrer Kinder bestehen. Doch gebe es eine Vielzahl von Produkten, die exklusiv nur für diesen Markt hergestellt würden. Zum Beispiel ein 20 Euro teures Spezialsieb für Mehl, um sicher zu gehen, dass sich da keine »unkoschere« Maden verstecken. Ein »segnender« Becher für Kinder, der den Segen vor dem Trinken aufsagt, wenn der Becher erhoben wird. Für das Babybettchen Abziehbilder mit den Abbildungen berühmter bärtiger Rabbis. Und für die Streijmels (die berühmten schwarzen Hüte, die jeweils zwischen 1500 und 3000 Euro kosten) gibt es für knapp 10 Euro Überzüge aus Plastik, um sie vor Regen zu schützen. Manche Ultraorthodoxe erledigen das allerdings mit einer einfachen Plastik-Einkaufstüte.

Gefilte Fisch

Seit biblischer Zeit gehört Fisch zum jüdischen Speisezettel. Petrus besaß ein großes Boot, auf dem mindestens zwölf Männer Platz hatten, darunter Jesus, der bei dieser Gelegenheit auf dem Wasser wandelte. Forschungen ergaben, dass eingesalzener Fisch aus Galiläa bis nach Rom exportiert wurde. 500 Jahre vorher beklagte sich der Prophet Nehemias über Phönizier, die in Jerusalem ausgerechnet am Sabbat ihren Fisch feilboten. In der Zeit des David und Salomon gab es sogar ein »Fischtor« in der 900 Meter hoch in den Bergen gelegenen Stadt Jerusalem. Die lag damals zwei Tagesreisen vom Meer entfernt. Bei neuesten Ausgrabungen hat man 3.000 Jahre alte Gräten entdeckt: von der aus Ägypten importierten Nil-Prinzessin, Meeräsche und Brasse aus dem Mittelmeer und St. Peter-Fisch aus dem See Genezareth.

Im Mittelpunkt des jüdischen Neujahrsfestes im Herbst steht ganz in dieser fischreichen Tradition eine höchst verpönte Speise, nämlich »gefilte Fisch«. Das Rezept dieser Klopse aus dem mit »Haut und Haaren« durch den Fleischwolf gedrehten Karpfen, die im eigenen Gelee erkalten, stammt aus Polen. Obgleich »gefilte Fisch« einen extrem schlechten Ruf hat, ist diese Speise inzwischen in der ganzen jüdischen Welt populär. Selbst Juden aus Jemen, Irak oder Marokko wollen auf »gefilte Fisch« nicht mehr verzichten. Dabei gibt es nicht einmal eine hebräische Bezeichnung dafür, und ein »gefüllter Fisch« ist es ja nun wirklich nicht. Wie bei so oft bei volkstümlichen Rezepten, gibt es natürlich zahlreiche Variationen. Hier ein Beispiel:

Gefilte Fisch

Fischbrühe:
500 g Fischköpfe, -schwänze, Gräten von weißfleischigem Fisch
1 Schalotte/ Zwiebeln
1 Stangensellerie
1 Möhre (Karotte)
1 Lauchzwiebel
Petersilie, Salz, Pfeffer

Fischteig:
500 g Weißfischfilet von Kabeljau oder Goldbarsch und auf jeden Fall Karpfen
2 Scheiben eingeweichtes Brötchen oder Weißbrot
2-4 angedünstete Zwiebeln oder Schalotten
3 Knoblauchzehen, kurz angedünstet
1 Ei
Salz, Pfeffer, 1 Prise Zucker
gekochte Karotte zum Garnieren

Für die Fischbrühe alles zusammen in einen Topf geben, mit Wasser bedecken und 20 Minuten kochen lassen. Durch ein Sieb gießen. Man kann sich aber auch die Mühe der Herstellung eines solchen Fischfonds ersparen und ganz einfach Wasser oder fertigen Fischfond nehmen.

Der Fischteig: Die Fischfilets mit Zwiebeln, Knoblauch, eingeweichtem und ausgedrücktem Brot durch den Fleischwolf geben (oder behutsam im Mixer pürieren), Salz, Pfeffer, Zucker und das gequirlte Ei unterziehen. Eventuell einen Esslöffel Mehl und ein paar Esslöffel Wasser zugeben. Das Ganze sollte eine lockere, etwas klebrige Maße ergeben. Mindestens eine halbe Stunde im Kühlschrank ruhen lassen. Mit nassen Händen ovale handtellergroße Klöße formen und auf einem nassen Teller ablegen.

Die Fischbrühe oder das Wasser (etwa zwei Tassen in einem breiten Topf) ganz leicht zu Sieden bringen (es darf nicht kochen!) und die Fischklöße vorsichtig nebeneinander in den Topf geben.

Ein bis zwei Stunden leise im siedenden Wasser ziehen lassen. Die Klößchen in einer Form oder auf einer Platte anrichten, mit Brühe übergießen und mit je einer gekochten Karottenscheibe garnieren.

Im Kühlschrank kalt stellen. Die Brühe wird dank der Gelatine in den Fischknochen zu einem wabbeligen Gelee. Dazu gibt es rote Meerrettichsoße.

Freekeh für Freaks

»Freekeh« steht auf der Packung von Al Naser. »Das kennen Sie nicht?«, fragt erstaunt der Basarhändler am Damaskustor in Jerusalem. Selbst nach vielen Jahren kann man im Land der Bibel immer noch »Neues« entdecken. Eine Recherche im Internet ergab, dass dieser »grüne Weizen«, auch Grünkern genannt, uralt ist. Gemäß einer Quelle ist er seit 9.000 Jahren im Nahen Osten verbreitet. Gemäß einer anderen Quelle gab es das Getreide um 2300 v. Chr., also etwa in der Zeit des Erzvaters Abraham, wann immer der gelebt hat, falls es ihn überhaupt gab. Nach einer wieder anderen Quelle ist Freekeh, auch Frik, Freek oder Frique geschrieben, von den Bewohnern einer belagerten Stadt »erfunden« worden. Sie hatten Hunger. Der Weizen war noch nicht reif. Also rupften sie die grünen Ähren aus dem Boden und zündeten den Haufen an. Das Stroh und die Spreu verbrannten. Übrig blieben die grünen feuchten Körner, schön geräuchert und vermischt mit den Steinchen vom Felde.

»Sie haben aber Glück, dass Sie hier am königlichen Hof speisen, sonst hätten Sie sich beim Essen ein paar Zähne zerbrochen«, lachte eine jordanische Prinzessin, als der australische Geschäftsmann Tony Lutfi nach dem »Reis mit Nussgeschmack« fragte, den man ihm vorgesetzt hatte. Die leckere Speise inspirierte ihn, in Australien »steinchenfreies Freekeh« zu produzieren. Er ließ sogar den Namen der nahöstlichen Speise aus biblischer Zeit urheberrechtlich schützen. Ein Kilo-Paket »Freekeh« aus Australien können Ökofreeks im Internet für »nur« 12 Dollar bestellen, während wir am Damaskustor in Jerusalem außer Freekeh, »ohne Unreinheiten und stolz für Palästina produziert«, für den gleichen Preis noch ein halbes Kilo Walnüsse, ein frisches Hühnchen, ein Kilo Vollmehl und andere Zutaten für die Verarbeitung des biblischen Getreides erstehen.

Im Internet erfahren wir, dass Freekeh unendlich viel gesünder ist als brauner Reis oder Vollmehl, weil es ein Vielfaches an Chemikalien enthält, auf die bekanntlich Ökofreaks in ihren Bio-Speisen viel Wert legen: Kalzium, Magnesium und andere Stoffe, über die sonst nur in der Autoindustrie geredet wird. Das Wundergetreide provoziert eine entzückte Reaktion unserer palästinensisch-christlichen Putzfrau aus Bethlehem: »Am besten ist Freekeh, wenn du ein Hühnchen damit einreibst und es auf den Holzkohlengrill legst.«

Wir entdecken ein »volks-revolutionäres Freekeh-Salatrezept«, das dem »klassischen kapitalistischen Tabouleh« Konkurrenz machen will: Man weiche eine Tasse Freekeh in heißem Wasser ein. Derweil schnibble man eine libanesische Gurke (im Unterschied zur holländischen ist sie kleiner, krummer und grüner), Tomate, Pfefferminzblätter, Petersilie, Frühlingszwiebeln und gebe in die Schüssel zermantschten Knoblauch, Saft einer halben Zitrone, Olivenöl, Salz und Pfeffer (falls die Kaffeemühle kaputt ist, könne man den auch im Mörser frisch zerstampfen). Alles mit dem abgetropften Freekeh vermischen und mindestens eine Stunde im Kühlschrank ruhen lassen. Klingt gut und sollte sehr gesund sein.

Jetzt aber zu »unserem« Abendbrot: Freekeh- und Walnuss-Brot

15 Gramm frische Hefe
15 ml Honig
200 ml lauwarmes Wasser
75 Gramm Walnüsse (gehackt)
30 ml Walnuss-Öl
100 Gramm Freekeh
300 Gramm Vollkornmehl
5 Gramm Salz

Freekeh 30 Minuten in heißem Wasser einweichen, sieben und auf einem Handtuch gut trocknen. Hefe mit Honig und lauwarmem Wasser aufgehen lassen. In 180 Grad heißem Ofen die Walnüsse anrösten (Vorsicht, nicht schwarz werden lassen).

Mehl, Freekeh, Salz und Walnüsse in einer großen Schüssel vermengen. Öl und aufgelöste Hefe hinzugeben und zu einem weichen Teig verarbeiten. 10 Minuten lang kneten. Zudecken und aufgehen lassen. In Brotform im 200 Grad heißen vorgeheizten Ofen etwa 35 Minuten lang backen. Dazu schmeckt ein gegrilltes Hühnchen – oder auch ein plattes.

Völlig platt im grünen Kleid

Der Konkurrenzkampf israelischer Supermärkte hat neue Tiefpunkte erreicht. Der Billigwein verteuerte sich stillschweigend um zwei Schekel und die Tomaten, die noch vor einer Woche für knapp 10 Cent das Kilo verschleudert wurden, kosten jetzt plötzlich einen ganzen Euro. »Die Kältewelle«, sagt der Manager in unserem Supermarkt. Alles sei teurer geworden. Uns wird richtig schwindlig. Nur die Apfelsinen zum Auspressen für den frischen Orangensaft können zum Sonderpreis von 1 Euro pro Kilo erstanden werden. Alles andere wird immer unerschwinglicher.

Die sibirische Kaltfront hat nicht nur uns die Kauflust nach billigem Frischgemüse genommen, sondern auch in Europa zu Engpässen geführt. In Israel sind die Schnittblumen für den Export erfroren und so rar geworden, dass der Valentinstag in Europa zu einem echt teuren Spaß wird – vorausgesetzt, dass man seinem angeheirateten Weibe, seiner Lebensabschnittsgefährtin, der heimlichen Freundin oder gar der Schwiegermutter einen üppigen Blumenstrauß überreichen will.

Das große Aufatmen kommt erst, als wir zu unserem arabischen Freund in der Abteilung für Frischfleisch gelangen. »Sag mal, Abed, spinnt ihr völlig? Eure Preise sind doch total übertrieben.« Abed lacht laut. Die haufenweise von ihm schon zurechtgeschnittenen ganzen Hühnchen kosten doch nur 4,89 Cent das Kilo, in Worten: weniger als 5 Cent für ein Kilo Geflügel. Abed packt uns gleich zwei Hühnchen in eine Plastiktüte und klebt einen Zettel mit der Preisangabe 20 Cent darauf.

Soweit, so gut. Da in Jerusalem eine eiskalte Nacht mit »sibirischen Temperaturen und einem stürmischen Tief« angesagt ist, besinnen wir uns auf ein Rezept aus unserem Lieblings-Kochbuch für sommerliches Grillen: *The Joy of Grilling* von Joe Famularo. Da gibt es nämlich ein Rezept für plattgedrücktes Hühnchen, das saftiger und köstlicher nicht sein kann. Wir können es

aber nur im Winter zubereiten, weil es im Sommer schnell müffeln würde, wenn wir ein Hühnchen über Nacht bei etwa bei 35 Grad unter 10 Kilo alten Steinen und Kacheln erdrücken.

Für das »Kräuterkleidchen« empfiehlt das Originalrezept jeweils 3 Esslöffel frischen Thymian, Rosmarin, Basilikum, Minze, 6 Esslöffel Petersilie sowie Knoblauch, Pfeffer, Salz und »extra jungfräuliches Olivenöl«. Alles wird im Mixer zum geschmeidigen Kleidchen vermischt. Mangels Thymian nehmen wir Majoran. Basilikum ersetzen wir durch frischen Koriander. Hinzu kommen noch Frühlingszwiebeln und für die Schärfe eine grüne Peperoni. Rosmarin holen wir uns dort, wo unser Hund Mefisto in gebührender Entfernung seine Geschäfte erledigt. Rosmarin wächst in Israel auch auf jeder zweiten Verkehrsinsel. Doch der ist mir ein wenig zu bleihaltig.

Das Hühnchen durchtrennen wir entlang des Rückgrats. Es wird mit seinen ausgebreiteten Engelsflügeln fast einen halben Meter breit, nachdem wir es flach geklopft haben. Wir lösten ein wenig die Haut und verteilten die geschmeidige Masse der Marinade über und unter der Haut. Auf dem Ofenblech zwischen Aluminiumschichten packen wir nun auf der eiskalten Terrasse rund 10 Kilo italienische Kacheln auf das Hühnchen im lieblichen Kräuterkleid, um es über Nacht möglichst platt zu machen.

Am nächsten Tag soll man laut Kochbuch den Ofen auf 180 Grad Celsius vorwärmen, in Alufolie gekleidete Ziegelsteine auf das platte Hühnchen legen und es dann mit einer Mischung aus jeweils einer halben Tasse Limettensaft, Olivenöl extra virgine, jeweils einem Viertel Teelöffel grob gekörntem Salz und frisch gemahlenem Pfeffer beträufeln. Wir haben nicht ganz verstanden, wie wir dem platten Huhn unter den schweren Steinen die Infusion verpassen sollen. Wir nehmen es also, legen es auf den Grill, beträufeln es mangels Limetten mit ordinärem Zitronensaft und den restlichen Zutaten und drehen das Ganze nach einigen Minuten um, damit auch die andere Seite eine leichte Bräune erhalte.

Noch nie haben wir ein so saftiges und zugleich knuspriges Hühnchen genossen wie dieses im zarten Kräuterkleidchen. Nachahmenswert! Rosmarin findet man übrigens auch im Supermarkt, und nicht nur dort, wo Mefisto auftaucht.

Juden und Vegetarier gegen Mars

Orthodoxe Juden und Vegetarier aus aller Welt vereinigten sich gegen den britischen Hersteller von *Mars*, den mit Schokolade umhüllten Karamel-Riegel in der typisch schwarzen Verpackung. Nachdem die Firma verkündet hat, für die Herstellung einen Gelatinestoff aus Kalbsmagen zu verwenden, war *Mars* für die Juden nicht mehr koscher. In England jedoch entschieden die Rabbiner widersprüchlich. Der Londoner Rabbi hielt Mars weiter für koscher, während sein Amtskollege aus Manchester die Mischung aus »Fleisch« und Milchschokolade für einen verbotenen Frevel hielt.

Doch die frommen Juden erhielten Schützenhilfe von Vegetariern aus aller Welt und 40 britischen Abgeordneten. Auch die monierten die Vermischung von Fleischigem mit der ansonsten vegetarischen Delikatesse. Nachdem die britische Herstellerfirma von Mars mit 6000 E-Mails »bombardiert« worden war, besannen sich die Hersteller nach dem Prinzip »Der Kunde ist König« wieder auf das alte Rezept, ohne die Zugabe aus dem Kalbsmagen.

Russische Juden trinken am liebsten Messwein

Welchen Wein hat Jesus getrunken? Pater Abé vom Trappistenkloster Latrun hat darüber noch nicht richtig nachgedacht. »Die ältesten bekannten

Traubenkerne sprechen dafür, dass es ein Weißwein war. Aber der war wohl kaum klar, sondern eher gräulich, leicht süß und stark wie ein Hammer.« In einem saalgroßen Kühlschrank mit fünf Meter hohen Metallsilos füllt er ein paar Gläser mit Pinot Gris. Er riecht vorsichtig an dem undurchsichtigen grauen Wein. »Der ist erst in einem Jahr fertig«, sagt er und fügt lachend hinzu: »So hat wohl der Wein in Jesu Zeit ausgesehen, aber gewiss ganz anders geschmeckt.«

Für Pater Abé ist die Weinherstellung kein Handwerk, sondern eine Kunst. In seinem Kloster auf halbem Weg zwischen Jerusalem und Tel Aviv, an einer der strategischen Stellen des Landes, wo seit Jahrhunderten schwerste Kämpfe ausgetragen wurden, werden jedes Jahr etwa 400 Tonnen Weintrauben geerntet. Die Reben für den Gewürztraminer, den Sauvignon oder Petite Sirah sind aus Frankreich »importiert«. Da die Israelis ausländische Setzlinge für zwei Jahre in Quarantäne tun, bleibt es das Geheimnis des Gottesmannes, wie seine Mönche und einige arabische Arbeiter aus Ramallah und Ramle doch immer wieder neue Sorten züchten.

35.000 Liter Wein produziert das Kloster Latrun durchschnittlich im Jahr. 1893 kauften Mönche das erste Gebäude auf dem Gelände. Es diente als Herberge für Pilger auf dem damals noch beschwerlichen Weg von Jaffa nach Jerusalem. Heute rasen die Autos in Sichtweite über die zentrale Autobahn Nr. 1 von Tel Aviv nach Jerusalem.

»Für die Qualität des Tropfens sind allein die Trauben verantwortlich und ein klein wenig natürlich auch unsere Herstellungstechnik«, sagt Pater René, 55, aus der Bretagne, »wo man Wein nicht produziert, sondern nur trinkt«. Pater Abé habe immerhin das »Großziehen« von Wein von seinem Vorgänger gelernt. Doch die kleinen Tricks, die notwendigen Expertisen, holen sich die kelternden Mönche von jungen Winzern aus Frankreich oder auch von Experten, sogenannten Nenologen, die ein ganzes Jahr oder auch nur ein paar Wochen in der Abgeschiedenheit des Klosters verbringen.

Im Hauptgebäude der Winzerei mit riesigen Metallsilos, in denen der Rotwein gärt, wird die wohlriechende alkoholische Brühe in primitivster Weise gekühlt. Während moderne Silos im Freien in der orientalischen Sonne stehen können, doppelwandig sind und mit einer Klimaanlage bei exakter Temperatur gehalten werden, gehen die Mönche mit höchst einfachen Mitteln vor. Kaltes Wasser durchfließt zwecks Kühlung den gärenden Rebensaft in einem Schlauch. Zudem hängen rund um die Silos nasse Jutesäcke. Ein Ventilator bläst Luft auf die Säcke und so entsteht Verdunstungskühle. Noch primitiver geht es nicht, aber das Ergebnis, der in Flaschen abgefüllte Wein, spricht für sich. »1927 haben wir mal bei einer Ausstellung in Jaffa den ersten Preis gewonnen«, lacht Pater René. »Wir produzieren Wein, weil wir davon gut leben können. Wir stellen keine hohen Ansprüche. Und das Geschäft läuft gut.«

Ein Araber aus Ramallah »lüftet« gerade den künftigen Rotwein. Aus dem Silo sprudelt der undurchsichtige Rebensaft in einen Bottich aus Plastik, während eine Pumpe ihn wieder hinauf in das Silo transportiert. »Das Lüften des Weines ist wichtig, damit er eine schöne rote Farbe erhält.« Pater René wurde durch Erfahrung zum Experten.

80 Prozent der Produktion wird im Laden am Klostereingang verkauft. Im Park, unter Olivenbäumen, fallen israelische Familien vor allem am Sabbat und an Feiertagen mit Kind und Kegel ein. Sie brutzeln ihr mitgebrachtes Fleisch auf dem Grill, kaufen sich aber im Klosterladen einen Grenache oder Riesling, vielleicht auch eine Flasche Olivenöl, Honig oder Marmelade von Brüdern eines Nachbarklosters. Die besten Kunden sind ganze Busladungen russischer Juden. »Die kaufen am liebsten unseren billigen Messwein. Die mokieren sich über koschere Weine in jüdischen Läden«, erzählt René. 15 Prozent der Weinernte geht nach Jordanien. Nur an ausgewählte Klöster in Jerusalem wie Dormitio liefert Latrun den Wein selbst. Großhändler müssen sich abholen, was sie für Restaurants in Tel Aviv oder im palästinensischen Ramallah benötigen.

Pater René stört es nicht, dass seine Weine für fromme Juden tabu sind: »Um koscheren Wein herzustellen, müssten fromme Juden den ganzen Prozess überwachen und ausführen. Wenn ein Nichtjude offenen Wein berührt, verwandelt er sich automatisch in Messwein und ist nicht mehr koscher. Ein Zehntel der Ernte muss Gott geopfert, also weggeschüttet werden.« Für René ist entscheidender: »Wir wollen hier arbeiten, den Wein selber herstellen und verkaufen, denn wir leben davon und verdienen so viel, dass wir Bedürftigen in Gaza und anderswo helfen können.«

Obgleich die Latrun-Weine in der französischen Tradition stehen, kann man kaum von »französischen Weinen« aus dem Heiligen Land reden. Gleichwohl ist der Gewürztraminer, ursprünglich aus dem Elsass, durchaus ein Genuss. Der noch unfertige »graue« Pinot verspricht ein guter Tropfen zu werden. Beachtenswerter sind die Cognacs, einige 15 Jahre lang in Eichenfässern gealtert, destilliert aus »Resten und misslungenen Weinen«.

Exklusiv ist das »Elixir«, ein süßes Teufelszeug aus Kräutern und Alkohol. Nur Pater Abé und zwei weitere Brüder kennen das Geheimnis seiner Zusammensetzung. Nach längerem Drängen verrät er unter vorgehaltener Hand, dass von 15 Kräutern im Elixir nur wilde Minze, Salbei und Anis aus dem Heiligen Land stammen, während Koriander, Melisse und »Angélique« sowie andere Kräuter aus der Schweiz importiert werden.

Ehrenrettung

Nachdem ich kaum ein gutes Haar an der jüdischen / koscheren Küche gelassen habe, doch noch ein paar Worte zu ihrer Ehrenrettung. Regelmäßig kommen deutsche Gruppen zu mir. Bis zu 50 Teilnehmer haben Platz in meinem Wohnzimmer. Ehe mit der Gruppe über die aktuelle politische Lage in Nahost geredet wird, erhalten sie eine umfassende Menükarte in die Hand gedrückt zu dem nachfolgenden Buffet mit typischen und exotischen Speisen. Ich koche ihnen tatsächlich das völlig unkoschere »Zicklein in der Milch seiner Mutter«, aber auch ein Gericht, das typisch jüdisch ist und gerade deshalb niemals in israelischen Restaurants angeboten wird: Kubbane. Das ist ein jemenitisches Sabbatbrot, das 12 Stunden lang im Ofen gebacken wird. Dazu gehören auch ebenso lang gebackene Eier, deren Eiweiß braun wird, ebenfalls aus der Kategorie der im Ofen gebackenen Gerichte wie Tscholent oder Chamin. Die Juden in aller Welt haben da aus ihrer Not, am Sabbat kein Feuer machen zu dürfen, eine Tugend gemacht. Sie nutzen die Restwärme der Öfen und können so auch am Sabbat ein nahrhaftes warmes Festessen genießen. Der Trick dabei ist ein hermetisch abschließender Topf, meist aus Aluminium, damit der

Dampf nicht entweichen kann, und eine Ofentemperatur von weniger als 100 Grad. Weil der Spezialtopf in Deutschland wohl nicht erhältlich ist, erübrigen sich hier Rezepte und genauere Anweisungen. Weil das jedoch typische Speisen frommer Juden sind, die natürlich am Sabbat nicht arbeiten und auch ihr Restaurant geschlossen halten, haben Israel-Reisende nur beim Besuch in Privathäusern die Chance, so etwas mal auszuprobieren – zum Beispiel eben bei mir. Unter der Woche käme niemand auf die Idee, Kubane, Tscholent oder Chamin vorzubereiten, so wie man in Deutschland zu Weihnachten keine Ostereier isst oder zu Ostern nicht Zimtsterne und Stollen bäckt.

Es handelt sich also um eine typisch jüdische Spezialität, die noch dazu je nach ethnischer Herkunft aus dem Orient, aus Polen, Deutschland oder Marokko sehr unterschiedlich ausfällt und gegenüber ausländischen Touristen ein fast so gut gehütetes Geheimnis ist wie Israels vermeintliche Atombombe. Da ich mit diesem Buch Einblicke bieten will, die »in keinem Reiseführer stehen«, wie es manchmal heißt, konnte ich es mir nicht verkneifen, auch diese kulinarische Delikatesse hier noch vorzustellen.

Ein Blick zurück

Seit ich den Nahen Osten 1968 zum ersten Mal besucht habe, haben sich das Land und die Menschen grundlegend verändert. Im Rückblick waren es Kriege und Friedensschlüsse, Einwanderungswellen, Terroranschläge und Ereignisse wie der Mord an Ministerpräsident Jitzhak Rabin, die in gespenstischer Geschwindigkeit auch die eigene Haltung und Sicht auf Israel immer wieder von Neuem in Frage stellten.

Das wohl aufregendste Erlebnis war für mich auch der Beginn meiner journalistischen Arbeit: die Ankunft des ägyptischen Präsidenten Anwar el Sadat auf dem Ben Gurion-Flughafen bei Tel Aviv am 19. November 1977. Das war der Höhepunkt meiner Friedenserwartungen, vermischt mit Vernichtungsängsten, die ich kurz zuvor während des Yom Kippur Krieges von 1973 ebenfalls miterlebt hatte. Zwischen diesen beiden Polen bewegte sich alles, was davor und danach passierte, Krieg und Frieden. Blinder Euphorie folgten Abgründe der Enttäuschung, Ernüchterung und Verzweiflung.

Das färbt auch auf das eigene Selbstverständnis ab. Journalisten müssen einen kühlen Kopf behalten, wenn sie als neutrale Beobachter über historische Ereignisse berichten wollen und nicht als Beteiligte. Das erfordert Distanz zu den Personen und Vorgängen sowie Selbstkritik -Journalisten wird deshalb oft Zynismus unterstellt.

Nicht jedes vermeintlich historische Ereignis hat wirklich die ihm zugeschriebene Tragweite. Manchmal können ganz nebensächliche Ereignisse von größter Bedeutung sein. Wer hätte gedacht, dass ein Autounfall im Dezember 1987 einen Dauerkrieg zwischen Israel und den Palästinensern auslösen könnte, der zur gegenseitigen Anerkennung von Israel und der PLO und der Rückkehr Jassir Arafats führen würde.

Umgekehrt: Selbst der »historische« Besuch von Anwar el Sadat damals

1977 in Israel beendete keineswegs die Feindseligkeit zwischen der arabischen Welt und dem jüdischen Staat.

Immer wieder musste ich erfahren, dass es keine absolute Wahrheit gibt und auch keine Zauberlösungen für den Nahostkonflikt. Heute ist es Mode, die israelischen Siedlungen und die Besatzung als letztes verbliebenes Friedenshindernis zu sehen, nicht aber Judenhass, Antisemitismus und eine Verweigerung des Existenzrechts Israels auf der arabischen Seite. Frieden auf Erden werde ausbrechen, sobald die Formeln »Land für Frieden« oder »Zwei Staaten für zwei Völker« erfüllt sind. Ich glaube nicht mehr an solch simple Dogmata. Sie sind längst nicht so selbstverständlich, wie sie klingen.

Aber wer mich dann auffordert, »bessere« Lösungen vorzuschlagen, wird von mir keine Antwort erhalten.

Nachdem dreitausend Jahre lang, also seit Menschengedenken – im wortwörtlichen Sinne – das gelobte Land nie richtig zur Ruhe gekommen ist, mag ich nicht daran glauben, dass hier in ein paar Monaten oder Jahren alle Probleme gelöst sein könnten.

Zu den schwierigsten Kapiteln der Neuzeit gehören der Holocaust und die Gestaltung der Beziehungen zwischen Deutschen und Juden. Doch selbst bei diesem Thema funktioniert keine Schwarz-Weiß-Malerei, wie die für dieses Buch ausgewählten Anekdoten und Erlebnisse zeigen.

Nach vielen Jahren in Nahost habe ich gelernt, dass nichts wirklich so ist, wie es zu sein scheint. Es gibt keine lineare Entwicklung, sondern eher eine Folge von immer neuen Zerreißproben mit ungewissem Ausgang. Aus diesem Grund habe ich es aufgegeben, mir eine eigene politische Meinung zu leisten und mit festgefahrener Ideologie genau zu wissen, wo es lang geht oder was der einzige denkbare Weg zur Glückseligkeit, also zum Frieden im Nahen Osten ist. Gleichwohl kann jeder mit kleinen Schritten und winzigen Gesten ganze Berge versetzen.

Jerusalem, im Januar 2010 Ulrich W. Sahm